中公クラシックス E12

王陽明

伝習録

溝口雄三 訳

JN235939

中央公論新社

目次

二つの陽明学

溝口雄三

1　三島由紀夫と陽明学

「陽明学は（中国に発した哲学であるが）、日本の行動家の魂の中でいったん完全に濾過され日本化されて風土化を完成した哲学である。もし革命思想がよみがえるとすれば、このような日本人のメンタリティの奥底に重りをおろした思想から出発するより他はない」「われわれはこの陽明学という忘れられた行動哲学にかえることによって、もう一度、精神と政治の対立状況における精神の闘いの方法を、深く探究しなおす必要があるのではあるまいか」とは、一九七〇年十一月、割腹自殺を遂げた三島由紀夫が、それに先立って雑誌『諸君！』（九月号）に発表した「革命の哲学としての陽明学」の一節である。

彼はその中で、大塩平八郎、吉田松陰、西郷隆盛らの言行に即しながら、その日本化された陽明学につき自己の心情を吐露している。

「……松陰が入っていったこのような心境を証明するもっとも恐しく、私の忘れがたい一句は、『(草虫水虫の如く半年の命のものあり、是れを以て短しとせず、松柏の如く数百年の命のものあり、是れを以て長しとせず) 天地の悠久に帰せば松柏も一時蠅なり』というものだ。……そのとき松陰は、人生の短さと天地の悠久との間に何等差別をつけていなかった。われわれの生存がもっている種々の困難、われわれの日々の生が担っているもろもろの条件を脱却して、直ちに最小のものから最大のものに、もっとも短いものからもっとも長いものへいっぺんに跳躍し、同一視する観点を把握していた。……こうして陽明学の行動的な側面があらわになるのは、結局、太虚をテコにして認識から行動へ跳躍するその段階である」云々と。

おそらく三島は自らの有限の生を絶つことによって永遠の生を獲得する道を選んだ。それが彼にとって、行動家の哲学としての陽明学の道であった。しかし、この道は実際に中国に生まれた陽明学に比べると、余りに日本化されていた。三島のこの論文を読むと明らかなことに、実は彼は王陽明の代表作である『伝習録』は読んでおらず、ただ明治期に中国哲学研究の草分けであった井上哲次郎の『日本陽明学派之哲学』だけを読み、それに触発されてこの文章を書いている。井上哲次郎自身が陽明学に対してある思い入れがあり、その思い入れにしたがって大塩平八郎の

「帰太虚」の説や、また松陰の死生観などを陽明の哲学として紹介しているが、三島は井上の思い入れによる平八郎や松陰の上にさらに自分の思い入れを加えて、自分の陽明学像をデッサンしている。その意味で三島の理解する陽明学は、中国の陽明学の側から言えば、全く別種の思想というほかない。

日本の陽明学と中国のそれとの違いは次節に述べることにするが、ただ、このようにかけ離れた二つの陽明学でありながら、三島がえがく人物としての王陽明像は、さすがに作家の直感力というか、きわめて生彩に富んでいる。王陽明には弟子の編纂した『年譜』があり、陽明の伝記は一般にこの『年譜』に依拠して、『年譜』の諸事項を取捨選択しながら書かれるが、三島は、オーソドックスな王陽明研究者が必ず叙述するであろう部分を省き、あまり重視されないエピソードの類を拾い上げ、かえって生き生きとした人物像を創り上げている。そして、私が思うに、全く異なる日中の陽明学ではあるが、その二つの思想を一括する活力が三島の陽明像には具わっている。つまり、三島が取り出した陽明像は、日本の王陽明にも中国の王陽明にもどちらにも感得できるある本質的な部分を湛えている。以下、三島の取捨選択による陽明像をみてみよう。ただし誤りは削り、足りないところは随処に補った。

2　王陽明という人

王陽明（一四七二〜一五二八、名は守仁、陽明というのは後に室を陽明洞に築いたことによる呼び名）は、日本の足利時代末期に当たる明の憲宗の時代に、中国の浙江省に生まれた。十二歳で祖父に従って父の赴任地である北京へ行き、家庭教育の他、塾師について科挙の試験勉強をした。あるとき陽明が塾師に「人間は何をするのが第一等か」と尋ねたところ、塾師は「読書して進士（科挙の最高位）の試験に合格することだ」と答えた。すると陽明は、「いや、そうではない。読書して聖賢を学ぶことこそ第一等のことでしょう」と答え、塾師に舌をまかせた。

十七歳で妻を娶ったが、その初夜の晩にぶらりと散歩にでかけ、たまたま付近の山中で道士に会い、夢中で議論し、心配した家人たちが探し当てたときにはすでに夜が明けていた。陽明は朱子の学説を心を凝らして研究したが、どうしても心に合致しない。それで精神の放浪を重ねたが、その試行錯誤を世に陽明の五溺という。すなわち任侠の溺、騎射の溺、辞章の溺、神仙の溺、仏教の溺である。任侠の溺とはいわゆる男伊達の世界、騎射の溺とは腕力武勇の世界、辞章の溺とは文学青年の世界、神仙の溺とは俗世超脱の世界、仏教の溺とは哲学青年の世界である。やがて二十八歳で進士の試験に合格し官僚になった。三十七歳のとき宦官と衝突して貴州省の竜場に左遷された。人の住まない荒涼たる土地で、「聖人だったらこんなところでどんなふうに暮らすだろうか」と日夜瞑想にふけっているうち、ある夜、忽然として朱子の格物致知の解釈の誤りに気づいた。物事の道理は物事に具わっているのではなく、判断主体である自分の心の中にあるのだ、と。心即理のテーゼの誕生であった。この時彼は眠りの中にありながら誰かと議論するうち、突然躍り上がって歓呼し、周りの従者を驚かせたという。後に「竜場の悟り」と言われるこの事件につき、三島は「真理は自分の中にあり」とする神秘的な体験に到達したそのことが「陽明学の興り」なのだとしている。

やがて三十九歳で都に帰り、四十六歳のときに南方の軍務総督となり賊を平らげた。この時に門人に送った手紙に「山中の賊を破るは易く、心中の賊を破るは難し」という言葉がある。三島に借言すれば、「(王陽明は)『わが性自ら足る』という悟りから、すべての人が本当の性を認識しなければならないと考えて、その本当の性から曇りや錆を取るために、あるいは静坐を勧め、あるいは各自体験する他ない、と弟子たちに教えたのである」と。

四十七歳のとき、門人の手によって『伝習録』(現行の巻上)と題する書物が刊行され、以後、整理や加増の手を加えて、陽明没後の一五五六年に、現行の三巻本が完成した。

四十八歳のとき、江西省の寧王が反乱を起こしたが、陽明は二〇日もせぬうちに平定した。ところが朝廷はその平定の報告を信じようとせず、天子親征の軍を出し、南京に仮の行宮をおき、一年近くとどまり、その間陽明への中傷がいきかったが、四十九歳のときには冤罪が晴れ、万事ことが収まった。陽明は五十歳のとき、初めて「致良知」というテーゼを掲げた。再び三島に借言すれば、「良知とは人の心の霊そのものであり、天地の根本精神であり、天地を生み鬼神を生むところの根本霊性であるから、これは自分の体にあっては良知となるのである。良知はわれわれの体に局在しているものでなくて天地の霊そのものである、ということを説き明かした」。ここには日本化された良知理解が躍動している。ただし中国思想の文脈でいえば、良知は道徳本性というべきもので、霊性も道徳の作用でなくてはならないのだが。

以後、五十歳から五十六歳まで郷里に帰り、弟子たちと研鑽を積んだ時期が、陽明学が完成した時期であり、その学の特質は、三島によれば「ただ本を読むことではなくて、体験をもって真理に到達することである」。三島にとって陽明学はこのように端的なものであったのだが、しかしその三島のつかんだ特質はたしかに陽明学の一面を的確に衝いていると言えるのである。

五十六歳の五月にはまた江西省の反乱討伐の勅命が下り、当時健康が優れなかったにもかかわらず無理をおして九月に出陣し、平定して翌年十一月凱旋の途次、病により逝去した。臨終に際しある弟子が「何か言い残されることとは」と問うたのに対し、かすかにほほえみを浮かべ、「この心光明なり、また何をかいわん」と答え、静かに息をひきとった、といわれる。享年五十七歳であった。

3　中国陽明学と日本陽明学

前節で述べたように、陽明学と言っても、中国の陽明学と日本の陽明学は別の思想のように異なる。その違いはどのようであるか、以下に見ていこう。

〈中国の陽明学〉

中国で陽明学が興ったのは、十五世紀の末期のことだが、注意すべきことは、この時期に後述の里甲制といわれる徴税システムに綻びが生じ始めていた、という事実である。この綻びは、明末にはもっとはっきりする。例えば、明代初期に、凶作時などに地方官の手で、官の倉庫貯蔵の穀物を用いて行われていた飢民救済活動が、明代末期には、しばしば官よりは富民層の手で、富民層が備蓄する穀物を用いて行われるようになった。このことは、全農家を自営農と見立て、それらを里甲制という（十一戸を一甲、十甲を一里とする）村落行政組織に組み入れ、地方官が、糧長、里長、甲長という縦の行政ルートを通じてそれを掌握する、という支配の構図に破綻が生じたことを意味する。すなわち、農民の間に、均分相続による土地所有の流動化、および経済活動の活発化により、貧富の階層分化が進行し、納税システムとしての里甲制の行政機能に綻びが生じ、代わって郷紳と呼ばれる有力地主層が農村秩序の担い手として、実力を発揮し始めたということ、である。大ざっぱに言えば、明代中葉のこの時期は、それまで村落の教化・秩序維持に地方官が直接に責務を負ってきた時代から、村落の有力者および村民らの自治に委ねる時代へと、時代が転換しつつある時期であった。陽明学とは、その転換期の課題に応えるべく、朱子学を批判しながら生みだされた思想である。まず、彼は万人が聖人である、すなわち万人が道徳（孝悌秩序）本性を具え、万人が「万物一体の仁」を発揮することにより、村落共同体の秩序に参加できる、ということを熱心に説き、また村落共同体の成員どうしの規約とその規約を守り合う共同組織を作る運動、すなわち郷約を作り、それを組織的に実践する運動を、熱心に推進した。

では、彼は朱子学のどういう点を批判したのか。結論的にいうと、彼は朱子学がもっている官僚・士大夫の学という側面を批判し克服しようとしたのである。朱子学の特質は、官僚・士大夫が秩序の担い手として民衆を治めることを主眼としている。そのためまず誰よりも官僚・士大夫に道徳の学を実践させ、その道徳性によって民を感化しようというもので（いわゆる、「己を修め、人を治める」）、いわばエリートの学であって、一般の民衆はそこでは見物のお客さんでしかない。そのあたりの事情を、清初期の顔元は次のように述べている。「天下の人が、皆読書だ著述だ静坐だとあけくれていたら、士農工商の業務が廃れてしまう。……陽明が『愚夫愚婦と同じくするのが徳を同じくすること』と言っているが、朱子の言う半日静坐、半日読書の功課は、これでいったい愚夫愚婦と同じくするものといえるか」（『習斎記余』第九）と。
つまり、顔元は、朱子学の格物窮理、主敬静坐、すなわち読書によって事物の存在根拠や法則性（物の正しい在り方）を窮め、かつ、人としての存在根拠、法則性（人の正しい在り方）を静坐によって自己に内観し、自己の聖人性（道徳的本質）を完成させる、という修養方法が、一般の庶民にはおよそ実行不可能であることを批判したのである。

この顔元の指摘はまさに王陽明の言わんとするところであった。だから、王陽明は『大学』の「新民（民を教化し振起させる）」という朱子の説を「親民（民と同じ地平で民と親しむ）」と改め、格物窮理説を「自己の心内の物（事柄）を格《ただ》す」とし、致良知説（自己の道徳本性をやみがたく発揮する）を唱え、主敬静坐ではなく事上磨錬（日常生活の中で修練する）を主張したのである。

このことは、儒教が、明代中葉期を境に、時代の趨勢として、それまでの士大夫・官僚の道徳完成の学（朱子学をその典型とする）から、庶民の道徳的実践の教えに展開しつつあったことを示す。言い換えれば、この時期を境に、儒教は、民衆の儒教として民衆層に広められて行くことになった。

すなわち、中国の陽明学の歴史的な役割の第一は、〝儒教の民衆化〟という点にある。

日本では、中国陽明学のこの歴史的特質を見落とし、〝心の内面の自立〟〝既成の規範秩序を破る良知の躍動〟の学など、すなわち心の主体性を発揮する学と規定する人が少なくないが、こういった見方は、後述の日本陽明学の特質と混同したものであり、正しくない。

また、中国陽明学が、形骸化した朱子学の既成の秩序観念を打破して、新しい秩序観念を創出した、とする見解もあるが、この見解もやや片面的である。この見解に対する反証として、下記の資料を挙げておく。

(一)父母に孝順にし、長上に恭敬にし、宗姻(宗族)に和睦し、郷里に周恤(恵施)し、各々本分に依り、姦盗をなすなかれ(朱子の勧諭文。『朱文公文集』巻百、勧諭榜)

(二)父母に孝順にし、長上を尊敬し、郷里に和睦し、子孫を教訓し、各々生理(生業)に安んじ、非為(暴悪な行為)をなすなかれ(明の太祖が里甲の秩序維持のために発布した「六諭」)

(三)爾(汝)の父母に孝にし、爾の兄長を敬い、爾の子弟を教訓し、爾の郷里に和順し、……患難相恤《めぐ》み、……訴(訴訟)を息《や》め争いを罷《や》めよ(王陽明が作った郷約の前文の一節。『王陽明全書』公移、巻二)

この資料を見れば、朱子と王陽明が、同じ秩序観念をもっていたこと、また朱子や明の太祖が果たそうとしていた道徳教化の路線を、王陽明も継承しようとしていたこと、ただし、朱子や明の太祖が、上から民衆を教化しようとしていたのに対し、王陽明は民衆と同じ地平に立って、民衆自らにその道徳性を発揮させようとしていた、その点に違いがあることが分かるであろう。

なお、中国陽明学が果たした思想史的な波及効果、例えば、①経典の絶対化、権威化が否定されるようになったこと、②価値観の相対化がもたらされたこと、③晩年の無善無悪論からやがて明末の欲望肯定的な人間観が生み出されたこと、などについては、よく知られたことなので、ここでは述べない。

最後に、付け加えておきたいのは、中国陽明学の行く末である。通説では、中国陽明学は、明代末期から清代初期を最後に思想界から消えて行った、とされる。確かに、心即理、致良知などのテーゼは、断片的にしか清代に見られなくなり、基本的には消えてなくなった。しかし、そういった学派的な狭い視点を離れ、時代の要請という歴史の動脈から見ると、儒教の民衆化というこの動脈は、陽明学特にその左派といわれる無善無悪論者（既成の善悪を絶対化することに反対し、新しい価値観への展開を目ざすが、同時に秩序軽視の風潮を助成）に最も批判的であった東林派（民間主導の郷村秩序を志向、秩序重視）をへて、清代に脈々と引き継がれ、清代こそ民衆儒教の時代として、花開いた時代であった、といえる。因みに清代に入ると儒教を礼教と呼ぶ例が多くなるが、儒教が民衆の日常生活に浸透して行くにしたがい、日常儀礼が重視されるようになったことを示す。つまり、陽明学から端を発した儒教の民衆化は、それがすみずみまで浸透するに従い、生活の規範としての側面を拡汎させたのである。因みに礼教の内容は、一に孝悌（長幼上下秩序）、二に悌慈（兄弟友愛）、三に仁（隣人和睦・相互扶助）である。いま、その内容を具体的に知るべく、礼教の日常実践のガイドブックともいうべき『朱子治家格言』（清代に各家庭で読まれ、江戸時代日本でも出版され商家などで読まれた。朱子というのは清初の人朱用純のことだが、朱熹と勘違いされることが多かった）を開いてみると、「黎明に起き清掃、内外を整頓」「長幼の序は内外に厳格に」「兄弟従兄弟は多きを割き、少なきを潤せ」「書を読むに志は聖賢にあり、科挙にあらず」など、四十八条の格言が解説付きで並んでおり、実はそれこそが陽明学が目ざした「良知」発揮の民衆世界であった、と言える。

この礼教は、民国期になると「封建礼教」あるいは甚だしきは「人を食う礼教」として批判的あるいは革命的知識人からの批判や攻撃の的になったが、その秩序倫理としての側面は、社会主義時代にも、社会的相互扶助、個人よりも共同性重視などの社会倫理として継承され、改革開放期の現在も日常的な倫理観念として生きている。

なお、上述の①経典の権威化否定、②価値観の相対化、③欲望肯定的人間観なども、太く清代に継承され、現代につながっていることも、附言しておく。

〈日本の陽明学〉

日本の陽明学が、中国陽明学と最も違う点は、中国のように、ある時代の要請を動力にして生み出された思想ではない、という点である。そのため、中国陽明学のようなある種の思想宣布運動や、民衆を巻き込んだ講学運動といった運動的側面は見られない。また学派の流れというものを見いだすこともほとんどできない。学派の名があるとしても、それは後代の人が便宜的に仕分けして名づけたもので、当時そういう学派が存在していたわけではない、というのがほとんどである。

陽明学は日本へは、朱子学と同時平行して流入したため、人々はこの二つを対立的な学問・思想として、並べて眺めることはできたが、その対立を歴史的な目でとらえることはできず、単に形式面の違い、あるいは性質上の違いとしてとらえただけであった。

たとえば、熊沢蕃山は、朱子学を「惑を弁《わきまえ》る窮理の学」「惑を解く理学」、陽明学を「自反慎独の功」「心をおさむる心術」といい（『集義和書』巻八）、山鹿素行は朱子学を「知を務め……功博く」「博泛」、陽明学を「聡明に騁《は》せ意見に矜《ほこ》りて」「放蕩」（『山鹿語類』巻三三）といい、伊藤東涯は、朱子学を「支離」、陽明学を「簡易」（『古今学変』巻下）と、それぞれ言い分けている。

このように、朱子学を知識中心の該博で細密な学、陽明学を心を涵養し簡易直截だが奔放に馳せる学、というイメージが早くに定着していた。ただし、朱子学のイメージはその後もそれほど変わらなかったが、陽明学の方はその後、心のイメージの多様さによって、多彩化していった。

それらを、いくつかの例に区分けして、以下に紹介するが、本書を読まれる方の中には日本陽明学に関心をもつ方々が多いであろうことを考慮し、その方々の参考資料にしていただけるよう、やや煩瑣にわたるのを敢えて承知で、列記させていただく。

①陽明学を内面自立的で、外の権威にとらわれない進取の思想とみる例。

「陽明学と云ふものは総て種々の儀式とか形式とか、甚だしきは完全なる国の法律制度までも無視して、自分の心に信ずるところを行ひ又聖人の教ゆるところを直ぐに現実に行ふと云ふ学説気風であります」(権藤高良、『陽明学』五号、明治四十二年)

「陽明の道徳と云ふものは何処までも自律的で……上から法律だの警察だのさふ云ふ他の責道具を借りて人間を一の雛形の様な羽目にいれて道徳を行なはさせやうと……云ふ具合に陽明はやらない、自分自身の良知を土台として総ての行ひを正して行くやうにして我が心と云ふものを立ててやります、……総ての行ひの方針は我が内に求めて得る事が出来る」(井上哲次郎、『陽明学』二〇号、明治四十三年)

「西郷(隆盛)は……天から見て自分の心が善いのであるか、悪いのであるか、心で極めて善ければ断然やり通すと云ふ精神が陽明学から来つて居る」(同上)

「先づ陽明自身の人格が進歩的であつたことを知らねばならぬ。彼は旧来の儒説を墨守することもなく、社会の風潮に盲従することもなく、一に彼の心を本として、日新の工夫を凝らした。……此のやうに、陽明は最後に至るまで、日新の志を以て勉めたのであるから、其の学風は活潑潑地で、向上的な進歩的なものである。少しも拘泥とか、墨守とか、因循とかいふやうな、停滞し退歩する傾向を有して居ない」(亘理章三郎、『陽明学』四二号、明治四十五年)

②陽明学を変革の思想とする例。

「保守的な朱子学とは異なって、陽明学は、進歩的前望的にして希望に満てるものであった」（内村鑑三『代表的日本人』「西郷隆盛」）

「維新の当時、蹶然《けつぜん》身を国家に致し、事功を挙げたる人は、比較的陽明学者に多かりしは、時世の然らしむる所……王陽明が其実行を主とせるは、……文に於いて、武に於いて、常に生死を意とせず、難易を論ぜず、其触接せる事物は必ず遂行せずんば已まざるを見る、是れ誠に我士風と酷肖し、相距る遠からず」（結城蓄堂、『陽明学』二号「儒学の沿革と王陽明」、明治四十一年）

「其当時陽明学を学ぶ者は何か謀反でもする者が学ぶべきものの如く人が恐がる、……人間に一のエネルギーが発憤して飛出すと非常なもので恰も噴火山の破裂したようなものである、……或いは大塩平八郎とか西郷隆盛とか皆なそれが破裂したものであつて其他枚挙するに遑まあらず」（大隈重信、『陽明学』一三号、明治四十二年）

「陽明学に依つて素養を得た人は必ず何かなさうと、努力して必ず社会に打て出る気風がある、そこで人から殺されたり、或は人を殺したりする事が多い、……第一大塩平八郎が謀反をやつて居る、西郷隆盛が謀反をやつて居ります、……さうでないものは人から殺されて居る、佐久間象山が殺され、橋本左内が殺され、大抵首を刎られて居る、……大抵陽明学を土台にして事業をなさうとする時には殺されるか何かやる、それでも陽明学者は只は死なない」（井上哲次郎、

『陽明学』二〇号、明治四十三年）
「明治維新は、私見によれば、ミスティシズムとしての国学と、能動的ニヒリズムとしての陽明学によって準備された。……この陽明学はおそらく、乃木大将の死に至って、日本の現代史の表面から消えていったように思われる。その後、陽明学的な行動原理は学究を通じてではなくて、むしろ日本人の行動様式のメンタリティの基本を形づくることによって、ひそかに潜流し始めたものであろう。……そしてその日本人の政治行動自体には、完全な理性主義や主知主義に反するところの不思議な暴発状況や、無効を承知でやった行動のいくつかのめざましい事例がみられるのである」（三島由紀夫「革命の哲学としての陽明学」『諸君！』昭和四十五年）
③陽明学を心の鍛錬・生死超脱の思想とする例。
「心術を鍛錬し生死を脱離するは姚江学（陽明学）実に捷径にして吾輩之学問に甚だ的当するなり」（久坂玄瑞、『吉田松陰全集』第九巻、書簡集、所収）
「死生一貫の説は陽明子に至て其極に達した……（中江）藤樹は一死一生を以て一氷一釈、水は依然たるに比し……又（熊沢）蕃山は……詳密に死生一貫を説けり。陽明学者が千軍万馬の間に、馳突激闘して、泰然として迫まらざるもの多きは、……又困難に処するも、従容として楽天主義を取れるは、常に其生死の間に疑なきが為なり」「（佐藤一斎は）死生を論ずるの語多しと雖も、其意皆同じ。生死を達観するの一事は、学者の要務たり。若し生死の理に明かならずんば、大事に臨みて狐疑するの醜を免れず。而して特に王学（陽明学）に於て要とする所なり」「（大塩）中斎は其五綱領の第四に一死生を置けるは、動かすべからざる順序なり。既に積極的方法に依て良知を致し、消極的方法に依て、気質を変化し、帰太極の功を成就したれば、我已に太虚に合体せば、太極元と生もなく死もなし、故に吾亦死生一なり」（高瀬武次郎『日本の陽明学』）

「陽明先生は儒学の旗を建てられて居るが、其の学の根本は死生の悟りである。……陽明先生は……其の立場を倫理忠孝の上に置かれた……而して倫理忠孝を尽すのは、即ち其の良知を致す所以であつて、是れが即ち最上至極死生の悟りとされた」（『陽明学』四二号、社説、明治四十五年）

「陽明学の妙処は、……総て必死の覚悟を以て之に当るのが、陽明学の秘伝にして、……竜場の難で、陽明先生必死の覚悟を定めて、深く其心を精練されたのが基となりて、遂に其中より発悟されたのは、其れが先づ必らず死する地にはいつて然後に其生を得られたのである」（同上、四四号、社説、明治四十五年）

④良知を神・仏に擬する例。

「此心の本体は即ち人心に宿れる天神なり、此光明、人の意念にわたらず、自然に是非を照らす、是れを良知といふ」（三輪執斎

「良知は、学ばずして天然自然に人の胸中に存在するものにして、所謂神明なり」（林子平、以上、井上哲次郎『日本陽明学派之哲学』所収）

「『此（キリスト教）は陽明学に似ている。我が国の分解は此を以て始まらん』維新の志士として有名な長州の軍略家、高杉晋作は、長崎にて始めて基督教聖書を調べて、然う叫んだ」（内村鑑三、『代表的日本人』「西郷隆盛」）

「陽明学は良知の学、……所謂活用の学なり。然れども陽明学は是れ畢竟禅学に外ならず」（中江兆民、『中江兆民全集』）

「王陽明の説による時は、宇宙には大聖霊なるものがありて、天となり或は帝となり或は心となり、吾人の心も性も皆この一聖霊の一種の現象とも云ふ……所を見ると……法華経……と殆んど近くなつて居る」（長谷芳之助、『陽明学』一五号、明治四十三年）

「陽明学は本来唯心論であつて、心の霊妙透徹なる、能く万物を該ね宇宙を羅することを説いてをるのであるから、自然に根柢において我が日本の神道に一致する所がある」（有馬政祐、『陽明学』二七号、明治四十四年）

「我日本に古来より実行せらる神道を一箇学説に組織するときは、陽明学の説になる。而して陽明の学を国家に行ふときは、……日本が寧ろ陽明理想の国柄にして……」（『陽明学』四八号、社説、大正元年）

「陽明学（は）……確に神の存在を認めて居ります。其神なるものは何であるかと云へば天である、天も天理と申し……此心即天理を備へて天心一体になつて居るのです、それだから此心の神の命令即ち良知に従つて参れば、君に対して忠となり、親に対して孝となり……万事に応用が出来るのです」（中原邦平、『陽明学』五五号、大正二年）

⑤陽明学を日本的な思想とみなす例。

「陽明学派は、朱子学派より一層実行的なり、然れども我邦の陽明学派は、支那の陽明学派に比すれば、迥に活潑潑地の精神に富み、且つ其実際的方面に於て成遂せる事跡の如きも、支那の陽明学派をして後に瞠若たらしむるに足る、熊沢蕃山の如き、大塩中斎の如き、維新前後に事功を以て顕はれたる諸名士の如き、皆強大なる意思力を有して、敢為強行、万難を排して進むの気概ありき」（井上哲次郎『日本の陽明学』〔高瀬武次郎著〕叙、明治三十一年）

「或は曰く、陽明学は清国に於て全く亡び、更に我国に於て盛なれりと、或は然らん、是我国民の性格が、自然陽明学に合し、事々物々実行を尚ぶ古来の道徳感念並に、習慣風俗に因れるなり、彼の支那の堂々たる大学者が、二君に臣事し、或は順逆を誤り恬然愧づることなきが如きは、我が馬丁走卒も敢て為さざる所にして、歴代の史乗之れを証して余りあり、所謂る武士道、即ち節義を重んじ、廉恥を知るてふ上に於て、特質を発揮せるなり」（結城蓄堂、『陽明学』二号、明治四十一年）

「陽明先生は何だか日本人に似て居るやうである故に吾々の心を以て陽明先生の心を忖度することが出来るやうである、……知行合一の説は誠に単純で吾輩のやうな余り勉強しない者には大に都合の宜いことである、……陽明先生は心を重んじ自分の心を以て工夫するのが真正であると云ふのであるが……朱子の複雑なるに反し陽明先生の直截簡易なる単純なる所が余程日本人に似て居る所が吾輩は大に好きである」（大隈重信、『陽明学』一三号、明治四十二年）

「朱子学でも何でも支那から這入つた学問は日本人が利用して日本的に日本人の精神を以て運用して来る、殊に其中で陽明学は武士道と余程似て居る、……（山鹿素行、吉田松陰、佐久間象山ら）其精神は陽明学と実に能く符節を合して居る、武士道の精神は実行にありて、即ち彼の生命を賭して断然やり遂げて行くと云ふ所に武士道の精神がある、陽明学の知行合一の実行精神と一致して居る、そこが日本的と云ふ証拠であります」（井上哲次郎、『陽明学』二〇号、明治四十三年）

「日本の王学者が支那の王学者に比して数層も実行的なることは、……蕃山に於て其最も顕著なるものを見るべし」「日本の学者が一般に支那の学者より実用的なるが如く、藤樹は王陽明よりも、朱子よりも、実行に於て優りたり」（高瀬武次郎『日本の陽明学』）

「陽明の学を国家に行ふときは、日本がよき模範である。……故に予は重ねて一つの断案を下さんと欲す。曰はく陽明学は支那の学に非ず。往時明代の学に非ず。日本の学なり。近くは先

帝陛下（明治天皇）の学なりと」（『陽明学』四八号、社説、大正元年）

⑥陽明学を宇宙的哲学とみなす例。

「良知は陽明の考へによれば詰り宇宙の本体である、畢竟広き所で云へば即ち宇宙本体であるが、其本体たるものが吾々自性にも備はつて居る。それが良知で一番根本的のものでまた一番実在的のものである。……換言せば良知は即ち宇宙の大意識、大精神と云ふものにして而も其の一部を吾々は有つて居ると云ふ考へでありまして、苟も人が学問して此の良知を明らかにすれば即ち吾精神は直に宇宙全体の大精神と一致して仕舞ふ」（井上哲次郎、『陽明学』二〇号、明治四十三年）

「人欲の私をスラリと離れて所謂無欲の境涯に這入らば、人己なく、内外なく、天地万物すべて一枚となつて、彼我の隔てなく、遠近の差別なく、仁の一字を以て万物に対し、万人に接することが出来るであらう」（長谷井葦山、『陽明学』二八号、明治四十四年）

「良知は天地万物を生成す、良知ありて天地万物その存立を得、而して宇宙間処として良知なきはなし、即ち万有の太原なり、本体なり、絶対無限の主宰者なり、これ陽明学神髄中の神髄たる者、かかる宇宙精神が吾人の胸にやどれる、これ即ち本心なり真心なり、……かくて宇宙精神と真心とは即ち同一良知、決して二物にあらず、而してこの精神は固より宇宙に普遍なれども、其発竅の最も精なる処、是れ人心一点の霊明……、その見はれの最も純情なる処即ち吾

人の本心なり」（三島復、『陽明学』五六号、大正二年）

「致良知……は至上善……絶対善と云ふことである。『善の研究』の著者（西田幾多郎）によれば、……真の善とは……即ち真の自己を知ると云ふ事に尽きる。我々の真の自己は宇宙の本体である。真の自己を知れば啻に人類一般の善と合するばかりでなく、宇宙の本体と融合し神意と冥合するのである。宗教も道徳も実に此処に尽きて居る――から云つて居るが真に其通りである」（長谷井超山、『陽明学』七七号、大正四年）

以上、日本陽明学の多彩な局面を見てきた。

ここでは、中国陽明学の、孝悌慈をその内容とした、人の道徳的本性（良知、心の本体）の発揮、という命題から、孝悌慈という内容上の限定がとりはらわれ、いつしか、道徳一般、心一般に普遍化され、①内面自立・進取、②変革、③生死超脱、④神仏、⑤日本的、⑥宇宙的、と独り歩きしてきたのが分かる。

すなわち、あの、前にも挙げた、中国陽明学の、朱子勧諭―太祖六諭―陽明郷約と続く「儒教道徳の民衆化」という流れとは異なり、日本陽明学の場合には、「心の無限的活用」についての解釈の流れがあったことが分かる。このため、日本では、陽明学は一人一人の超俗の覚悟、精神的覚醒、宇宙的自我の確立など、個人の内面世界で完結する思想として、専ら知識層の間に点在するにとどまり、中国陽明学のような民間への宣布活動とか学派的広がりといったものは見られない、という特徴をもつ。

ここで、念を押しておきたいのは、日本の中国陽明学研究者の中に、中国陽明学に対し、しばしば「心の無限的活用」といったような日本的な解釈枠組を適用している人がみられることである。

もっとも、明治期の、明治維新を回顧し、幕末の志士の変革、生死超脱を陽明学に結びつけた解釈は、清末の中国の革命家にも影響を及ぼした。例えば孫文は一九〇五年（明治三十八年）、東京で、清国留学生に「（日本では）五十年前、維新の諸豪傑が中国の哲学大家、王陽明の知行合一の学説に沈酔し、皆独立尚武の精神を具え、四千五百万人を水火から救うという大功を成し遂げた」（「中国応建共和国」『国父全集』第三）と演説しているし、この見方は、後に蔡元培（初代北京大学総長、新文化運動の創始者の一人）の「（陽明学は）朱子学末流の弊害を矯正し、思想の自由を促し、実践の勇気を鼓舞した」（『中国倫理学史』）という見方、蔣介石の「日本が明治維新から現在に至るまで、……強国たり続けているのは、欧米の科学に力を得ているからではなく、中国の哲学に力を得ているからである、……すなわち、王陽明の『知行合一』『致良知』の哲学がそれである」（「自述研究革命哲学経過的段階」『蔣総統集』）という見方に及んでいる。このように、中国でも、主に知行合一すなわち革命的実践という方向、及び心＝心力の系譜から革命精神に結びつけて、陽明学が再評価されたが、これらは実は日本陽明学の観点の逆輸入であった、といえよう。

4　テキストについて

本書が底本とした『伝習録』は、陽明没後四十四年の一五七二年に刊行された『王文成公全書』に収録されたもので、全三十八巻からなる『全書』の巻一から巻三までの「語録」と題された部分が『伝習録』上・中・下巻に当たる。『伝習録』は江戸時代の日本でも三輪執斎が評注をつけたもの（一七一二年）が刊行され、広く読まれた。なお後には幕末に佐藤一斎が詳細な頭注をほどこした『伝習録欄外書』が、明治三十年になってから刊行された。『伝習録』はこのように和刻本が流布したが、『王文成公全書』は江戸時代には刊行されなかった。これはいわば全集であるから、王陽明に関心があれば広く読まれてしかるべきだが、そうならなかったのは、陽明への関心が日本イメージの陽明に対してであって、中国世界に生きた王陽明ではなかった、まして陽明をあらしめた中国世界そのものへの関心ではなかった、ことに由来する。われわれは、日中間にいまだにこのようにさまざまなギャップが存在していることに自覚的であるべきだろう。

（東京大学名誉教授）

凡例

一　本書は、王陽明『伝習録』の全訳である。

二　本書の上巻と下巻におけるゴシック体の通し番号は、分条を示すための便宜的なものである。

三　原文の底本については、『王文成公全書』所収のものを用いたが、さらに、南本系の正中書局本（活字本）を随時参照した。

四　注釈は、語句釈・人名などを主とし、訳文中に＊印を付したうえで各訳文のあとに〈〉で示した。語句釈には、哲学用語に属するもの、訳者の個人的見解の含まれるものをも加えた。

五　訳文中（）を付した部分は、原文にはないが、読者の便宜のために訳者が補ったものである。

六　語句の簡単な説明は（）に入れて各語句の後に置いたが、小字を用いて前項と区別した。

伝習録

伝習録　序

門人の中に、私《ひそ》かに陽明先生の言葉を筆録しているものがあるのをお聞きになって、先生がその人物にこういわれた。

「聖賢が人に教えるのは、ちょうど医者が薬を投与するときに、常に病に応じてそれを処方し、体力や熱の有無、また病気の箇所や症状のいかんなどを診《み》た上で、その都度、匙《さじ》を加減するのと同じである。その目的はあくまで相手の病弊をとり除くことにむけられているのであり、あらかじめ定まった処方をもって相手に臨むわけではない。というのは、もし或る一つの処方だけに固執していては、結局、相手を殺してしまうことになるからだ。いま、わたしが諸君と話し合うのは、それぞれの不十分な点を診断し矯正《きょうせい》しようというだけのことであり、もしその人がちゃんとして改まってしまえば、わたしの言葉などもはや無用の長物でしかない。それをもし永久不変の教訓として墨守してしまうと、いつかは必ず己れを誤り人を誤らすことになり、わたしの罪過は、とてもつぐないきれないことになる」

愛《わたくし》（徐愛）*も、それ以前から先生の教えをつぶさに筆録していたのだが、先生のこのお話をきっかけに同門の友人から筆録をやめるようにと忠告を受けることになった。そこで愛《わたくし》はそれにこう答えた。

「きみのいうことこそ、別の立場からいま一つの特定の処方を押しつけるもので、それもまた先生の本意をはずすものだ。かつて孔子は、子貢に対しては『わたしは何も言いたくない』（『論語』陽貨篇）と告げ、他日、その一方では『わたしは顔回と一日中話をした云々』（同上、為政篇）と述懐している。これは何とも矛盾したはなしではありませんか。これは思うに、子貢がもっぱら聖人（の道）を言葉の上からのみ理解しようとしていたため、孔子は無言ということで戒め、彼に、それを心に実地に体得し、自らのものにするようにと教えた。一方、顔回は孔子の言葉を心によってつかみ、全てを自己に即してとりこみ、自己のうちに生かしたから、孔子は彼と一日中話をしていても、揚子江・黄河の水を海にきって落とすよう（にやみがたく際限のないありさま）であった。このことからすれば、孔子が、子貢に対して無言で接しようとしたのも、顔回とは終日話し合ってあくことがなかったのも、どちらも少なすぎも多すぎもしない、むしろそれぞれに当を得たことであったというべきです。

いま、こうして先生の言葉をつぶさに筆録するということは、もちろん先生の望まれるところではないし、わたくしとて、もしわれわれがいつまでも先生の門下にとどまっていられるものなら、こんなことをする必要は全くないでしょう。しかし、いつかは先生のお側を離れねばならぬ時もあろうし、同門の友同士お互いにあちこち散り散りばらばらに生活する時がこないとはかぎらない。そうなってしまうと、手本とすべき先生はもはや遠くにあり、お互いの忠告や励ましを耳に聞くこともできなくなる。特に愛《わたくし》のように低劣な人間は、不断に先生の教えにふれ、それをめあてに、自己を刺激し発奮させるのでなければ、どうしても意志がくじけ堕落の道を転がることになりかねません。とはいえ、われわれが、(ここに筆録された)先生の教えを、もし単に耳から入れ、口から出すだけで、それを自己の身に体得しようとしなかったら、愛《わたくし》のこの筆録の行為は、先生に対してまことに罪深いものであるといわざるをえない。しかしもし、教えの本意とするところをよくつかみ、それを着実に身につけることができたなら、この筆録も、先生が『一日中話をする』その心をそのまま伝えるものとなり、とすればこれの存在理由は十分あることになりましょう」

筆録の完成にあたり、冒頭に以上の次第を記し、同学の諸士に開示するものである。

門人徐愛序

〈徐愛〉(一四八七~一五一七) 徐は姓、愛は名、字《あざな》は曰仁《えつじん》、号は横山。浙江《せっこう》省余姚《よよう》、つまり陽明と同郷の人。若い時から陽明に従い、陽明の妹を妻に娶《めと》った。陽明が竜場に流謫《りゅうたく》される頃からすでに弟子の礼をとっており、いわば陽明門下の最初の門人。陽明は「曰仁はわが門の顔回だ」と愛していたが、奇《く》しくも顔回と同じく三十一歳で病没し、陽明を食事も咽《のど》を通らぬほどに痛哭《つうこく》させた。

伝習録　上巻

先生（王陽明）は、『大学』の格物などの説については、すべて古本*『大学』によるのが正しいとされた。しかしそれは周知のように（程子・朱子ら）先儒からは誤本であるといわれてきたものだけに、最初それを聞くや、わたくしは大いに驚き、かつ疑念のわきおこるのを抑えきれず、それ以後というもの、およそ思考のかぎりをつくして、（その古本『大学』と『大学章句』の両者に）比較検討を加え、その上で先生にも質問を重ねた挙句、先生の所説こそ、まさに水が冷たく火が熱いのと同じく、「百世の後の聖人にかけても変わることのない」（『中庸』）不易の定論であると得心するに至った。

先生は生れながらに叡明《えいめい》であったが、人となりは快活かつ率直で、物事の形式にこだわらぬ方であった。世間では、先生が若い頃、豪邁不羈《ごうまいふき》な気象の持主であった上に、詩文に耽溺《たんでき》したり、仏教・老荘の学にも足をふみ入れたりしたことを知っていたから、先生のその説を耳にするや、要するに異を立て奇をてらうだけのものと断じ、全然考察の対象にしようともしなかった。かれらは、先生が*蛮地に謫居《たくきょ》すること三年、その間、困苦の中にも沈思をつづけ、道理の本源に帰一すること、もはやはるか聖人の域にあり、宇宙自然の最も本来的なあり方に透徹しておられたことを、知らなかったのである。

　わたくしは、先生の門下に朝夕に親しく薫育《くんいく》を受けたものだが、先生の学問は、学ぶのに平易に見えてしかもふり仰ぐほどに高みをまし、外見は粗略に見えてしかも探究するほどに精緻《せいち》さを加え、その始めは身近に見えてしかも核心に迫るほどにますます涯《はて》しがなくなるというふうで、この十余年来、ついにいまだにその輪廓さえ窺《うかが》うことができないのである。であるのに、世の諸君子は、或いは先生とろくに対面もせず、或いは満足に話も聞かぬうちから、あらかじめ軽侮や反撥の念をいだき、雑談や伝聞の話をもとに、いきなり勝手な臆断批判を加えようとするのだが、なんと無茶なことではあるまいか。

　いや、その門下に遊学し親しく教えを受けるものですら、往々、一を得たと思えば二を忘れ、言説のはしばしに気をとられてその真髄を見失うものが少なくない。そこでわたくしは、日頃、先生からうかがった話をつぶさに筆録し、これを内々に同門の士にも示し、ともどもに考訂を加え、より正確を期した次第である。願わくば先生の教えが正しく伝わらんことを希求するものである。

門人徐愛しるす

〈古本『大学』〉「大学」は『礼記』四十九篇中の一篇であるが、程子・朱子らはそれを誤本とみなし、本文の先後の順序を大幅に改訂した。特に朱子は『大学章句』としてそれに注解を加えて世に問い、以後それが『大学』定本として通行するに至ったが、王陽明はこれに対し、『礼記』の本文こそが「大学」本来のものとして、旧に復させた。それがいわゆる古本『大学』である。このことは単にどちらを正本とするかという書誌学上の論争ではなく、『大学』をいかに読みとるかという形をかりての、思想上の対決であった。朱子学的思惟が正統の位置を占めていた時代に、それに異をとなえて新説を打ち出したのであるから、当然それは大きな波紋を投げかけたわけで、以下に見られるようにそれをめぐっての論議はきわめて多い。

〈蛮地に謫居する…〉陽明は武宗正徳元年（一五〇六）、三十五歳の折、権臣劉瑾《りゅうきん》の意に逆らったため笞《ち》刑《けい》を受けたのち、貴州省竜場に流謫された。「聖人の道は吾《わ》が性に自足している。これまで理を事物に求めたのは誤りであった」と、『大学』の格物致知解釈について回心をとげた、有名な竜場の大悟はこの時のことである。竜場は夷人《いじん》穴居の地で、気候不順、毒虫猛蛇が横行し、言葉の通じる者は中国からの流亡者だけだった、と陽明年譜に記されている。

一　徐愛《わたくし》が問う、「『大学』の『(大学の道は)民に親しむことに在る』を、朱子[*]は『民を新たにする云々』とすべきだといっています。これは後の章の『新民を作《おこ》す』とも関連しますから、朱子の説には根拠があるように思われます。一方、先生は、『礼記』の旧本（古本『大学』）に従って『民に親しむ』とするのがよいとおっしゃるわけですが、何か根拠があるのでしょうか」

先生がいう、「『新民を作《おこ》す』の新は、（自律的に自己革新をとげるというときの）あの『自新』の新で、『民を新たにすることに在る』というときの新（が他律的であるの）とは異なるから、これはまるで根拠にならない。ここでは、『作《おこ》す』はむしろ『親しむ』と相互に対応しあっているのだ。ただし、作《おこ》すが親しむと同義だというのではむろんないが。

そもそも下文の治国平天下の句にしても、これらはいずれも『新たにする』ということと内容的に関連するものでなく、ましてそれをもとに論が展開されたというものでは決してない。

それればかりでなく、（『大学』にみえる）『君子は賢者を賢《かしこ》み、親族に親しみ、小人はその楽しむべきを楽しみ、利とすべきを利とする』や『（民に対しては）赤子を保育するようにする』とか『（君主は）民の好むところを自分も好み、民の悪《にく》むところは自分も悪む、こうしてこそ民の父母という』などは、内容的にみな『（民に）親しむ』ということをいうものだ。

『民に親しむ』は、『孟子』に『親（族）に親しみ民を仁（愛）す』（尽心上）とあるように、親しむこと即ち仁愛することなのである。百姓《じんみん》が親しまないのを見て、舜が契《せつ》を司徒（官名）に任じ、『敬《つつ》しんで（親・義・別・序・信の）五教を敷《ひろ》めよ』と命じた（『書経』舜典篇）のも、民を親愛すればこそのことであった。また同じく堯典の『克《よ》く峻《おおい》なる徳を明らかにし云々』は、（『民に親しむ』の上の句の）『明徳を明らかにする云々』と対応するものであり、その（堯典の句の）すぐ後の『九族を親しむ』から『（百姓《じんみん》の職分を）平《ひと》しく章《あき》らかにし、（万邦を）協和させる』までは、まさしく民を親愛することをいい、これこそが（『大学』にいう）『明徳を天下に明らかにする』ことに他ならないのである。また、孔子が（『論語』で）『己れを修めて以て百姓《じんみん》を安んずる』（憲問篇）という場合の、『己れを修める』とは、自己の明徳を明らかにすることであり、『百姓《じんみん》を安んずる』とは、つまり民を親愛することなのだ。

『民に親しむ』といえば教（化）とともに養（民）を兼ねるが、『民を新たにする』というと、（教のみの）一方に偏ってしまうではないか」

〈朱子は「民を新たにする云々」〉朱子はその『大学章句』で、古本の「民に親しむ」の親は新の字とすべきだとした。そして「新民を作《おさ》む」の「作」は作《おこ》すこと、すなわち鼓舞して振い起《た》たせることだとした。つまり朱子は、ここは「民に親しむ」ではなく「民を新たにする」と訓《よ》むべきで、その意味は、民を道徳的に鼓舞し振い起たせることだとした。ここは以上をめぐっての論議だが、「新」か「親」かは、『大学章句』を否定して古本『大学』に復帰するために経なければならぬ手続みたいなもので、『大学』をめぐっての朱子と陽明の対立は、むしろ次の条以下に展開される。

二　愛《わたくし》が問う、「（『大学』の）『止《とど》まるを知りて後に定まるあり』について朱子は、『事事物物にみな定理がある』（『大学或問《わくもん》』）と敷衍《ふえん》していますが、これは先生の（心が理であるという）お説とくいちがうのではないでしょうか」

先生がいう、「事事物物の上に至善（なる理）を求めるなどは、義外*の説じゃないか。至善とは心の本体そのものであり、何よりも己れの明徳を明らかにして精一の極に至ること、これをおいて外にない。とはいっても、それは事物とは無関係にそうあるのではない。朱子がここの（『大学章句』の明明徳・至善の）箇所に、『天理の極を尽くしていささかの人欲の私のないありよう』と付注しているのは、ここのところを的確にいい当てたものだ」

〈義外の説〉『孟子』告子上に見える、孟子と告子の有名な論争。告子が、たとえば年長者を敬うという義についていえば、その義は相手が年長者であるということに規定されるのだから、それは自己にとって外在的なものだとしたのに対し、孟子は、敬う心が自己にあってはじめてそうなるのだから、義は心に内在的なものだとした。朱子が事事物物に定理ありとしたのは、その理の探究を通して、自己に内在の理を覚得しようがためで、むろん告子と同じであるはずはないが、理をわが心の全分に原点づけた陽明からは、そのように見えた。

三　愛《わたくし》が問う、「至善をただ己れの心にのみ求めたならば、天下の事理について遺漏がありはしませんか」

先生がいう、「心がそのまま理である。天下に心をおいて他に、どんな事があり、どんな理があるというのか」

愛がいう、「たとえば、父に事《つか》えるには孝、君に事えるには忠、友に交わるには信、民を治めるには仁など、多くの理が存在しており、これら一つ一つを省察しないわけにはいきますまい」

先生、慨嘆していう、「この説が真実を遮蔽《しゃへい》すること久しいものがある。とても一言でその急所を明かすことはできないが、今はともかく君の質問に即して述べてみよう。例えば、父に事えるという場合、まさか父の上に孝の理を求めはすまいし、君に仕える場合も君の上に忠の理を求めるはずもなく、友と交わり民を治めるにしても、友や民の上に信なり仁なりの理を求めたりはすまい。それらはすべてわが心にこそかかっているのであり、であればこそ、心がそのまま理であるのだ。この心が私欲*に蔽《おお》われてさえいなければ、それはそのまま天理なのであり、それ以上何も外からつけ加えるものはない。この天理に純なる心をこそ発揮して、父に事えればそれがとりもなおさず孝であり、君に事えればとりもなおさず忠であり、交友・治民の上に発揮すればそれが信であり仁であるのだ。とにかくこの心において人欲を去り天理を存する、その功夫《くふう》を積むこと、これあるのみだ」

愛がいう、「先生からそううかがうと、わたくしも目の前が開けた思いがしますが、ただ（朱子の）旧説が胸中にとどこおっていて、もう一つからりといたしません。たとえば父に事える場合、そこにはいわゆる『温清定省《おんせいていせい》』＊（『礼記』曲礼上篇）など、多くの節目があります。これらはやはり身に求めるべきことではないでしょうか」

先生がいう、「身に求めないでいいはずがない。ただ何よりも根源的なことが、ある。つまり、わが心において人欲を去り天理を存するという、これこそが何よりも求められねばならない。かの、冬に温かく過ごしてもらう方法を求めるとした場合、それにはとにかくわが心中の孝を尽くしきり、いささかの人欲も微塵《みじん》だにまじることのないよう心がけるべきであり、夏に凊《すず》しくしてもらうことを求めるにしても、やはりひたすらわが心中の孝を尽くして微塵の人欲もまじることのないよう心がけるべきである。かようにこの心に人欲がなく心が純全に天理たりきるならば、それこそが孝について誠なる心なのだ。かくて、冬にはおのずと父母の寒さに思いが及び、なんとかして温かにする道を求めようとし、夏にはおのずと父母の暑さに思いが及び、なんとか凊しくする道を求めようとするのだが、これらの要目はすべて誠の孝の心よりほとばしり出るものなのだ。いや、その孝に誠なる心がなければ、要目どころのはなしではないのだ。

樹木にこれをたとえてみると、孝に誠なるその心とはつまり根であり、孝におけるあれこれの要目は枝葉にあたる。まず根があってこそ枝葉もあるのであって、先に枝葉を求めておいてそれから根を植えるわけではない。『礼記』に『孝子で親に深い愛のあるものは、必ず心が和《なご》んでおり、心が和んでいるものは必ずはれやかな顔をしており、はれやかな顔をしているものは必ず柔和な様子をしている』（祭義篇）とあるが、まず根となる深愛があればこそ、自然にこういう結果になるのだ」

〈私欲〉後出の「私」「人欲」「私意」とともに、以下すべて原語で提示したが、しかしこれは日本語でいうエゴイズムとか個人的欲望とか人間的欲望などを指すのではなく、あくまで「天理」の反対概念として規定されるもの。ここで「天理」とは、いわば人間を含めた宇宙自然の最も本来的なあり方をいい、したがって「私欲」「私」などは、その本来的あり方からの逸脱をいう。たとえば第四五、五九条で喜・怒・哀・懼などが度を過ごすのを「私意」「私」といい、下巻第八四条では、毀誉の評判を気にし、得失を打算することを「人欲」としているなどが一例である。この毀誉・得失の雑念はひっくるめていえば、「外物を逐《お》う」または「物を逐う」「外に鶩《はし》る」ことで、特に陽明はこのことに強い否定を示す。この「外物を逐う」というのには、既成概念や外的条件にひっぱられて自己の心の本来的あり方を失する（それを私欲に「蔽われる」といういい方をする）ことも含まれ、陽明の「心即理」のテーゼからしても、当然これは否定さるべきことであった。これは朱子が事事物物にそれぞれあるべきあり方（天理）をいわば外在的に措定して、それからの逸脱を「人欲」としたりするのとは顕著にちがうところである。つまり、同じく「人欲」「私欲」などといっても、本来的なあり方すなわち天理をどう人間に措定するかによって、その内容も変わってくるのであり、以下本文において、読者は直接陽明のそれを実見していただきたい。ただ一言つけ加えると、たとえば陽明の弟子の王心斎が「天理とは天然自有の理である。少しでも作為をはたらかせたらそれはたちまち人欲だ」というように、以後明末に至ればますます顕著になることだが人間の実存態をそのまま理とする結果、極端には、善を行なおうとする意識すら、それが作為されたものという点で「人欲」あつかいされるようにすらなる。以上、同語の日本語の概念とは、これらが全く異次元のところで用いられているということをご承知おきいただきたい。

〈温清定省〉冬は親を「温」かに、夏は「清《すず》」しく、夜には親の眠りを「定《しず》」め、朝には機嫌を「省《うかが》」う、子の礼。

四 *鄭朝朔《ていちょうさく》が問う、「至善（なる理）のうちには、事物について求めるべきものがあるのではないですか」

先生がいう、「至善とは、この心があくまでも純全に天理そのものであること、それが全てだ。それ以外に事物上にどのように求めるというのか。まあ試みにその例を挙げてみたまえ」

朝朔がいう、「たとえば、親に事える場合、どのようにすれば温・凊の節目《せつもく》にかなうか、また孝養のよろしきにかなうのか、これらについて正しいものが得られてこそはじめて、それが至善なのですから、ここのところに学問・思弁の功夫《くふう》も必要なのではないのですか」

先生いう、「もし温・凊や孝養にどうかなうかというだけのことなら、一日二日身を入れて学べばそれで足りる。何も学問の思弁のというほどのこともない。ただ温・凊につとめるその時に、この心がどこまでも天理に純全であり、孝養をつくすその時に、この心がどこまでも天理に純全であること、肝要なのはそれだ。そしてここにこそ学問・思弁の功夫はなければならず、さもなければ、『毛ほどのくいちがいも千里のあやまりとなる』（『礼記』経解篇などに『易』の語として引用された句）のを免れないだろう。だから聖人に対してすら『*精一』の教えが加えられもした。もし単に、それらの作法が儀法にかなったからといって、それをこれこそが至善だというのなら、当節の俳優が温・凊や孝養などあれこれの作法を儀法どおりに正しく演じてみせるのも、それも至善といってよいことになる」

愛《わたくし》は、この日また、心に得るところがあった。

〈鄭朝朔〉名は一初、字は朝朔、号は紫坡子《しはし》。広東省掲陽の人。
〈精一〉『書経』大禹謨《たいうぼ》篇に、舜が禹に帝位につくようにすすめた際、帝の心がけとして「人心惟《こ》れ危うく、道心惟《こ》れ微なり。惟れ精、惟れ一、允《まこと》に厥《そ》の中を執れ」（人心は悪に陥る危険性をはらみ、道心は微妙で確定しにくい。だから心を純精に一すじにし、中正の道を執るように）と述べたのにもとづく。

五　愛《わたくし》は、先生の知行合一《ちこうごういつ》の訓《おし》えがなかなか理解できず、*宗賢《そうけん》・*惟賢《いけん》らと論議を交わしたのだが、どうしても結論をうることができず、先生に質問することになった。

先生がいう、「まずきみの方から問題を出してみたまえ」

愛《わたくし》がいう、「いままではどんな人でも、父には孝、兄には悌《てい》たるべしと知っているのに、いざ実行となるとそれができません。これは知と行とが、明らかに二つの事柄であるからに他なりますまい」

先生がいう、「そんなのは私欲に隔断されて、知行の本来的なあり方からはずれてしまったものだ。そもそも知っているという以上、それは必ず行ないにあらわれるものだ。知っていながら行なわないというのは、要するに知らないということだ。聖賢が人々に知行を教えたのは、まさに知行のこの本来的あり方にたちかえってもらいたいがためであって、みんなをそのままにさせておくためではない。だから『大学』でも、真の知行をわれわれに示して、『好《よ》き色を好むが如《ごと》く、悪臭を悪《にく》むが如し』と説いている。この場合、好《よ》き色を識別するのは知に属し、それを好むのは行に属すが、しかし、それを好き色と識別したその瞬間には、もうちゃんとそれを好んでいるのであり、識別した後に改めて別の心が働いてそれを好むというのではないのだ。同じように、悪臭をかぎ分けるのは知に属し、それを嫌悪するのは行に属すが、それを悪臭とかぎ分けたその瞬間、もうちゃんと嫌悪しているのであり、かぎ分けたあとに改めて別の心が働いてそれを嫌悪するというのではない。かりに鼻づまりの人なら、目の前に悪臭をだす物があっても、その鼻はにおいをかげないのだから、べつに嫌悪するということもない。これはつまり、においを知らないということだ。

いま、某々が孝を知り某々が悌《てい》を知っていると称する以上は、必ずその人がとうからそれを実行しているのでなければ、孝なり悌なりを知っているとはいえない。孝悌についてあれこれ談ずることを覚えたからといって、それで孝悌を知っているなどといえたものじゃない。同じように、痛みを知るという場合も、痛みの体験があってはじめて知るといえるのだし、寒さを知るというのも饑《う》えを知るというのもそれぞれ体験してのことだ。知と行とをきりはなすことなどできるわけがない。そしてまさにそれが知行の本来的なあり方なのであり、人の私意（恣《し》意《い》）によって隔断されうるものではない。

以上のごとくであってこそはじめてそれを知といえるのであるし、そうでないのは、結局のところ知たりえない――というのが聖人の教えであり、われわれの課題でもあるのだが、これはなんと切実で実際的な功夫ではあるまいか。であるのに現今、懸命になって知行が二つのものであると主張するのは、何ということだろう。いや、このわたしが一つであると主張することだって、問題といえば問題だ。そもそも教えがたてられたその根本のところをわきまえぬかぎり、一つと説こうと二つと説こうと、何の役にも立ちはしない」

愛がいう、「古人が知と行とを二つのものとして説いたのは、その方が人々にわかりいいからでしょう。実際、一方で知の功夫をつみ、もう一方で行の功夫をつんでこそ、その功夫に実効があるのではないですか」

先生がいう、「それではかえって古人の本旨からもはずれる。わたしはかつて、『*知は行の主意《きほん》、行は知の功夫《じっせん》、また知は行の始《もと》、行は知の成《じつげん》である』と述べたことがある（第二七条参照）が、ここを会得したときには、ただ知とさえいえばすでにそこには行が含まれており、行とだけいえばすでに知が含まれていることがわかる。古人が知を説きながら、その一方で別に行を説いたのには理由がある。それは世間にはわけもわからず気ままにことを行ない、思惟省察ということを全くわきまえぬ人がおり、こういう人はただ盲目的に行為するばかりであるため、どうしても知というものを説かなければこの人たちの行ないを正しくすることができなかった。一方また、ある種の人々は、抽象的な空想にひたりきって、現実に実行してみようともせず、ひたすら臆測や妄想に終始しているため、これらの人々にはどうしても行というものを説かねば、その知が真の知になりえなかったからである。こういうことは、古人が人々の偏向や病弊を是正するためやむをえずしたことで、その本意さえ理解できれば、多言の要のないことなのだ。

であるのに、現今の人は知と行とを二つに分け、まずはじめに知るということがなければ、行なうことができないなどと考える。そして自身も、当面は講習討論によって知をみがき、真に知りえたのちはじめて行ないをみがくことにしようという。そしてとどのつまりは、死ぬまで何も行なわず、また死ぬまで何も知らぬままに終る。これは病としてはかなり重症で、昨日や今日にかかったものではない。わたしがいま、知行合一を説くのは、まさにこの病を癒《い》やさんがためであって、決してとりとめのない絵空ごとを語っているのではない。

そもそも、知行の本来的なあり方が、もともとこのようなものなのである。ここの本旨さえ理解できれば、たとえ二つに分けて説こうとも、それは一つのことの両面をいっているのだから、それはそれで一向に構わない。逆にもし、ここの本旨が理解できなければ、かりに一つと説こうとも、何の足《た》しにもなりはしない。つまるところ時間つぶしでしかないのだ」

〈宗賢〉黄綰《こうわん》（一四八〇～一五五四）字は宗賢、号は久庵、浙江省黄巌の人。湛甘泉《たんかんせん》の友人だったが、のちに入門。

〈惟賢〉顧応祥（一四八三～一五六五）字は惟賢、号は箬渓《じゃくけい》、浙江省長興の人。陽明没後、『伝習録疑』を著す。

〈「知は行の主意…行は知の成である」〉非常に訳しにくいものの一つである。まず後の句は、従来、「知は行の始まり、行は知の完成」と訳されているが、これでは知と行とが時間的推移の中でとらえられているようにしかみえない。ここの「始」と「成」は決して、スタートと完成をいうのではない。「始」というのは、知るということがなければ行ないはありえないという、そのきっかけをいうのであり（中巻「顧東橋に答えるの書」の初めに、食べたいと欲する心があってはじめて食物を知る。ここで食べたいと欲する心はつまり意であり、それがつまり行の始に他ならない、とあるのが、その意味である）、ここに即していえば、盲人は美色が見えぬから、それを好むということがない、ということだ。といってそれは美色を知ってそれから好むという時間的先後でとらえられているのでなく、好むという行為によって美色が美色であると確定される点で、それは知ることを内に含むものである。つまり美色の識別は好むという行為によって具体化されるわけで、その意味で行は知の実現態ともいえる。だから知は行を含み、行は知を含むといわれるのだ。とすれば、前句もほぼ同じ角度から見られるわけで、ここの主意と功夫とを主従の関係でとらえるべきではないだろう。たとえば、親を親と知ることが孝の行為としてはねかえるわけだが、ここで親に忠といかないのは、親に対しては孝という先験知（良知）があるからで、その孝の知において孝情が流出する。その流出がつまり知に対する行であるが、その意味で知は行を現出する基本のものである。ただしこの基本は基本であることだけでは成り立たず、孝情の流出つまり孝の実践として具現することによってのみ基本たりうる、そういう関係にあるだろう。功夫は、修業一般をふつう指すが、だからといって、行が知を実現するための修業であるとするのは、知行の本来的あり方からいって正しくあるまい。これが功夫と表現された理由を強いて穿鑿《せんさく》すれば、恐らく、たとえば孝の行についていえば、孝行は深浅多様であり、その多様な実践形態はそれぞれに孝の知を基本としつつ、しかし深浅のばらつきをまぬかれない。もし深い知が深い行に対応するならば、浅い行はより深い行、すなわち深い知へと深入りすべき余地をもつ、その余地にはたらくべき錬磨のイメージが功夫の語として表われたのではあるまいか。これについては、第二六条の注で改めて述べるので参照していただきたい。

六　愛《わたくし》が問う、「先般、（『大学』の）至善についてお教えをいただき（第二～四条）、どこに功夫の要点があるかがわかりました。ただ、朱子の（一事一物について理を求めるという）格物の説と、どうしても合致させることができないのですが」

先生がいう、「格物は至善（なる理）を実現するための功夫なんだから、至善がわかったということは、同時に格物がわかったということだ」

愛がいう、「先般のお教えをもとに、格物の説を考えてみますと、おおよそのところは了解できます。ただ、（ひろく事物にそれぞれの理を明察していくという）朱子の説は、『書経』の『*精一』、『論語』の『*博約』、また『孟子』の『*尽心知性』などにその論拠を求めることができます。そのため、（これをしりぞけることに）いま一つ釈然としないものがあるのです」

先生がいう、「『*子夏は深く聖人の言を信じ、曾子はそれを自己のうちに体現することを求めた』といわれる。聖人の言を信ずることはもちろん結構なことだが、しかし、それを自己のうちに体現することこそが第一義でなくてはならない。いまきみが、自己のうちにかえりみて得心のいかぬものがあるというなら、先人の旧説にとらわれていないで、何が至当なのか自分で追求してみなくてはいけない。あの朱子にしても、なるほど程子を尊崇し信頼してはいたが、しかし自己に得心のいかぬこととなれば、決して安易に盲従することはなかった。

ところで『精一』『博約』『尽心』だが、これらは元来わたしの説とぴったり適合しているのであり、ただきみがそのことに気づいていないだけのことだ。朱子の格物の説の方は牽強附会の気味があり、本来の格物の主旨からはずれてしまっている。そもそも、『精一』の精は、一に至るための功夫であり、『博約』の博も、約に至るための功夫をいう（のであり、精察・博学それ自体に価値があるのではない）のだ。きみはすでに知行合一の説を理解しているのだから、これ以上多言に及ぶまい。一方、『*心を尽くし、性を知り、天を知る』だが、これは（『中庸』の）『生知安行』にあたり、これにつづく『心を存し、性を養い、天に事《つか》える』が『学知利行』にあたり、その次の『殀《わかじに》か寿《ながいき》かによって（心を）弐《たが》えず、身を修めて以て（天命を）俟《ま》つ』が『困知勉行』にあたる。朱子は（『大学』の）『格物』に誤った解釈をほどこし、ここの順序を逆に考え、『尽心、知性』を『物（の理）に格《いた》り、知至ること』としたため、初学のものにいきなり『生知安行』のありようをおしつけることになったのだが、そんなことがとおるわけがない」

愛が問う、「『心を尽くし、性を知る』がどうして『生知安行』なのですか」（以下、中巻「顧東橋に答えるの書」参照）

先生がいう、「性は心の本体であり、天はその性が淵源《えんげん》するところである。『心を尽くす』とは、つまり『性を尽くす』ことだが、この『性を尽くす』というのは、人間の本来的自然を最高に発揮してこそはじめて果たしうることで、この時には天地の生成発展の道すじを知ることもできるのに対し、その次の『心を存する』という場合は、心がまだ尽くされていない状態をいうのである。

また、『天を知る』というときの知は、いわば知州（州知事）や知県（県知事）の知であり、（この場合、知州なり知県なりの人間的あり方が、そのまま州や県のあり方に直結しているのと同じで、要するに）*自己の本性がいかにあるかをいうのであるから、自己と天とはここでは一体のものとなっている。これに対し、『天に事《つか》える』という場合は、子が父につかえ、臣が君につかえるのと同じく、（対象としての天に）敬《つつし》んで奉事することが何よりも求められているのであるから、ここでは天と自己とはまだ一体のものたりえていない。つまり以上の二つは、そのまま聖人と賢人の別を示すものなのだ。

さらに『殀《わかじに》か寿《ながいき》を全うするか、によってその心を弐《たが》えない』云々となると、これは、学ぶ者に心を専一にして善を実践させ、自己の生が窮するか思いどおりに通ずるか或いは夭死《わかじに》するか寿を全うしうるかによって、その善を実践せんとの心に変動がないようにすること、そしてひたすら身を修め、天命を俟《ま》つなかで、これら窮・通や夭・寿は自己における天命のあらわれであると悟り、それらによって心が動かされることのないようにすること、をいうのである。さきの『天に事《つか》える』が、天と一体でないとはいえ、すでに天が自己の正面にあることをはっきり自覚しているのに対し、この『天命を俟《ま》つ』方は、とても天とむかいあうどころではなく、自分の場所でいわば一方的に待ちうけるようなものであるから、これは初学のものが志を立てる最初の段階に他ならず、つまりは『困知勉行』ということになるのである。であるのに、いま、これらをまるで顚倒《てんとう》させて順序を逆に考えてしまうから、学ぶものはどう手をつけていいものやらなす術《すべ》をなくしてしまうのだ」

愛がいう、「昨日は先生のお話をうかがい、功夫がどうあるべきか、おぼろげながら理解できましたが、今日のこのお話によって、それはいっそう明白になりました。昨夜考えたことですが、格物の物とはつまり事のことで、これらはみな心のはたらきについていうものではないでしょうか」

先生がいう、「そのとおりだ。この身をつかさどるものは心であり、心から発するものが意、意の本体が知で、意の在るところがすなわち物《こと》なのだ。たとえば、意が、親につかえるということにあれば、他ならぬ親につかえるというそのことが一つの物《こと》であり、君につかえるということにあれば、その君につかえるというそれが一つの物《こと》である。また意が、民を仁《めぐ》み万物を愛するということにあれば、その仁民愛物が他ならぬ一つの物《こと》であり、視・聴・言・動にあれば、視・聴・言・動のそれぞれが他ならぬ一つの物《こと》なのだ。だからこそわたしは、心の外に理はなく、心の外に物はない、というのである。『中庸』には『誠ならざれば物はなし』とあり、『大学』でも『明徳を明らかにする』功夫は何よりも『意を誠にする』ことであり、『意を誠にする』功夫は何よりも格物だといっている」

〈「精一」…「尽心知性」〉「精一」は前出。朱子は、「精」を『中庸』の「博学・審問・明弁」などと同義だとし、これなくしては格物致知は不能であるとした。一方、「一」は誠意・篤行などで、格物致知によって明らかにされた天理を自己に顕現・実践することであるとした（『朱子語類』巻七八）。「博約」は『論語』雍也《ようや》篇の「君子は博く文を学び、これを約するに礼を以てす」および子罕《しかん》篇の「我を博くするに文を以てし、我を約するに礼を以てす」にもとづくが、朱子はここでも、博学が致知であり、約礼は践履の実をあげることだとしている（同、巻三三）。「尽心知性」は『孟子』の「その心を尽くすものは、その性を知る」（尽心上）にもとづくが、朱子は、やはり、知性は性の理を知ること、つまり物（の理）に格《いた》ることで、尽心は知の至ること（のちに、意を誠にすることともいう）、であるとしている（同、巻六〇）。

〈「子夏は…体現することを求めた」〉朱子のいった言葉（『四書集註』『孟子』公孫丑上の注）。子夏・曾子ともに孔子の弟子。聖人は孔子をさす。

〈「心を尽くし…天を知る」〉以下、『孟子』尽心上の「その心を尽くすものは、その性を知る。その性を知れば、天を知ることになる。その心を存し、その性を養うのは、天に事《つか》える所以《ゆえん》である。殀《わかじに》か寿《ながいき》かによって（心を）弐《たが》えず、身を修めて（天命を）俟《ま》つのは、命を立てる所以である」の一節を三段に分けた。「生知安行」云々は、生れながらに道を知り、無意識裡にそれを実践する（生知安行）、学ぶことによって知り、意志的に実践する（学知利行）、刻苦して知り、鞭撻《べんたつ》しながら実践する（困知勉行）の三段階をいう。

〈自己の本性がいかにあるかをいう〉本書中巻の「顧東橋に答えるの書」に「知州ならば、一州のことはすべてその知州自身のことであり、知県ならば、一県のことはすべてその知県のことである」とはなはだストレートに述べられているが、知州なり知県の本性のあり方（原文は「自己分上の事」）すなわち彼自身の徳性・品格・人間的スケールなどの天与の力量が、州・県の治政・民風のいかんにかかわらず、そのまま反映するという考えが、ここでは前提になっている。そのような知が、知天の知だというのであるから、知天とは、自己における天性を十全に顕現しているあり方をいうのであろう。

七　先生またいう、「格物の格は、たとえば『孟子』の『大いなる人は君心を格《ただ》す』（離婁《りろう》上）の格で、つまり自己の心の不正を去り、自己の本体の正を全《まった》からしめることである。意のはたらいているそのところにおいて、その不正を去り、その正を全からしめさえすれば、いついかなる場合にも天理の存しないことがなく、まさにこれこそが『理を窮《きわ》める』（一一八条注参照）ことなのだ。天理とは明徳に他ならず、理を窮めるとは明徳を明らかにすることに他ならない」

八　（先生が）またいう、「知は心の本体である[*]。だから、心はおのずからに知るはたらきをもつ。父を見ればおのずと孝を知り、兄を見ればおのずと悌《てい》を知り、子供が井戸に落ちるのを見ればおのずと惻隠《そくいん》を知る。このおのずからなる知こそが良知で、外に求める要のないものだ。この良知が発揮され、私意（すなわち天理から外れた恣意《しい》）によってさまたげられることが全くないならば、それこそ（『孟子』尽心下の）いわゆる惻隠の心が充《み》つれば、仁はありあまる、というものである。しかし常人は、どうしても私意によって（その良知が）さまたげられがちであるから、致知格物の功夫につとめ、私に勝ち理に復《かえ》るようにしなくてはならない。この、心の良知がさまたげられることが全くなく、全面的にはたらきをとげるというまさにこのこと、それが（『大学』にいう）『その知を致す』ことなのであり、そのように『知が致れば意は誠となる』というものである」

〈心の本体〉単に「心体」という場合も同じである。強いて訳せば「心の本来的あり方」となり、事実そう訳した箇所もあるが、「あり方」といういい方は、ある状態を思わせるため、それがなじまない箇所では全て原語のままとした。朱子はしばしば「心の体用」といういい方をし、心の体を性、用を情としているが、陽明にはそのような弁別はない。しかし、イメージとして、本来的なものを本来的ならしめている根源のようなものが明らかに含まれており、その意味では「心の本来的根源性」とでも訳した方がふさわしい場合もあり、ここはそのケースである。

九　愛が問う、「先生が、『博文』は『約礼』にいたるための功夫であるといわれた（以下、第六条参照）ことについて、よく考えてみましたが、どうもその概略すらつかみきれません。ご教示をお願いします」

先生がいう、「『礼』とは理のことだ。その理が可視的な事象として顕現したのを『文』*といい、『文』として顕現せず、不可視的な抽象界に（理法としてのみ）あるのを理というのであって、とどのつまり同じものである。だから『礼に約する』とは、何よりもこの心が十全に天理になりきるようにすることに他ならない。そのように、心が十全に天理であるようにするためには、理が発現する具体的事象に即して功夫をつまねばならない。たとえば、親につかえるという事柄として理が発現したなら、親につかえるというその事柄に即してその天理を存するように学び、君につかえるという事柄として発現したなら、君につかえるというその事柄に即してその天理を存するように学び、富貴貧賤に対処するという事柄として発現したなら、その事柄に即してその天理を存するように学び、患難夷狄《いてき》に対処するという事柄として発現したなら、その事柄に即してその天理を存するように学ぶのだ。日常の動止語黙にいたるまで、あらゆる事柄についてこのようにし、どういう事柄として理が発現しようとも、その事柄について天理を存するように学ぶ、これがとりもなおさず、博《ひろ》くこれを『文』において学ぶということで、これこそが『礼』に約するための功夫（第二六条注参照）に他ならぬのだ。『博文』はまた『惟《こ》れ精』にあたり、『約礼』は『惟れ一』にあたる」

〈「文」〉「文」は、文章つまり書物ととるのが普通で、朱子もそう解しているが、陽明は文様とか文彩の文ととっている。すなわち、それはあやであり、木でいえば木目のようなすじみちでもあり、事象における条理のようなものと解されるのである。その上で、後出のように、「博く文を学ぶ」とは、事親・事君などの具体的事象の場で、それぞれに天理を存する功夫をつむことだ、とされるのである。

10 愛が問う、「（朱子によれば）『道心』*は人の身をつかさどる主人であり、『人心』*はその命に聴《したが》うもの、ということです。いま先生の『精一』の説にしたがって考えますと、朱子のこの言葉には欠陥があるように思われますが……」

先生がいう、「そのとおりだ。心は一つでしかない。人間関係（から派生する利害の打算や計較などの作為）の入りこまない（天与の本来的な）心を道心といい、人間作為のまじりこんだ心を人心という。つまり、人心とはいっても、それが心本来の正しいあり方にたちかえればそれはそのまま道心であり、道心とはいっても、その本来の正しいあり方からはずれればそれはそのまま人心なのであって、最初から（道心と人心という）二つの心が並立しているわけではない。程子が、人心とは人欲に他ならず、道心とは天理に他ならぬといっているが、これは一見（人心と道心とを）二つに分解するかに見えて、その実は右の主旨にのっとった発言である。ところが、いま（朱子のように）道心が主人で人心はその命に聴《したが》うものとするなら、これは心を（主と従との）二つに分けるものだ。そもそも、天理と人欲とは（人の心の中に同時的に）並存するものではないのだから、（人の心の中に）天理が主人として位する一方、人欲がその命に聴《したが》う従者として存在するなどということが、ありうるわけがないではないか」

〈「道心」〉出典については後出の「人心」とともに、第四条注参照。この「道心」「人心」もすべて原語のままだが、道を志す心とか人間の心とかいうことではなく、後の程子の言葉からもわかるように、宋学ではほとんど天理・人欲と同概念で用いている。陽明の場合もほぼ同じとみてよい。
〈朱子のこの言葉には欠陥が…〉朱子は『中庸章句』序で、「精」とは道心・人心の二つを精察して両者をごちゃごちゃにしないこと、「一」とは察《つまび》らかにされたその本心の正（道心）をひたすら守りつづけることであり、このように、間断なく道心を一身の主として人心をこれに聴従《ちょうじゅう》させれば、動静云為《うんい》もおのずからたがうことがなくなる、と述べている。ここの質疑応答は、ちょっとわかりにくい。思うに朱子が、

「精」と「一」とを道心を明察することと躬行《きゅうこう》することとの二面のこととし、しかもその道心が人心をいわば否定的に克服するかたちで保証されるとしたのに対し、陽明は、「精」を「一」の功夫として一元的にとらえつつ、その「一」においては人心の正が、そのまま道心であるとする、その両者の違いを徐愛は問題にしようとしたのだろう。しかし、事実は、朱子が道心を主とするというのは、陽明のいうような意味においてではない。朱子によれば、たとえば飢えに食を思い、寒さに衣を思うのが人心で、これは聖凡にかかわらずないわけにはいかぬが、ただ食《くら》うべきと食うべからざるとを思量し、着るべきと着るべからざるとを思量し、飲食でいえば盗泉の水や地面に投与された食を飲食しないようにするのが道心であるとされ、道心の確立によって人心が節制されれば、人心は全て道心である、ともいう(『朱子語類』巻七八)のだから、陽明のいうように、道心と人心を二心としてみているとはいいがたい。にもかかわらず、陽明がこのようにいうのは、道心によって人心を節制し、或いは聴従させるという発想が、前述のように人心を否定的に克服しようとする傾きをもち、ここに陽明の違和感があったのだろう。

二　愛《わたくし》が問う、「文中子*・韓退之《かんたいし》*についてどうお考えになりますか」

先生がいう、「退之は文人の雄にすぎないが、文中子の方は賢儒である。後世の人は詩文の大家ということで、むやみと退之を尊ぶが、実際は、退之は文中子にとうてい及ぶものではない」

愛が問う、「では(文中子は)なにゆえに経書を模擬するなどといった(大それた)過ちをおかしたのでしょうか」

先生がいう、「何がなんでも経書を模擬してはならないというものでもあるまい。ちょっと聞きたいが、後世の儒者が(自説を)著述するのと経書を模擬するのと、どう違うと思うのか」

愛がいう、「世間一般の儒者が著述する場合、名声を求める意図がないとはいえないにせよ、本意はやはり道を明らかにすることにあります。それに対して経書を模擬するのは、これは徹頭徹尾名声を求める以外のなにものでもありません」

先生がいう、「著述によって道を明らかにするとして、ではそれは(先人の)何にならってそうするのか」

愛がいう、「孔子が六経《りくけい》を削述（不要部分を削除し正しいかたちに編述しなおすこと）し、それによって道を明らかにした。それが(ならうべきものとして)あります」

先生がいう、「とすると、経書を模擬する方は、孔子の先例にならうことにはならないというのか」

愛がいう、「著述は、道について新しく解明されたことが開示されるわけですが、経書の模擬の場合は、ただ旧来の成果をなぞるだけで、道についてプラスするものがあるとは考えられません」

先生がいう、「きみが道を明らかにするという場合、いったいそれは、(枝葉末節の飾りをはらって根本の)淳朴《じゅんぼく》なところにたち返り、事柄の(本質部分としての)実《じつ》なるところを明示することをいうのか、それとも、みてくれのいい言辞を並べたてて徒《いたずら》に世の論議を煩雑にすることをいうのか。思うに、天下の大乱は、虚なる文が世にはびこって実《じつ》のある行ないが衰微することに起因する。

そもそも道が天下に明らかであったならば、なにも六経など著述する要もなかった。孔子が六経を削述したのは、どうしてもそうせざるをえないわけがあったからだ。*かの伏羲《ふうぎ》が（易の）卦《か》を画《かく》してより文王・周公が卦辞《かじ》・爻辞《こうじ》を作るまでの間、『易』といえば『連山《れんざん》』『帰蔵《きぞう》』など、多種多様の諸易が入り乱れてその数も知れず、ために易の道は大いに乱れた。孔子は、文飾を好む風潮が天下に日ごとに盛んになり、それら易の諸説のうちどれが正しいのか、判断する規準すらなくなりかけているのを見て、そこで文王・周公の説を特にとりあげてこれを称揚し、これこそが易の本旨をつぐものだとみなした。こうして紛々たる諸説はことごとく廃絶し、天下に『易』といわれるものははじめて一つとなった。『書』『詩』『礼』『楽《がく》』『春秋』の諸経もみな然《しか》りである。『書経』の典謨《てんぼ》（堯典・舜典・大禹謨などの諸篇）、『詩経』の二南（周南・召南の諸篇）が成立して以降も、九邱《きゅうきゅう》・八索（古えにあったと伝えられる風土志と八卦の書）の類のごとき俗悪で放埓《ほうらつ》な書物が幾千百篇になるかもしれず、礼・楽の文物制度の煩雑なことに至っては、まさに際限がないありさまであったが、孔子がそれらをみな削除して正しく編述しなおしたことによって、それらの諸説ははじめて廃絶したのである。しかもこの『書』『詩』『楽』に対して、孔子はただの一語たりとも自説を加えてはいないのである。むしろ、『礼記』についての現今の諸説など、すべて後儒の附会によるもので、これは孔子の旧と全く縁もゆかりもないものである。『春秋』にしても、孔子が著述したようにいわれているが、実際はこれはもともと魯《ろ》の歴史の旧《ふる》い記録であり、（『史記』孔子世家に「孔子が筆削した」と述べられているその）いわゆる筆とは、その記録を筆写したことを、また削とはその煩雑なところを削除したことをいうのであって、減らされこそすれ増やされることはなかったのである。孔子が六経を編述したのは、煩雑な文辞が天下を乱すことを懼《おそ》れ、*これを簡素にすることによって、天下の人々に文《かざり》をすてて実《じつ》を求めるようにつとめさせたものであって、決して文辞をこととすることを教えたのではない。

春秋時代以降になると、煩雑な文辞はますます盛行し、天下はますます乱れた。（秦の）始皇帝がその焚書《ふんしょ》によって罪ありとされるのは、それが一己《いっこ》の恣意《しい》から出たものである上に、こともあろうに六経まで焚《や》いてしまったことによるのだが、もし当時、彼に道を明らかにしようとの志があって、経にそむき理にもとる諸説だけをことごとく取りだして焚いたのであれば、それはまさしく孔子が削述した意図に期せずして合致するものとなったろう。

秦・漢時代以降、文はまた日ごとに盛んとなり、それらをさっぱりとなくしてしまうなどということは金輪際不可能なことになってしまった。こうなっては、もはや孔子の先例にならう以外になく、つまり、是《ぜ》と思われるものだけを収録してそれを顕彰することによって、邪説横説のたぐいが時とともに自然と廃絶していくようにするほかない。文中子が当時、経書を模擬するに際し、どういう意図をもってしたかはわからないが、少くともその行為自体には(孔子の先例にならうものであるという点で)わたしは十二分の評価を与えるものであり、その価値は『聖人が再び出現したとしても変わることのない』(『孟子』滕文公下《とうぶんこう》)ものであろうと思う。そもそも天下が治まらない原因は、要するに文が盛んとなって実が失われたことにあり、このため人々は一己的な見解をうちだして新奇を競いあい、世俗を眩惑して名を博し、むやみと天下の聡明を乱し天下の耳目を塞ぐことになり、またそれによって、天下の人々はみな争って文辞を飾りたてて世に名をあげることに汲汲《きゅうきゅう》とするばかりで、およそ、本を敦《あつ》くし実を尚《たっと》び淳朴なところにたちかえって行なうというあり方には、とんと目が向かないのであるが、これらはすべて著述者によってもたらされたことなのだ」

愛がいう、「しかし、著述のなかにもなくてはならぬものがあるはずです。たとえば『春秋』の経文《けいぶん》の場合、もし(経文だけで)左氏の伝*(注釈文のこと)がなかったら、多分その内容を理解することはできないでしょう」

先生がいう、「伝がなければ『春秋』の内容がわからないというなら、それはさしずめ、語の後半を欠いた例の謎言葉というやつで、聖人がなんでわざわざそのような手のこんだ晦渋《かいじゅう》な文章を作らねばならぬのか。いったい、左氏の伝というのは、ほとんどが魯の歴史の旧い記録なのであり、もしこれなくしては『春秋』がわからぬというものなら、どうして孔子が(『春秋』を編述するに際し)その部分を削除したりなどしなければならなかったのか」

愛がいう、「しかし程伊川《ていいせん》も『伝が事件の顛末《てんまつ》とすれば経は判決にあたる』(『二程全書』巻一六)といっているように、もし或る君を弑《しい》したとか、或る国を伐《う》ったとのみ記して、その背景の事実が明らかにされなかったら、事の是非は判断のしようがないのではありませんか」

先生がいう、「伊川のこの言葉は、おそらくそれ以前の世間一般の儒者の言説にひっぱられたもので、聖人が経を作った本意にそうものではない。いま、君を弑すと記してあるとすれば、その君を弑するということ自体が罪状として示されているのであり、何もそれ以上君を弑したいきさつの詳細まで求める必要はない。また、国を伐つと記してあれば、征伐が天子の大権によるものである以上、(天子でないものが)国を伐つそのことがとりもなおさず罪状なのであり、何もその上に国を伐ったいきさつの詳細までを求める必要はない。

聖人が六経を編述したのは、何よりも人心を正さんと欲し、また天理を存し人欲を去らしめんと欲したことによる。この、天理を存し人欲を去るという課題についてはすでに(聖人も)言及ずみのことだが、ただしそれは質問を受けたときにかぎられ、しかも質問者の理解の程度に応じて説かれているだけで、自分からすすんで多くを語るというわけではなかった。というのも、人々がこの課題をもっぱら言葉の問題に解消してしまうのをおそれたからで、だから『予《われ》、言うこと無からんと欲す』(『論語』陽貨篇)ともいわれた。まして、人欲を縦《ほしいまま》にし天理を滅ぼした事例などを、ことごとしく人に開示されようはずもなく、そんなことをすれば、むしろ乱を助長し奸《かん》邪《じゃ》をひきおこすだけなのだ。であるが故に、『孟子』にも『孔子の門下には、(覇者である)斉の桓公や晋の文公の事蹟を語るものがないため、これらは今の世に伝わっていない』(梁恵王上)といわれるのだが、これこそが孔門の伝統的な家法であったのだ。

ところが世間一般の儒者は、ひたすら覇者の学問を身につけようとし、その結果やたらと陰謀詭計に通じたがるのだが、これなどは一から十まで功利心によるもので、聖人が経をつくった本意とはまるであい反したものであるから、とても(天理にまで)思いが及ぶわけがない」(先生が)ここで慨嘆していう、「こういうことは天徳に達した人でなければ、なかなか容易にはわかってもらえまい」

そしてまたいう、「孔子は『以前は史官も疑わしい史実は記載しなかった』(『論語』衛霊公篇)といい、孟子も『『書経』の記述を全部信ずるくらいなら、『書経』はないにひとしい。自分は(『書経』の)武成篇に関しては、二、三策《ページ》をとりあげるだけだ』(尽心下)といっている。孔子が『書経』を削って、堯《ぎょう》・舜《しゅん》から夏《か》に至る四、五百年間の記事として残したのは、わずか数篇にすぎない。が、これは、これ以外に記事がないからそうしたというのでは決してない。以上から、聖人の本意がどこにあるか知ることができよう。聖人はひたすら煩雑な文辞を削除しようとつとめたのに対し、後世の儒者は逆につけ加えることばかり考えているのである」

愛がいう、「聖人が経をつくったのは、何よりも人欲を去り天理を存することを求めたにあり、だから五覇*以降のことなどことごとしく人に示そうと欲しなかった、というのはまことにその通りだと思います。しかし、では、堯・舜以前のこととなると、ほとんど記述らしいものがないのはどういうわけですか」

先生がいう、「伏羲《ふうぎ》・黄帝の世は、事蹟もまばらで、とりたてて伝えるべきものもなかった。むしろここから、その当時はまったく淳朴そのもので文飾の気風などもほとんどなかったと想定できる。そしてこれこそが太古の治平なのであり、とても後世の及ぶところではない」

愛《わたくし》がいう、「しかし、（伏羲・神農・黄帝が著述したといわれる）『三墳』などの書も伝わっていたというのに、孔子はどうしてそれまでも削除してしまったのでしょう」

先生がいう、「たとえ伝わっていたとしても、世の推移につれて実情にあわなくなるものだ。社会がだんだん発展し文飾がますます世を掩《おお》うようになり、やがて周代の末期ともなると、（その周末の風俗を）夏や殷の時代の風俗に挽《ひ》きもどすことなどとうていできることではない。まして堯・舜やさらに伏羲・黄帝の世に挽きもどすことがどうしてできよう。ただし、各時代の治世のありさまは異なっても、基本の道は同一であった。だから、『孔子は堯・舜の道を祖宗《そそう》としてうけつぎ、近くは文王・武王にのっとってこれを発展させた』（『中庸』）といわれるように、文王・武王の治世はつまり堯・舜の道に基づくものであった。とはいえ、政治はそれぞれの時代に対処して行なわれるものであり、具体的な政策は当然時代ごとに異なるのだから、夏《か》・殷《いん》の政治を周代に施そうとしたってうまくいくはずがない。だから『周公は、夏の禹王・殷の湯王・周の文王ら三王の政治を兼ね行なおうとしたが、それが現実に合致しないときには、天を仰ぎ夜を日についで思索を重ねた』（『孟子』離婁下）といわれるのだ。まして太古の治世にいたっては、とてもそのままで施せるものではなく、とすれば、聖人がこれを省略したのはまことに当然のことであった」

先生がまたいう、「もっぱら無為をこととするあまり、三王の政治が時代に応じて行なわれた点を学びとることができず、なにがなんでも太古の風俗を復活させようとするのは、仏教・老荘の学術というほかない。ただ、時代に応じて政治を行なうといっても、三王のそれがあくまでも道に基づくものであったということを忘れて、功利の心をもとにそれを行なうならば、それは覇者以降の政治ということになる。後世の儒者があれこれと説いてきたことは、畢竟《ひっきょう》この覇者の術に他ならぬのだ」

〈文中子・韓退之〉文中子は王通（字は仲淹《ちゅうえん》）のこと。隋の人。六経にならって六経続篇を編んだといわれるが、今は伝わらない。今に伝わる『文中子中説』は『論語』に擬して作られたものである。韓退之は唐の詩人韓愈《かんゆ》のこと。その「原道」（道とは何か）「原性」（性とは何か）などの論は、宋学の形成を考える場合、欠かせない思想史的淵源《えんげん》の一つである。この二人についての朱子の評価は韓愈の方が高い（『朱子語類』巻一三七）。

〈かの伏羲が（易の）卦を…諸易が入り乱れて〉伏羲は神農・黄帝とともに太古の三皇の一人として伝説上の最古の皇帝。文王は周の開祖。周公はその子。『連山』は夏の易、『帰蔵』は殷の易と伝えられる。ここの記述は『易経』（『周易』ともいう）の繫辞伝下や『周礼《しゅらい》』などの記述に基づくが、もちろんこれは歴史的事実ではない。

〈これを簡素にすることによって〉原文ではこのあと「而不得」（しかしできなかった）の三字が入るが、前後の意味が不通になるので、少し無理ではあるが誤入として処理した。

〈左氏の伝〉『春秋』の経文は魯国の編年史で、これには左氏・公羊《くよう》氏・穀梁《こくりよう》氏の三氏の伝、すなわち注釈文があり、それぞれに特徴があるが、このうち左氏の伝は、経文の一章ごとにその史実の詳細をドキュメンタルに説明するものである。

〈五覇〉斉の桓公、晋の文公、楚の荘王など春秋時代の五人の覇者。覇者は、智術や武力などで天下を制する人。徳によって天下を治める王者に比べて一段低いとされる。

三　（先生が）またいう、「堯・舜以前の治は、後世に復活させることができないのだから、省略してよい。また、（夏・殷・周）三代より以後の治は後世に模範たりえないものであるから、これは削除してもよい。しかし、三代の治だけは踏襲されるべきである。ところが、今までに三代を論じてきた人々は、(踏襲すべき)基本のところがわかっておらず、いたずらに末節ばかりを問題にしているため、結局実現することができない」

一三 愛《わたくし》がいう、「先儒(朱子)は六経を論ずるにあたり、『春秋』を史書とみなしました(『朱子語類』巻八三)。史書はもっぱら事蹟を記録するものですから、とすれば、『春秋』は他の五経とはいささか性格を異にすることになりませんか」

先生がいう、「事蹟を記録するという点では史であっても、道を明らかにするという点では経である。記録された事蹟がとりもなおさず道(のあらわれ)であり、道はまたとりもなおさず事蹟(としてあらわれたもの)に他ならぬのだから、『春秋』も経であるし、五経だって史なのだ。『易経』は伏羲氏の記録としての史であり、『書経』は堯・舜以下を記録した史であり、『礼』『楽』の二経も三代の史である。(『春秋』と五経とは)事蹟である点でも道である点でも同じで、異なるとされるいわれは全くない」

一四 (先生が)またいった、「五経も史以外の何ものでもない。史は、ことの善悪をはっきりさせることによって世の訓戒とするものである。教訓とすべき善は特にその事蹟を記録にとどめて範とし、戒めとすべき悪は、戒めの語だけを残して事蹟の方は削り、奸邪の再発を防ぐのだ」

愛《わたくし》がいう、「事蹟を記録にとどめて範とするのは、いわば本来的なる天理を存することであり、(悪の)事蹟を削除して奸邪の再発を防ぐのは、いわば人欲がきざすのを未然にふさぐことでもある、と考えてよろしいか」

先生がいう、「聖人が経をつくるについては、当然それが本意であった。しかしかといって、一字一句にそれを穿鑿《せんさく》する必要はない」

愛《わたくし》がまた問う、「戒めとすべき悪は、戒めの語だけをとどめてその事蹟の方は削除し、奸邪の再発を防いだとするならば、どうして『詩経』にかぎっては、(世に淫猥《いんわい》とされている)鄭風《ていふう》・衛風を削除しなかったのでしょう。先儒(朱子)は(『論語』為政篇、『詩三百云々』の条に注して)『悪い詩はこれによって(反面教師的に)人々の放逸のこらしめとすることができる』と述べていますが、そういうことなのですか」

先生がいう、「(現在の)『詩経』は孔子一門が用いていた旧本とは異なる。孔子は『鄭の音楽は放逐する。鄭の音楽は淫靡《いんび》だ』(『論語』衛霊公篇)といい、また『鄭の音楽が雅なる音楽を乱すのをにくむ。鄭・衛のメロディは亡国のメロディだ』(『礼記』楽記篇)ともいっている。これこそが孔門の家法であった。孔子が編纂した本来の詩三百篇は、すべていわゆる雅なる音楽ばかりで、郊廟《こうびょう》や郷村の祭事などにも演奏することができた。それらはみな、のびやかで心なごみ、人の徳性をゆたかにし風俗を正すものであり、淫靡奸邪を助長するところなどただの一点もありはしなかった。現存のものは、秦の焚書の後に、世間一般の儒者があれこれと附会し、三百篇の数だけをそろえたものにちがいない。思うに、淫逸な詩は、世俗の大半が喜んで伝えるものであり、それは現今の巷間《こうかん》にも同じように見られることである。悪い詩が人の放逸をこらしめうるなどというのは、『詩経』の淫詩を説明しかねた挙句の、苦しまぎれの発言である」

愛《わたくし》は、(程・朱以来の)旧説に埋没しきっていたから、はじめ先生の教えを聞いた時には、驚愕《きょうがく》の余りわけがわからなくなり、どこから学ぶべきか、その手がかりすらつかめなかった。が、その後、耳に熟するにつれて、次第にわが身に省みて実践することを覚え、こうして後はじめて、先生の学こそ孔門の正統な流れを汲《く》むもので、これ以外はみないわば傍路の小径あるいは行きどまりの支流や分堀のたぐいであると、信ずるようになった。

先生の教えの中でも、たとえば(『大学』の)「格物」は「意を誠にする」ための功夫だとか、(『中庸』の)「善に明らかとなる」は「身を誠にする」ための功夫であるとか、(『易』説卦《せっか》伝の)「理を窮《きわ》める」は「性を尽くす」ための功夫であるとか、(『中庸』の)「問学に道《よ》る」は「徳性を尊ぶ」ための功夫であるとか、(『論語』雍也《ようや》篇の)「博《ひろ》く文を学ぶ」は「礼に約する」ための功夫であるとか、(『書経』大禹謨《たいうぼ》篇の)「精」は「一」の功夫であるとか(以上、第二六条注参照)、これらは(従来はすべて並列的に理解されてきた句ばかりであるため)最初はどれにもひっかかるところが多くてついていけなかったが、久しく熟思するに及んで、思わず雀躍《こおどり》するほどの感激となった。

以上、曰仁《えつじん》が記録したものである。

一五　*陸澄《りくちょう》が問う、「『*一《いっ》を主にする』功夫ですが、たとえば書を読む時、心はもっぱらそのことに集中し、客に応接している時にはもっぱらそのことに心が集中しているというふうであれば、それを『一《いっ》を主にする』ことと考えてよろしいのでしょうか」

先生がいう、「では、『色を好む』（『孟子』梁恵王下）時にはそれに心が集中し、『財を好む』（同上）時にはもっぱら心がそれに集中する、という場合も『主一』とみなすことになるが、それでよいのか。それらは（程子の）いわゆる『物を逐《お》う』（外の事象に左右される）ことで、決して『一を主にする』ことではない。『一を主にする』とは、もっぱら（自己のうちなる）この天理をこそ主とすることなのだ」

〈陸澄〉字は原（元）静、別の字は清伯。浙江省帰安の人。生没不明。陽明門下には正徳九年（一五一四）に参じており、『伝習録』が初めて刊行（ただし、現在の上巻のみ）されたのは正徳十三年であるから、以下の記録は、その間のものである。徐愛はこの刊行後、間もなく没しているが、その一年前から病気の徐愛とともに田地を耕して生活を共にしていた。その親交のせいか、徐愛の死後、陽明は「徐愛の死後、わたしの学はますます孤立の様相を深めた。原静に望みをかけること切なるものがある」と洩らしたと伝えられる。陸澄は、伝記より察すると、激昂しやすく、また後悔しやすい性質で、それかあらぬか病気がちのため、道家流の養生を実行したりしていた。そういう体質のせいか、問答の中にも或る種の鋭さが感じられ、陽明は多分その面に望みをかけたのだろう。しかし学は大成しなかった。

〈「一を主にする」〉「敬」の功夫として程伊川《いせん》が述べた語だが、朱子はこれを、「心を専一にして他念をまじえないこと」とし、「たとえば書を読む時にはひたすら書を読む」などの例を挙げている。つまり朱子は、これを理を実得するためのプロセスとみなしていたのに対し、陽明は自己にすでに本来具有の理を顕現することとしたのである。

一六　問う、「志を立てるとはどういうことですか」

先生がいう、「(心が動くその)一念一念に天理が顕現するようにする、これが他ならぬ志を立てるということだ。ことがちゃんとできれば、やがて久しい間には(天理は)おのずと心に確固としたものになる。つまり道家にいわゆる『胎内に聖を宿す』というものだ。この天理の念が不断に保持されることによって、やがて『美』*から『大』へ更に『聖』また『神』へと達するのだが、それもつまるところ、この(天理の)念をもとに、それが十全に充実発展したものに他ならない」

〈「美」から…「神」へ〉『孟子』尽心下に、「(善が)充実したのを美といい、充実して光り輝くのを大といい、その大によって(人々を)感化させるのを聖といい、その聖のはかり知れないはたらきを神という」とあるのにもとづく。

一七　「日頃の工夫にあって、心が乱れて落ちつかぬときには静坐をし、書物を読む気にもなれないというときにはまず書物を開いてみることだ。これも病に応じて投薬する類《たぐい》である」

一八　朋友に対するに、相手に学ぶようにつとめればプラスがえられるが、相手の上に立とうとするのは（自分にとって）マイナスになるだけだ。

一九　（門弟の）孟源*には、自負心や名誉心が強いという欠点があり、先生からもしばしばこの点を注意されていた。或る日、その日もこの点を咎責《きゅうせき》されたばかりであるのに、一人の朋輩が平生の自分の工夫を開陳し先生の指教を仰いだところ、孟源がそばから、「あ、その問題は、わたくしが以前にとっくに問題にしていたことです」と口を出した。

先生が、「それまた、きみの病気がでた」といわれると、かれは気色《けしき》ばみ唇をとがらせ、口ごもりがちに何か弁明しようとしたので、先生はまた、「それまた、きみの病気がでた」といい、次のように諭《さと》された。

「これはきみの一生の大病根だ。譬《たと》えていえば、（そこにある）その大樹を、一丈四方の土地に植えてしまうようなものだ。そんなことをしたら、たとえ雨露にめぐまれた土質の良好な土地であっても、その養分は結局その大樹の根に吸いとられるだけのこと、いくらその周りに稲などを栽培しようとしても、頭上にはこの樹の葉が掩《おお》いしげり、地下ではこれの根っこにおさえつけられて、とても生長をとげるどころではない。まず何よりもその樹を伐《き》り倒し、根をすっかり取り除かなければ、その種の穀物を栽培することなどできはしないのである。さもなければ、きみがいかほど耕作育成につとめようとも、その分だけその根っこを肥らせるだけのことだ」

〈孟源〉字は伯生。生没不明。安徽《あんき》省滁《じょ》州の人で、察するに正徳八年（一五一三）、陽明が滁州に赴任していた時に入門したものらしい。

二〇　問う、「世を経るにつれて著作はふえるばかりですが、これは聖賢の学の正脈を乱すことになりませんか」

先生がいう、「人の心にはもともと渾然《こんぜん》と天理が具わっているものだが、聖賢がそれを書物に書きしるすのは、ちょうど肖像画がその人の神《エスプリ》だけを伝えるのと同じで、見る人はその要約された形状からその人の真髄にふれることはできても、刻々の心の動きとか情意のはたらき或いは言笑や動作のはしばしなどは、もちろんそれによって伝えられるはずもない。ところが後世の著述は、いわば聖人の画いたものを（絵の限界を自覚するどころか）そのまま模倣して書き写すようなもので、いやそれどころか、みだりに自己流の技巧をほしいままにしてあちこちに手を加えたりするのだから、その真髄からかけはなれることますます遠くなるばかりなのだ」

二　問う、「聖人はどんなことにも自在に対応するものですが、これはことの推移に対してあらかじめ考察がいきとどいているからでしょうか」

先生がいう、「多事かつ多様なものを、どうして考察しおおせるものか。ただ、聖人の心はいわば明鏡で、そのくまなき明澄のゆえに、対象のあるがままに感応し、そのすべてを映しだすだけのことだ。（だから）それまでの映像が残っている上に、（未来の）対象まで先取りして映すなどということは決してない。ところが後世の人士が意を注ぐのは、逆に（まだ現われもしない対象の映像までごたごたと映し出そうとする）そんなふうであるから、聖人の学とはまったく違背する。

礼楽を制作し文化を世にもたらしたのは周公だが、これは（周公ならずとも）聖人なら誰にでもできたことであるのに、堯・舜はそれをせずに、（後世の）周公の手に委《ゆだ》ねた。孔子は六経《りくけい》を削述し万世に明示したが、これも聖人なら誰にでもできたことなのに、周公はそれをせずに（後世の）孔子の手に委ねた。それは何故か。明らかに、聖人は、その時勢が必要とすることを、その必要に応じてのみ手がけたからであった。むしろ彼らは、ひたすら鏡が澄明でないことをのみおそれていたのであり、対象が映像を結ぶかどうかに心をくだいたりしたことはなかった。第一、ことの転変を考究するといっても、それは鏡が映像を映せる場合にかぎってのことである。とすれば、学ぶものは、むしろまず澄明であることに功夫をむけるべきで、何よりもその心が澄明たりえぬことを憂えても、ことの転変のすべてを知りつくせるかどうかなど案じる要もないことである」（陸澄が）いう、「そうしますと、程伊川のいわゆる『空漠として何の兆《きざ》しもないところに森羅万象ことごとくが具在している』（『二程全書』巻一六）という語は、どう考えたらよろしいか」（先生が）いう、「この言葉はそれ自体としてはよいのだが、しかし理解が表面的なものに終わると、弊害がある」（第八三条参照）

三　「理義は或る決まったところに固定されることがなく、そのありようも無限できわまることがない。わたしがきみと論じて、少しばかり悟るところがあったとしても、（理が）それだけのものだと考えてはならない。くりかえしていうが、十年、二十年、五十年ののちにも、それでおしまいというところはないのだ」

他日（先生が）またいう、「聖人といえば堯・舜だが、その堯・舜をしのぐほどの善はかぎりなくある。悪人といえば桀《けつ》・紂《ちゅう》だが、その桀・紂をしのぐほどの悪もかぎりなくある。もし桀・紂がもっと生きながらえたなら、悪はとてもあの程度には終わらなかったろう。もし善に尽きるときがあるのなら、どうして『文王は道を望みながらそれを見きわめることができなかった』（『孟子』離婁《りろう》下）といわれることがあろう」

二三　問う、「心が静謐《せいひつ》なときには志向するところも適正であるように思われますが、しかし一旦なにごとか対処すべき事柄に遭遇すると、たちまちそれがくずれます。なぜでしょうか」

先生がいう、「これはただ心を静謐にすることばかりに気をひかれて、克己の功夫をなおざりにするからだ。そんなことでは、いざ事柄に対処しようとしたとたんにきっと心は落ちつきがなくなる。人は対処するその事柄に即して自己を磨くべきで、そうしてこそ足もちゃんと定まり、（程明道のいう）『静にも定まり、動にもまた定まる』（『二程全書』巻四一）ということがかなうのだ」

二四　問う、「（『論語』憲問篇の『下を学び上に達す』における）上達の功夫はどうあるべきですか」

先生がいう、「後世の儒者は人に教えるに際し、少しでも精微で難解なところになると、すぐに『上達の地所はまだ学ぶ時期ではない、当分は下学の地所を問題にしよう』という。これは下学と上達とを二分するものだ。いったい下学とは、目で見え、耳で聞こえ、口で言え、また心で考えることができるものを（学ぶことを）いい、上達とは目で見えない、耳に聞こえない、口で言えない、心で考えることができないものを(悟ることを)いう。たとえば樹木を植えたり水をやったりするのは下学で、それが日夜に生長し枝葉が繁茂するのが上達であり、この上達はとても人力の関与しうるものではない。つまり、およそ功夫の余地があり、口で説明できるものはすべて下学であるのだが、しかし一方、上達はまさしくその下学のうちに在るのだ。聖人の言説がいかに精微を極めようとも、それらは全て下学である。学ぶ者はこの下学そのもののうちに功夫をしさえすれば、おのずと上達もかなうのであり、下学と別のところで上達の功夫を試みる必要はないのである」

二五 「志を持するというのは、心に痛苦があるときのようなもので、心がその痛苦に占められているかぎり、むだ話をしたりむだなことにかかわりあっている余裕などありはしまい」

二六 問う、「『惟《こ》れ精、惟《こ》れ一』であるためには、どのように功夫すべきでしょうか」

先生がいう、*「『惟れ一』は『惟れ精』の主意《きほん》であり、『惟れ精』は『惟れ一』の功夫《じっせん》である。『惟れ精』の外に別に『惟れ一』があるのではない。『精』の字は米偏でできているから、いまこれを米に譬えてみるなら、米を純白にしようとする、それが『惟れ一』の主旨である。しかしこの場合、臼で搗《つ》き、箕《み》や篩《ふるい》にかけるなどの『精』の作業がなければ、純白にすることはできないのであり、それらの作業が、つまり『惟れ精』の功夫にあたる。しかしこの作業はあくまで米を純白にしようとする、それ以外の何ものでもないのである。（『中庸』の）『博《ひろ》く学ぶ、審《つまび》らかに問う、慎んで思う、明らかに弁ずる、篤く行なう』なども、すべて『惟れ精』を実践することによって『惟れ一』を実現しようとするものである。このほか、『博く文を学ぶ』のは『礼に約す』ための功夫、『格物致知』は『意を誠にする』ための功夫、『問学に道《よ》る』のは『徳性を尊ぶ』ための功夫、『善に明らか』となるのは『身を誠にする』ための功夫であり、これらはそれぞれひとつながりの事柄なのである」（第六、九条参照）

〈「惟れ一」は…主意であり…功夫である〉ここは第五条の「知は行の主意《きほん》、行は知の功夫《じっせん》」といういい方と同じである。このほか、格物は誠意の功夫、明善は誠身の功夫、窮理は尽性の功夫、道問学は尊徳性の功夫、博文は約礼の功夫などという（第一四条末の曰仁語）いい方も同じパターンの発想に出るものと考えられ、この箇所を正確に読みとることは、陽明思想を理解する上で軽視できないものでもあるので、以下、少し長くなるが改めて注解をつけ加える。

　ここの精米作業の譬えは一見わかりやすそうだが、それに足をとられてはならない。つまり、米の純白な状態を「一」、精練作業を「精」というふうに、単純に一方を目的の対象、一方を手段とみなしてはならないのである。もし米の純白な状態を彼岸に設定してしまうと、作業はそれに至る過程でしかなくなってしまい、それでは、日々に事事物物の個別の理を窮め、やがてある時、豁然《かつぜん》と普遍の理に至るという朱子学的方法論と同じことになってしまうし、それはまた第八三条の「精は一のうちにあり、一は精のうちにある」という表現を無視することにもなる。「一」についてあらためて原文をみてみると、「要得此米純然潔白、便是惟一意」とあり、さらにくり返して「…惟精之功、然亦不過要此米到純然潔白而已」とあるように、「米を純然潔白にしようとする」という行為面でとらえられている。そして「しようとする」その意図が「惟一」の「意」であり、「精」はこのことをおいてない（不過）、つまりそれが「精」の全てである、というのである。ここで「意」というのは、行為自体が「一」ではなく、行為を成り立たせているその「意」が「一」であることを厳密にしたもので、それは行為自体を「精」とする後句と対応的である。この「意」は前後からみて「主意」の意とかかわるとみるのが自然で、意味は「しようとする」その行為を成り立たせる基本的な意図ということである。厳密にいえば「惟一意」は「惟一という意」つまり「惟一」は「意」とイコールであるということで、してみると、「精」と「一」は、行為とそれをもたらす意図の関係としてとらえられるべきだということがわかる。これと発想を同じくするものに、第九条の「博文」と「約礼」があり、そこでは「約礼只是要此心純是一箇天理」とあり、約礼は「要」と直結させられている（只是はここでは強いイコール）。すでに見られたように、ここで「礼」は心に具有された理をさし、「文」は行為として表わされた理的実践である。そして心を十全に理そのものにしようとする（約礼）その意図は、日々事々の理的実践（博文）として行為化され、その実践が約礼の功夫だというのである。そしてここで約礼は惟一であり、博文は惟精だというのだから、これをそれぞれにおきかえてみると、「一」は心を十全に理そのものにしようとする意図であり、「精」はそれの日々事々の具体的実践であると、直ちにわかる。だから「精」は「一」の行為すなわち功夫《じっせん》であるが、その功夫は「しようとする」その意図を基本としてのみ行なわれるものであるから「一」は「精」の基本的意図、略して主意となる、と一応いえる。ところが、ここで問題は、「要」の内容で、これは純白な米、天理に十全な心をはっきり目的的にとらえこんでおり、これは意図の対象であるとともに行為の目的として彼岸に厳存するものである。つまり、「一」と「精」は、意図と行為だけに限定しきれず、また主意《きほん》と功夫《じっせん》に枠づけされえない内容をはらんでいる。何故なら、十全に理そのものである心は、一事例における理的実践によって直ちに満足させられるものではなく、日々事々の理的実践の蓄積を必須とするものであること、米を純白にするための精練作業と同じであり、これを目的に含めばこそ日々事々の実践がひき出されるのだから、実践は単に意図の具体化にとどまらぬ、目的へむけての修業という側面をどうしてももつ。その面が明らかに功夫という語には含まれ、だからこの功夫は、単に「一」を基本として成り立つというよりは、「一」をめざすことによってこそ成り立つ、つまり「一」を主意すなわち基本的な目的とすることによって成り立つといわざるをえない。にもかかわらず、それが目的とそれに至るための修業ではないとすれば、それはどういうことか。ここで示唆的なのは、下巻第二五条の、「知を致すという場合、それぞれ良知の及ぶところに応じてする、今日これだけならそれだけをいっぱいまでに拡充し、翌日さらに開悟がすすめば、さらにそれだけをいっぱいまでに拡充していく、これが精一の功夫だ」という主旨の発言である。ここでは日々事々の具体的実践の場で、その時に発現された心の理をあますところなく十全に発揮することを教えているのだが、そのかぎりでそれは理的実践として目的的に完結しているのである。つまり日々事々の理的実践は、完全な理態実現へむけての手段ではなく、それ自体として完結しうるもので、だからこの実践は「一」にむけての「精」の功夫ではなく、ひっくるめて「精一」の功夫だといわれるのだ。つまり、理の十全態は或る定量をもった全体として、また日々事々の個別の理の実践は、全体の理の部分的実践としてそれぞれ措定されているのではなく、十全態はあくまで質の次元でとらえられており、その質の窮極は「無限できわまることがない」（第二二条）点で常に彼岸に目標とされるかにみえるが、しかしその目標は現在の自己と距離をおいた向うに設定されたものではなく、あくまで現在の実践のうちに不断にはらまれたものである。つまり、目標は純白な米として彼岸にあるのではなく、純白にしようとする「意」として自己に内在するものなのである。今日ここまで拡充する、その拡充によって更に次の拡充がめざされ、それは無限に続くのだが、しかしそれは階梯《かいてい》的に未来に設定されたものではなく、今日の十全な拡充をもたらす意そのものに他ならず、その意の窮まりなさにおいて目標は無限に彼岸にありつづけるのである。拡充せんとする意が消滅すれば同時に目標も消滅する、つまり目標は常に現在の意にあり、だから「心を現在させよ」（第八〇条）ともいわれるのだ。とすれば、主意とは目標を含んだ意図であるとともに目標なしに成立しえない意図であり、だからその主意の実践態としての功夫は、主意に内在する目標にむけての修業ということになり、実はこれが功夫の内容に他ならないのである。この角度からすれば主意と功夫は、目的と修業の関係にされてよいわけだが、ただしそれは意の内容からのみいえることで、両者の関係の構造すなわち「精は一のうちにあり、一は精のうちにある」がそれでは逆に無視される。結局ここでは、結論的には、両者はその関係の構造からすれば、一応、基本的意図とその具体化としての実践でありつつ、意図の内容において、それは特定の目標とそれをめざす修業としてそれぞれ限定されると、分解するほかない。ここの例に即していえば、米を純白にしようとする意図が基本にあってはじめて精練作業が行なわれ、その作業によってその意図は実在のものとされる点で相互に自他を含みあうが、同時にその作業は純白な米をめざしてのみ行なわれ、作業がそれを目標としてめざすものであることによってその意図ははじめて充たされるのである。ただしその目標は、現在の意図としてあるから、意図を現在化する作業は目標そのものを現在化させるもので、これを理的実践に還元していえば、理をめざす修業は内容においてそのまま理の実践であり、理の具現であるということになろう。このように主意と功夫は、意図でありつつ目標であり、修業でありつつ実践であるのだが、実はこのことは知行についても同じくいえることなのである。なぜなら知行の知は、あくまで良知であって一般知ではないから、実は知行は単に構造的に合一であるのみならず、内容的に精一などの場合と窮極は同じであり、そこからすれば、「知の成」としての行は、単に知の成《じつげん》にとどまらず、日々事々の知をつきぬけて純全たる良知の完成を地平に無限に志向するもので、その志向からすれば「知の功夫」としての行は、知への無限の修業という内容をあわせもつというべきである。だからそれは功夫の語で表現されざるをえなかった。そして行の拡充は同時に知の当下的実現であることから行の拡充はそのまま良知の拡充であり、その意味で知行は現在現在に完結しつつ同時にともどもにより高次のそれにむけて、不断に修業すなわち功夫であるという面をもつ。前掲の日ごとの拡充が「精一の功夫」といういい方は、内在する目標が窮尽なき理であることからくる必然的ないいまわしであるが、同じく、知行は良知の窮尽なさにおいて、不断に功夫であることをその本質とするのであり、その本質において合一という構造が生起してくるとさえいえる。第五条および次の第二七条の「行の始」「知の成」も、この観点からすれば、単にきっかけや具体化ではなく、行として初発した知は、行の拡充をとおして行とともに拡充し、無限に完成にむかうという、良知の本質の面からもとらえかえされる必要が一方で生じよう。以上のことは、冒頭にあげた他の事項についても全ていえることで、訳文の都合上、「…ための功夫」と書かれている「…ための」は一方を他方の目標とするという平面的な意味ではなく、上述のような本質の面からとらえていただきたい。

二七　「知は行の始《もと》、行は知の成《じつげん》である。聖学にあっては(知行の)功夫はただ一つで、知と行との

二つに分けることはできない」（第五条および前条参照）

二八 「漆雕開《しっちょうかい》は孔子に仕官をすすめられて『わたくしはまだそれに自信がもてません』と答えたが、孔子はその答えをよしとした（『論語』公冶長《こうやちょう》篇）。一方、子路が子羔《しこう》を費《ひ》の地の治政官にとりたてたとき、孔子は『かえってあの青年を駄目にしてしまうだろう』といった（同上、先進篇）。また曾皙《そうせき》が（政治にたずさわるよりはむしろ自適の生活を送りたいという）希望を述べると、孔子はこれに賛意を示した（同上）。これらから、聖人の意とするところがくみとれよう」

二九 問う、「心が静謐《せいひつ》に保持されている時を、いわゆる『未発の中《ちゅう》』（第三一条注参照）と考えてよろしいでしょうか」

先生がいう、「今の人が心を保持しているというのは、ただ『気』*がじっとしているだけのことで、静謐の時でも『気』が静謐であるにすぎない。これを未発の中とするわけにはいかない」

いう、「それがそのまま『中』ではないとしても、少なくとも『中』を求める功夫にはなりませんか」

いう、「人欲を去り天理を存するということをはなれて功夫はありえない。静のときにも一念一念に人欲を去って天理を存し、動のときにも一念一念に人欲を去って天理を存すること、これあるのみで、静謐であるかないかは問題とするにおよばない。もしその静謐とやらにのめりこむと、次第に静を好み動を厭《いと》うという弊害が生じてくるだけでなく、自己の従来の欠点もそこに伏在したまま放置され、結局それらは絶ちきられることなく、ことに臨んで行動におよぶや、もとどおりに表面にのさばりでてくるのである。理に循《したが》うことを第一義にしさえすれば、必然的に静謐になるのである。が、静謐を第一義にしてしまうと、理に循うということが往々忘れられてしまう」

〈「気」〉「理」に対する概念。理を法則とすれば、気は現象界のすべてを指す。人間についていえば、肉体は勿論、喜怒哀楽などの感情もすべて気のはたらきとされる。

三〇　問う、「孔門の弟子たちが抱負を述べた際、子路と冉有《ぜんゆう》は政治を任としたいといい、公西華は礼楽を任としたいといい、これらは多分に実際的なことがらですが、曾晳のいったこと（第二八条参照）となると、まるで遊びごとでした。にもかかわらず、聖人は彼に賛意を表した（『論語』先進篇）のですが、これはどういうわけですか」

先生がいう、「前の三人には『意』*（特定の意図）と『必』（特定の形態への固執）とがあり、『意』と『必』とがあるのは、或る一つに偏執することにほかならず、できることが何か一つに限定されることになる。曾晳のその考え方には、この『意』と『必』がない。いわばそれは（『中庸』にいう）『自己の境位に応じて行ない、それ以上は願わない。夷狄《いてき》にあれば夷狄にあるように行ない、患難にあっては患難にあるように行ない、どこにあろうと自得しないことがない』ということにほかならない。また前の三人は孔子が子貢に『お前は器だ』（『論語』公冶長篇）といったあの器、（つまり、きめられた役には立つがそれ以外の役には立たないの）であり、曾晳の場合は『君子は器ではない』（同上、為政篇）というのにあたる。とはいえ、三人の才能はそれぞれ卓然と輝くものがあり、世の空言《くうげん》のみで実《じつ》なき輩とはおよそ異なるから、孔子は彼らをみなよしとしたのである」

〈「意」と「必」〉『論語』子罕《しかん》篇にもとづく。朱子はこの「意」を「私意」、すなわち天理から外れた志向と解しているが、陽明は、もっと広義に、人間の作意一般と解している。かりにそれが天理を意図的に志向するものだとしても、意図的に行なわれる以上、それは自己の内から自然に流出するものではないから、これは天理が自己のうちにア・プリオリに具在すると考える立場とは相容《い》れない。もしこれを「私」とするならば、それはそういう広義な場でそうとらえられる。なお、「必」は、何かをそうでなくてはならぬとある形態に決めることで、天理をある定式の規矩として絶対視する傾向もこれにあてはまる。

三一　問う、「物事の道理を知るという点で、はかばかしくいきません。どうしたものでしょうか」

先生がいう、「学ぶについては、まず根源となるところがなければならない。まずその根源のところを出発点として努力を加え、ちょうど源泉から出た水が海に至るまで、その途中に窪地《くぼち》があれば一つ一つ満たして流れていくように、順次に進まねばならない。神仙家は嬰児《えいじ》によってこれを説明するが、これはうまい説明である。たとえば、嬰児が母の胎内にある時には、純粋にただ『気』だけで、知覚や意識は全くない。胎内から出てはじめて泣くことができ、次に笑うことができ、次に父母兄弟を知り、その次に立ち歩き持ち背負うことなどができるようになり、ついに世の中のことはすべてできるようになる。それというのも精気が日々に拡充することによって筋力も日ましに強くなり知恵も日ましに発達するからで、決して出胎の日に一挙にこれらが考究され獲得されたのではない。（が、これも胎内の『気』が根源となってそうなるもの）であるから、この根源になるものがなくてはならない。聖人が『天地に位し万物を育てる』（『中庸』）境地にまで到達するのも、やはり『喜怒哀楽がまだ発しない前の中』*（同上）といういわば根源からそこまでになったのである。後世の儒者は格物のほんとうの意味を理解していないため、聖人が全知全能だと知ると、あわてて自分も着手の最初の時点で物事のすべてを考察しつくしてしまおうとするが、これは全く無茶なはなしだ」

（先生が）またいう、「志を立て、修道につとめるのは、樹木を植えるのと同じだ。根芽のはじめには幹茎はまだ存在せず、幹茎の段階にはまだ枝がない。枝が出てはじめて葉が出、葉が出てはじめて花実がなる。最初の種まきの段階ではひたすら土を寄せ水をやればよく、枝や葉や花や実のことに思いをはせることはない。実在しないものに思いをはせてみたって何のプラスもえられない。ただ栽培に力を入れさえすれば、枝葉花実の先のことは心配するに及ばないのだ」

〈「喜怒哀楽…」〉以下しばしば出てくるので、まとめて注記しておく。『中庸』に「喜怒哀楽など(の動き)を発する前(の段階)を『中』といい、(動きを)発してしかもそれがみな(それぞれあるべき)節(度)に中《あた》っているのを『和』という。『中』こそは天下(の存立)の大本であり、『和』こそは天下にあまね(く実現さるべ)き達道である。中と和とが実現されれば、天地の秩序は正しく、万物が生育をとげる」というのにもとづく。朱子は、「発する前」すなわち「未発」を性、「発したのち」すなわち「已発《いはつ》」を情としたが、王陽明は「未発」をより多く心の本体、「已発」をそのはたらきとイメージしている。いずれにしても「未発」「已発」は宋学以来、人の本来的あり方を問う場合の最も実践的な命題の一つとされてきており、自己に「中和」を実現することをそのまま天理を発現することとみなしてきている。

三　問う、「書を読んでも(道を)明らかにできません。どうしてでしょうか」

先生がいう、「それは、字句の意味ばかりを穿鑿《せんさく》しているから、明らかにならないのだ。それくらいなら、昔の学問の方がまだましで、かれらは読んだ書物も多いが、読めば読んだだけ知解もすすんだ。もっとも、かれらはそのようにしてなるほどあらゆることに通暁したが、しかし(結局はそれだけのことで、自己の内面には)一生何も得るところがなかった。人はまず、自己の心の本来的なあり方についてこそ功夫を加えねばならない。およそ、(道が)明らかにできず実行のしようもないときは、まず自己の心にたちかえり自分の身にひきあてて体察しさえすれば、必ず行きづまりから脱することができるのである。思うに、四書五経はつまるところこの心の本来的なあり方を説いたものであり、この心の本来的なあり方がとりもなおさず例の『道心』なのだから、本来的なあり方さえ明らかになれば、それが道を明らかにしたことにほかならず、それはぴたりと一つのことなのである。ここが、学問の最も肝要のところだ」

三三　「（心は）虚であるとともに霊妙、かげりもなく透明で、あらゆる理がそこに具《そな》わり、一切の事為がここから出来《しゅったい》する。心のほかに理があるのでなく、心のほかに事為があるのでもない」

三四　或る人が問う、「晦庵《かいあん》先生（朱子）は、人が学問をする終局の目的は、心と理とにある（『大学或問』格物章）、といっていますが、この言葉はいかがでしょうか」

（先生が）いう、「心がすなわち性、性がすなわち理である。心と理というときのとの字は、心・理を二つに分けかねない。学ぶ者は、ここのところをとくと究明しなくてはならない」

三五　或る人がいう、「人には誰しも心があり、心はすなわち理であるとすれば、善をなすものと不善をなすものがあるのは、なぜですか」

先生がいう、「悪人の心は、心の本来のあり方からはずれているのだ」

三六 問う、「(朱子の『大学或問』に)『(理は)これ以上分けようのない極微にまで分けてもいり乱れることがなく、次にこれを最大限の大きさにまで合《がっ》してもすぎることがない』とありますが、この言葉はいかがでしょうか」

先生がいう、「十分とはいえまい。いったいこの理がどうして分《わか》つことができよう。またなんでいっしょに合したりさればならぬのか。聖人は『精・一』を説いているが、すべてはここにつきる」

三七 「『省察*』とは、事に対処して動いているときの『存養*』のことであり、『存養』とは、なすべき事もなく静謐にしているときの『省察』のことである」

〈「省察」「存養」〉どちらも宋学以来の儒家の術語。「存養」は『孟子』尽心上の「その心を存し、その性を養う云々」からでる語。「省察」は理を探究する試行、「存養」は自己内面の涵養《かんよう》。

三八 澄《わたくし》がかつて問う、「陸象山のいう『人の情意や物事の動きに即して功夫をする』(『陸象山全集』巻三四)という説はいかがですか」

先生がいう、「世に、人の情意や物事の動き以外になにがあるというのか。喜怒哀楽は人の情意ではないのか。視聴言動から富貴貧賤・患難死生まですべて物事の動きではないか。そして、これら物事の動きはまた人の情意のうちにこそある（人の情意に起因する）。だから学の急所は、何よりも自己に『中』と『和』（第三一条注参照）を実現することにあり、その実現は何よりも（『大学』や『中庸』にいう）『独りを慎む』ことにかかっている」

三九　澄《わたくし》が問う、「仁・義・礼・智というのは、『已発』（すなわち、性が行動の面に発現したそれぞれの局面（第三一条注参照）について名づけられたものですか」

（先生が）いう、「そうだ」

他日、澄《わたくし》がいう、「惻隠《そくいん》・羞悪《しゅうお》・辞譲・是非は、それぞれ性の（発現した局面につけられた）別称ですか」

いう、「仁・義・礼・智も（それと同じく）やはりそれぞれ別称であり、それらは性としてすべて一つのものである。（要するに根源は一つであって、）形体の面からは天といわれ、（万物を）主宰する面からは帝といわれ、（生々《せいせい》やまない）流行の面からは命《めい》ともいわれ、人に賦与されているという面から性といわれ、一身をつかさどるという面からは心といわれ、その心が発動して、父の上にはたらけば孝といわれ、君の上にはたらけば忠といわれるなど、この他にも名称はかぎりないが、つまりはすべて一つの性であるに他ならない。これは一人の人間についてもいえることで、たとえば、父との関係から子といわれ、子との関係から父といわれるのをはじめ、その呼称はかぎりなく多様であっても、つまるところ同一人物であることに変りはない。

人は、その性の上に功夫をつみ、性というこの一字の内容をしっかりと把握しさえすれば、万理は燦然《さんぜん》と明らかになるのだ」

四〇　或る日、学問をおさめるための功夫について論がかわされた。

先生がいう、「人にどう学ぶべきかを教える場合、ある特定の方法にとらわれてはいけない。もともと初学の時期には、人の心意はあちこちに飛び移って、一つのところに定着しえぬものであり、その思慮するところも人欲にかたよることが多いものであるから、だから、まず彼らにはとりあえず静坐して思慮をしずめることを教え、その心意がどうにか一つところに定着するまでそれを続けさせることだ。

といっても、あてもなくじっと静寂にふけり、*槁木死灰《こうぼくしかい》の類に化すのはまるで意味がない。彼らには何よりも自己を内省し(人欲を)克服するようにしむけさせねばならない。そして、この内省と克服の功夫には間断があってはならず、(人欲に対して)あたかも盗賊を追い払うように、いささかの残留も許さないという心構えがなくてはならない。何ごともない時にも、かの、色を好み、財貨を好み、名声を好むなどの『私』を一つ一つ追求し捜し出し、それが永久に二度と起らぬように、根ぐるみにその病根を抜きとってしまうことなしには、絶対にこれでよしとはいえないのである。だから、ふだんから猫が鼠を捕る時のように＊、じっと眼をこらし耳をすませていて、ちょっとでも(私欲の)念が萌《きざ》したら、すぐさまそれを克服し、釘を斬り鉄を截《た》つほどに＊(一挙に)、相手からいっさいの手だてを奪いとり、穴にかくれたり逃げだしたりする余地もなくしてしまう、こうしてこそはじめて真正に功夫したことになり、またいかなる(私欲の)残留もないようにすることが可能となる。そして果《はて》には、もはや克服すべき『私』の影もなくなり、そこまでくれば、自己の自然のままに振舞っていてよいということになる。(『易経』に)『何を思い何を慮《おもんぱか》ることがあるのか』という語があるが、この(思慮を超えた自然の)境地は、しかし初学の人には縁がないことで、初学の人は必ず内省と克服を心に『思い』とどめねばならない。これがつまり(『孟子』離婁下にもいう)『誠を思う』ことに他ならない。ひたすらに一なる天理を『思い』、その結果、やがて自己が天理に純全たるところまでいきついたら、それがまさしく『何を思い何を慮《おもんぱか》る云々』の(自然の)境地なのだ」

〈槁木死灰〉もとは『荘子』斉物論にでるが、その後禅宗の常套語《じょうとう》の一つとして頻用されるようになった。枯木死灰、枯木寒灰などともいう。「無」を目的に固定し、寂滅の境に執着すること。

〈猫が鼠を捕る〉禅の常套句の一つ。陽明はその「示弟立志説」(『全書』巻七)の中でも『禅関策進』

（蒙山異禅師示衆）の「猫が鼠を捕え、鶏が卵を抱くときのように」を引用し、「精神心思を一点に凝結集中させる」ことを説いている。ここも同じく精神集中のたとえとして引かれている。

〈釘を斬り鉄を截つ〉禅の常套句の一つ。古くは唐末の雲居《うんご》禅師の問答に見える（『伝灯録』巻一七）。心の一瞬の活用をいう。

四一 澄《わたくし》が問う、「夜に幽鬼のでるのを怕《おそ》れる人がいますが、これはどうしたことですか」

先生がいう、「要するに、日頃、（『孟子』公孫丑上にいう）『道義ある行ないをつみかさねること』ができず、『心に欠けるところがある』からこそ、怕れを抱くのだ。もし平素の行ないが神明（ここでは宇宙自然を貫く天理の霊妙なはたらき）に合致していたら、何を怕れることがあろう」

（馬《ば》）＊子莘《ししん》がいう、「正直《せいちょく》な（人が化した）幽鬼は、たしかに怕れることもありますまいが、邪鬼の場合にはその人が善であろうと悪であろうと見境いなく害を与えますから、怕れないわけにはいきません」

先生がいう、「邪鬼がどうして正人を迷わすことができようか。ただその人が怕れるそのことがつまり心に邪があるということで、その心の邪の故に迷うのである。つまり、幽鬼が迷わすのではなく、心がみずから迷うにすぎない。たとえば、人が色欲を好むのも、これは他ならぬその色欲という幽鬼に（みずからが）迷っているのであり、財貨を好むのも財貨という幽鬼に迷っているのであり、怒るべきでないことを怒るのも、その怒りという幽鬼に迷っているのであり、懼《おそ》れるにあたらないことを懼れるのも、懼れという幽鬼に迷っているのだ」

〈子莘〉馬明衡《ばめいこう》、字は子莘、福建省莆田《ほでん》の人。父の思聡（一四六二〜一五一九）は、江西に赴任の折、宸濠《しんごう》の反乱によって捕えられたが屈せず、絶食六十日ののち餓死した。宸濠の乱は陽明によって鎮定されたが、それが機縁で入門したのだろうか。福建省に陽明の学をもたらした最初の人である。

四二　「（程明道は『動にも定まり、静にもまた定まる』といっているが、）『定』なるものが心の本体であり、つまり天理である。動や静は、その『定』なるものが時々に応じてあらわす変化の局面である」（第二三、二九条参照）

四三　澄が問う、「『大学』と『中庸』の同異についてお尋ねします」

先生がいう、「子思は『大学』の意とするところを統括して、それを『中庸』の最初の章としたのだ」

四四　問う、「孔子の『名分*を正す』（『論語』子路篇）について、（胡五峯《ここほう》ら）先儒は、『孔子は、上は天子に告げ、下は大諸侯に告げて、輒《ちょう》を廃し、郢《えい》を立てようとしたのだ』（『四書集註』）と解説しています。この考え方は妥当でしょうか」

先生がいう、「それは恐らくできることではあるまい。いったい、一国の君主が礼を尽くして自分を招聘《しょうへい》し、政治に当たらせようとしているのに、まずその君主を廃位させることなどどうしてできよう。人間の自然の道理としてそれはできまい。孔子が輒のために政治に当たることを承知した以上、輒は必ず迷うことなくひたすらに孔子に国政を委ねきりその意見にしたがうに違いない。一方、孔子の聖徳と至誠は必ず輒を感化して、人たるもの父をないがしろにすることは許されないということを悟らせるだろうから、必ずや輒は痛哭して急ぎその父を迎えに走るだろう。父子の愛は天性にもとづくものであるから、輒がそのように心から悔責したなら、父の蒯聵《かいがい》がそれに感動して喜ばないはずはない。こうして蒯聵が帰国したなら、輒は国政を父に返し誅罰を願いでるだろうが、一方聵もすでにその輒の孝心に身につまされ感化されている上、更に孔子が至誠をもって両者の間をとりなすのであるから、聵はもはや決して君位を受けようとせず、むしろ従来どおり輒を君位につかせようとし、群臣や人民もまた必ずそれを希望するであろう。輒はそこで自らその罪を白日に曝し、天子に請い、大諸侯や諸侯にも告げて、必ず国政を父に返そうと願い、一方聵と群臣・人民らはこぞって輒の悔悟と仁孝の美を天下に明らかにし、天子に請い、大諸侯や諸侯にも告げて、必ず輒を君主としようと願う。その結果、衛の国君に復位すべきであるとの大命が輒にくだされることになり、輒はそこでやむをえず、後世の上皇の例と同じく、群臣・人民ともどもに聵を太公として尊び、元首として奉養すべき典礼をととのえた上で、結局もとの君位に復帰することになる。このようにして『君は君として、臣は臣として、父は父として、子は子としてある』（『論語』顔淵篇）というふうに、それぞれの『名分は正され、言辞に筋が通る』（同上、子路篇）ことになり、かくて、輒のこの一行為に端を発して、天下に治政の道が開かれることになる。孔子の名分を正すとは、多分このようなことをいうのだろう」

〈「名分を正す」〉春秋時代、衛の霊公の世子蒯聵は、密通した母を殺そうとして果たさず、出奔した。そこで父の霊公は蒯聵の弟の郢を君位の後継者にしようとしたが、郢はそれを受けなかった。霊公が亡くなったあと、結局蒯聵の子の輒が君位を継ぎ、その輒は父の蒯聵が帰国して君位に就くことを拒んでいた。その当時、その衛に出仕していた子路が、孔子に、もしあなたが輒に招かれて衛の国政を担当するとしたら、まず何から着手されるかと問うたのに対し、孔子が「何よりも名分を正そう」と答えたことを指す。

四五　澄《わたくし》が一時外務官として勤務していたときのこと、突然、家から手紙がき、子供が危篤だと知らせてきた。私は憂患のあまりじっとしておれなかった。その時、先生はこういわれた。

「まさにこういう時こそ功夫につとめる好機である。こういう時をうちすごしてしまったら、ふだんの講学も無意味なものになってしまう。人はまさしくこのような時にこそ自己を錬磨しなければならぬ。父が子を愛するというのはもとより人の至情であるが、しかし天理にもまたおのずから『中』にして『和』（第三一条注参照）なるところがあり、それを過ぎるとむしろ私意になる。人はこういう場合、往々、天理として憂うるのが当然と考えて、ひたすら憂苦するが、それは（『大学』にいわゆる）『憂患することがあれば、その正を得ない』というものである。たいてい、（喜・怒・哀・懼・愛・悪《お》・欲の）七情からでる感情は、過ぎることはあっても及ばないということはまずないのだが、少しでも度が過ぎれば、その途端にそれは心の本来的あり方からはずれるのだから、必ずそれを調えて適宜なところに収めなければならない。たとえば、父母が亡くなったというその場合には、人の子たるもの、いっそ哭《な》いたまま死んでしまった方が気分がはれると誰しもがそう願うが、しかしあにはからんや、『（父母の喪には身を）毀《こぼ》つとも性《いのち》を滅ぼさず』（『孝経』）とあるように、聖人がむりにそういう制限を加えなくとも、天理本来のあり方のうちに、おのずとそのように過ぎるべからざる分界がそなわっているのだ。だから人は、ただ心の本来的あり方を理解しさえすれば、自然とそこを踏みはずすことがなくなる」

四六 「『未発の中』は、普通の人が誰しも自己に具現しているというわけではない。思うに、（程伊川もいうように）*『本体と作用は源を一にする』（『周易程氏伝』序）もので、本体があればこそ作用もある。つまり、『未発の中』があればこそ、『発してみな節に中《あた》るところの和』もある。現今の人が、この『発してみな節に中《あた》るところの和』を具現できないとすれば、他ならぬそれは、

『未発の中』が彼において全《まっと》うされえていないということを示すものだ」

〈本体と作用〉原文は「体」と「用」。古く六朝《りくちょう》仏教の文献にみられる語だが、宋学以降、中国的世界観のほぼ中枢を占める概念の一つとして頻用される。「心の本体」も、もともとはこの「体」をもとにした概念である。朱子はしばしば、扇子の紙骨を体、それによって風が生ずるそのはたらきを用として喩《たと》えるが、もちろんこの体が、そのような具体の物だというのではない。ここに本体と訳したのは、心の本体におけるる本体を意識してのことで、これも別に実体的なものをいうわけではない。中国哲学によれば、あらゆる現象はそれがそう現象する法則性を内因としてはらんでおり、その法則性が体ならそのあらわれが用だというのであって、現象の始源または第一素因に絶対的な神を措定するトマスなどの中世ヨーロッパ哲学と、この点できっぱりと異なる。

四七　「易における辞とは、（たとえば乾《けん》卦の初爻《しょこう》についていえば）『初爻・陽、竜が淵《ふち》の底深く潜んでいるさま、世に用いてはならない』とあるあの字句をいう。易における象とは、その（一と画かれた）最初の爻画《こうかく》がそれであり、易における変とは、その画のさまざまなありようをいい、易における占とは、易の辞を応用することをいう」

四八　「『夜気』*というのは、常人の場合について述べられたもので、学人がよく功夫につとめたならば、昼間、事に対処している時であれ閑静のうちにある時であれ、どの場合もこの気が凝集し発生したものとなる。だから聖人については『夜気』を説くにはあたらない」

〈「夜気」〉夜明けの清明な気。これによって良心が得られるとする。『孟子』告子上にみえる。

四九 澄《わたくし》が問う、「（『孟子』の）『操《まも》れば存するが、舎《す》ておけば亡失する。（出入に時なく、その定在の郷《ありか》も分からないというのは、心についていわれたことか）』（告子上）についてお尋ねします」

（先生が）いう、「*『出入に時なく、その定在の郷《ありか》も分からない』というのは、常人の心について述べられたものであるが、しかし学人の場合も、心の本体がもともとこのようなものだと悟ってこそ、操《まも》り存するための功夫もはじめて十全になる。出るのが亡失にあたり、入るのが存することにあたるなどといい加減なことをいってはならない。本体というものを論ずるならば、これはもともと出入のないものである。また出入というものを論ずるならば、さしずめ思慮のはたらきが出にあたるだろうが、しかし、（心が一身を）主宰するということからすれば、明らかにそれは身に内在するのであるから、出るなどということがあるわけがない。出るものがない以上、入るということもあるわけがない。程明道の（『心を腔子《こうし》の中におけ』（『二程全書』巻八）といった、その）いわゆる『腔子』（身軀《しんく》の内部）とは、そのまま天理そのものでもある。終日、諸事に対処しながらしかも天理の外に出ないこと、これがとりもなおさず『腔子の中におく』ことである。もし天理の外に出たならば、それは『（心の）放失』（『孟子』告子上）であり、（右にいう）『亡失』

に他ならない」

（先生が）またいう、「出入とは要するに動静のことだ。『動静に端《はじめ》なし』（『二程全書』巻四六）という以上（動静は相互に循環しあって、いずれにも発端となる起点がないのだから）、心に定在の郷《ありか》などあろうはずがない」

〈出入に時なく〉これは、「出入に決まった時というものがない」、つまり、むやみと出たり入ったりするという意味にとるのが普通だが、ここの一条を読むかぎり、陽明がそうとっていたとはいいにくい。心の本体はもともと「出入に時なき」ものであり、本体は「出入のないもの」というのだから、これを論理的につなげれば、「出入に時なし」は、陽明にあっては、「出入するという時《こと》がない」とでも読まれていたと考えざるをえない。

五〇　王嘉秀*が問う、「仏家は生死を超脱するということを口実にして人々をその道に誘《いざな》い、道家は不老長生を口実にして人々をその道に誘います。が、それらは別に人々によからぬことをさせようと意図しているわけではなく、窮極のところまでくれば、聖人の上半分*に通ずるものがあるとわかります。ただ、それらは道に入る正路ではありません。

たとえば現今、仕官する場合、科挙の試験によるもの、地方からの推挙によるもの、宮中の有力者の縁故によるものなどがあり、それぞれ同じように大官になれるのですが、君子がよるのは結局のところ仕官の正路にかぎられます。道家も仏家も窮極のところではほぼ儒家と同じとしても、その場合、上半分についてそれはいえるだけで、*下半分の面では欠けるところがあり、そのため聖人の完璧さには及ばないのです。が、しかしその上半分が同じである以上、これをそしるわけにはいきません。むしろ後世の儒者は、ただ聖人の下半分の面のみをうけ、それを細分してかえって真なるところを失い、行きつくところ記誦・文辞・功利・訓詁《くんこ》の学に堕し、とどのつまり異端たるを免れません。この四者は終生その身心を労苦にすりへらしながらいささかも得るところなく、道・仏両家の徒が清心寡欲につとめ俗世を超越しているのに比べると、かえって及ばないところすらあるかに見えます。

　とすれば、現今、学人は、道・仏を排撃することを必ずしも第一義とせず、むしろ先ず聖人の学に深く専念すべきでしょう。聖人の学が明らかになれば道家・仏家は自然に滅びるのであり、そうでないかぎり、こちらが学ぶものはあちらは軽視するのだから、にもかかわらずあちらを屈服させようとしても、それはまずできることではありますまい。私見は以上のごとくですが、先生はどうお考えになりますか」

　先生がいう、「所論の大略は正しい。ただ、上半分と下半分とを分けるのは、人々の偏見によるもので、いま聖人のかぎりなき中正の道はといえば、上にも透徹し下にも透徹し、あくまで一つにつらぬかれており、とても上半分と下半分に区分されるものではない。（『易経』繋辞上伝に）『或いは陰となり或いは陽となる、これを道という。仁者が道を見るとそれを仁だといい、知者が見ると智だという。一方、百姓《ひとびと》は日々にこの道を用いていながらその何たるかを知らない。だから君子の道は（世に行なわれることが）鮮《すくな》い』とあるが、この場合、仁といおうと智といおうと、もともとそれは道にちがいない。ただ、見るところがある一面にかぎられてそれに偏ると、過誤が生ずるのだ」

〈王嘉秀〉字は実夫《じっぷ》。湖南省沅陵《げんりょう》の人。生没不明。陽明年譜、正徳九年（一五一四）の項によれば、好んで仙仏を論じ、師の陽明にたしなめられている。

〈上半分・下半分〉原文は「上一截」「下一截」で、互いに対応する語。こういういい方はすでに朱子にあり、たとえば「仏家や道家の人たちだってよく敬を持することができる。ただ彼らは、かの『上面一截』のことを知るのみで、『下面一截』のことはとんとお構いなしだ。とはいえ、君たちの現在の功夫ぶりを見ると、確かに『下面一截』については大丈夫だが、その一方『上面一截』がおろそかにされていないか。ところがこの『上面一截』こそが根本のところなのだ」（『朱子語類』巻一二）という。王嘉秀の質問は、朱子のこの考えに沿うものである。ここでいう「上一截」「下一截」の上下は、第二四条の「上達」「下学」の上下と同じとみてよく、前者は、理や性などを領悟する形而上的な思弁をさし、後者は、学習や行儀作法の訓練あるいは孝悌などの日常的実践をさす。

五一　筮竹《ぜいちく》はもとより易に属すが、亀卜《きぼく》もまた易に属す。

五二　問う、「孔子は、武王について、『善を尽くすという点では不十分だ』（『論語』八佾《はちいつ》篇）と述べていますが、多分不満足なところがあったからでしょう」

先生がいう、「武王についていえば、それは当然そういわれるべきものがあった」

いう、「もし（父の）文王がその時まだ没していなかったら、結局どうなっていたでしょうか」

いう、「文王は在世中、すでに天下の三分の二を治めていたが、もし武王が殷を伐《う》つ時まで文王が存命であったら、或いは兵を興すこともなく、残りの三分の一も文王の治下に帰したにちがいない。そして、紂王をもうまくリードして、悪事をほしいままにさせたりしなかったであろう」

五三　問う、「『孟子』に『中正なところを保持していても、時宜をえていなければ、或る一方だけを固執するのと同じことになる』（尽心上）とあるのはいかがでしょうか」

先生がいう、「『中正なところ』とは天理に他ならない。同時にそれは易*でもある。時勢に随《したが》って変易《へんえき》するものであるから、どうしてそれを保持しつづけることができよう。事は何よりも時宜に応じて正しく対処すべきであって、あらかじめ一定の方式をとりきめておいたところでどうしようもない。後世の儒者などは、何ごとにつけ道理とやらをそのまままるごと押しつけ、格式を固定させたがるが、これこそまさしく、『一方だけを固執する』というものである」

〈それは易〉『易経』の「易」には、易簡（わかりやすい）と変易（変化）と不易（真理性）の三つの意味がふくまれるとされ、ここはその第二番目の意味を用いた。

五四　唐詡《とうく》（詳細未詳）問う、「志を立てるというのは、常に善念を保持しつつ、善をなし悪を去らんと求めることでありましょうか」

いう、「善念が保持されている、それが他ならぬ天理だ。その念がいま善であるのに、それ以上どんな善を望むのか。その念が悪でないのに、それ以上どんな悪を去ろうというのか。念とはいわば樹木の根芽であり、志を立てるというのはその善念をのばし立てることである。『心の欲するままに従って矩《のり》を踰《こ》えない』（『論語』為政篇）というのは、志が熟しきったときのことだ」

五五　「精神・道徳・言動は、おおむね自己の内に収斂《しゅうれん》せしめることを第一義とする。外に発出するとしても、それはやむにやまれぬものがあってそうすることである。宇宙万物、みなそうである」

五六　問う、「文中子（第一一条参照）とはどんな人ですか」

先生がいう、「文中子は、ほぼ『（聖人の）本来の姿を具有しているが、ただ微小である』（『孟子』公孫丑上《こうそんちゆう》）というのにあたろう。惜しいことに若死してしまった」

問う、「であるのに、どうして経を擬作するなどという非行を敢《あえ》てしたのですか」

いう、「経を擬作することが全て非であるとはかぎらない」

そのわけを問うと、しばらくしてから、先生がいう、「『更に覚ゆ良工の心独り苦しむを』（杜甫『松樹障子歌に題する詩』）」

五七　「（元末の儒者）許魯斎《きよろさい》が『儒者は生計を治めることが先決である』（『魯斎全書』）といっているのは、人を誤らせるものである」

五八　問う、「道家のいう元気・元神・元精についてお尋ねします」

先生がいう、「要するに一つのことだ。流行する側面を気、凝集したときを精、霊妙な作用について神というのだ」

五九　「喜怒哀楽の本来のあり方は、もともと『中』かつ『和』なるものだ（第三一条注参照）。そこに自分一己の思惑がからむやいなや、過となり不及となり、つまり『私』となる」

六〇　問う、「『(他家の喪を弔問して)哭泣《こくきゅう》したときは(帰宅してからも)歌が口に出ない』(『論語』述而篇)についてお尋ねします」

先生がいう、「聖人の心は、その本来のあり方として自然そうあるのだ」

六一　「『己れに克つ』(『論語』顔淵篇)というからには、(私欲を)からりと掃《はら》い除きさり、微塵《みじん》だにとり残さないようにするのでなくては駄目だ。ほんの少しでもとり残すと、諸々の悪がつぎつぎにそこにひきよせられてくる」

六二　問う、「『律呂新書《りつりょ》*』についてお尋ねします」

先生がいう、「学ぶ者は、(『孟子』にいうように)『まず自己が当面務めるべきことを第一の急務としなければならない』(尽心下)。いま君たちがこの書の論理に習熟したとしても、きっとなんの役にも立たぬだろう。何よりもまず、自己の心に礼楽の根柢《こんてい》となるものを具《そな》えなければ、何にもならないのである。たとえば、この書の説くところでは、(十二本の)竹管(に蘆《あし》の灰を詰めそれぞれの灰の飛散を見ること)によって天地の気を測候するとあるが、しかし冬至という一つの時候についていっても、竹管の灰の飛び方は必ずしも一定しておらず、時間的に前後のずれもあるのである。それをわずかな時間帯の中で、どうしてその竹管がぴたりと冬至の時刻にあたっているなどと知りえよう。あらかじめ、自己の心中に冬至の時刻が明瞭になっているのでなければ、できることではない。このようにこの書には理窟の通らぬところがある。学ぶ者は、何よりもまず礼楽の根柢たるべきところにこそ功夫をむけねばならない」
〈『律呂新書』〉朱子の弟子の蔡元定《さいげんてい》の著書。音楽理論をもとに事物の理を説いた。

六三 曰仁（徐愛）がいう、「心はいわば鏡だ。ただ、聖人の心は明鏡であり、常人の心は曇った鏡である。近世の（朱子の）格物の説は、鏡で物を映す場合にたとえれば、映すことに功夫を集中するだけで、鏡が曇っているかどうかを問題にしないというのだから、これではいったい物が映るわけがない。（陽明）先生の格物は、いわば、鏡を磨いて透明にするというわけで、磨くということに功夫を集中するのだから、透明になった後は、あらゆるものをいつでも映しだすことができる」（第二一条参照）

六四 問う、「道の精粗についてお尋ねします」
先生がいう、「道に精粗の別はなく、人の見方に精粗があるのだ。たとえばこの部屋に初めて入った人は、ただ大づかみの様子しか眼に入らないが、しばらく居るうちに、柱・壁などが一つ一つはっきりわかってき、更に時間がたつと、柱の上の模様など細かいところまで気づくようになる。しかも、これはずっと同じ部屋なのだ」

亖五　先生がいう、「諸君は、近頃顔をあわせてもあまり疑問をださないが、どうしたことか。人は功夫につとめないと、いつの間にか自分はとっくにわかっているような気がして、学ぶにしてもただ自分流にやっていけばよいと誰しも思ってしまうものだ。ところが実際は、私欲が日々に生じ、まるで地上の塵のように、一日掃《はら》わなければその分だけつもっていくということに、まるで気づいていない。しっかりと身を入れて功夫につとめたまえ。そうすれば、道には終極というものがなく、探究するほどにますます深くなるものだということがわかろう。いささかでも疑問があれば、とことんまでそれを究め、自己を明徹にしていかなければだめだ」

亖六　問う、「(『大学』にもあるように)知が至ってのちに、はじめて意を誠にするということがいえるのではないですか。とすれば、いま天理人欲についてまだ十分に知り尽くしていないのに、どうして克己の功夫につとめることができましょうか」

先生がいう、「人がもし真実に自己に切りこみ不断に功夫にはげむならば、その心のうちに、天理の精微なるところが、日一日と明らかになり、私欲の細微なるところもまた日一日と明らかになってくる。もし克己の功夫につとめなかったら、終日談論に終始するのみで、天理も私欲もついに不明のままに終わるだろう。

これは人が路《みち》を行く時と同じで、一区間歩けばその一区間のことが知られ、岐《わか》れ路に来てわからなくなれば人に尋ね、尋ねおわったらまた歩く、このようにしてこそはじめて行きたいところへも行ける。いま人は、すでに知りえた天理についてはこれを保持しようとせず、すでに知りえた人欲についてもこれを除去しようとせず、そればかりかただひたすら知り尽くしえないことを愁《うれ》え、ひたすら中身のない講学に時間をつぶしているが、これがいったい何のプラスがあるというのか。まず自己(の私欲に)うち克ち、もはや克服すべき『私』もなくなった上で、はじめて知り尽くしえないことを愁えても、おそくあるまい」

六七　問う、「(『孟子』に)『道は一つのものだ』(滕文公上)とありますが、古人が道を論ずるのは、必ずしも同じでありません。これを求めるのに何か要所があるのでしょうか」
先生がいう、「道にはきまった規格があるわけでないから、ある何かに特定することはできない。ましてあれこれの書物の字句の意味に拘泥して、あちこちふりまわされていたのでは、むしろ道から遠ざかるだけのことだ。

いま、人々はしきりに天を論ずるが、その実、天とは何を指すのか、何もわかっていない。日月や風雷が天だといえばそれは当たらないし、人や万物や草木は天ではないといってもそれも当たらない。道こそが天に他ならないからだ。このことが理解できたら、至るところあらゆるものが道であることがわかろう。であるのに、人はそれぞれのかぎられた見識をもとに、道とはしかじかかようなものだと各自に決めてかかるから、てんでんばらばらなものになってしまうのだ。もし、それを自己の内部に追求し、わが心の本体こそが、いついかなる場合にも道そのものであり、古《いにしえ》より今に至るまで、永劫《えいごう》にわたってそうありつづけているのだと見てとることができたなら、いったいその上、道にどんな異同があるというのだろう。他ならぬ心こそが道なのであり、そして道は天に他ならぬのだから、心がわかれば、道もわかるし天もわかるのである」

またいう、「諸君が、この道をちゃんと見きわめたかったら、まず自己の心に体認するよう心がけ、それを自己の外に求めたりはしないようにすること、それ以外にないのだ」

六八　問う、「文物・制度などもやはり学びとるべきでしょうか」

先生がいう、「人は、自己の心の本体を十全に発揮しさえすれば、全てのはたらきはそのまま十全となる。もし心の本体を涵養《かんよう》し、真に未発の中が確定できたら、発するものはおのずからに節に中《あた》る『和』となり、実施することと全てがおのずと当を得たものになる。もしこの心というものが無視されてしまったら、たとえ世間の無数の文物・制度があらかじめ学びとられていたとしても、それらは自己と何のかかわりももたず、要するに装飾にすぎないのだから、いざという時に自分がどうしたらいいかは何もわからない。とはいえ、文物・制度を全く修めなくともよいというのではない。ただことの先後がわかりさえすれば、道により近づけるということだ」

またいう、「人はそれぞれの才に応じて、その本性を十全に発揮すべきである。ここで才とはその人が能力として実行できることをいう。たとえば、舜《しゅん》の臣であった夔《き》が音楽を、稷《しょく》が農業をこととしたのは、それぞれの資質がまさしくそのことにむいていたからだ。ところで、十全に本性を発揮するというのは、何よりも心の本体が天理に純一となるようにすることで、才とはその人のなすことが天理から発出したそのはたらきをいうのだから、天理に純一たる地所に到達すれば、それはある一つのことに限定されなくなる。だから夔や稷の仕事を交換して任にあたらせたとしても、彼らは当然なしとげることができた」

またいう、「(『中庸』に)『富貴の境遇にあるときは富貴を自己のものとし、患難の中にあるときは患難を自己のものとする』とあるのは、すべて自己をある一つのものに限定しないということだ。これは、心の本体を正しく涵養した人のみによくできることだ」

六九　「水源のない数町歩《ちょうぶ》の池水となるよりは、数尺四方でもいいから、水源があって生意のつきない井戸であった方がいい」。この時、先生は池のほとりに坐っておられ、傍《かたわ》らに井戸があったので、それをとって学の喩えとされたという。

七〇　問う、「世間の状況は時代の下るにつれて下降していますが、太古の気風はどのようにしたら今に再現できるのでしょうか」

先生がいう、「一日はそのまま一元*でもある。人が『平旦《よあけ》』（『孟子』告子上。『夜気』と同じ）のうちに起き上がり、まだ物事にふれないでいるとき、その心は清明なる気風で占められている、そのときこそ伏義の時代を逍遥しているのと同じだ」

〈一元〉宋の邵康節《しょうこうせつ》『皇極経世書』では、三十年を一世、十二世を一運、三十運を一会、十二会を一元とし、天地は一元を単位に一変遷するという。

七一　問う、「わたくしは心が外の物事にとらわれてしかたがありませんが、どうしたらよいでしょうか」

先生がいう、「人君が清らかな心で静かに端坐し、その下で各大臣が職務を分担しているようであれば、天下は治まる。心が五官を統《す》べる場合もこのようでなければならない。いま、眼が見ようとする時に心があわあわと色を追い、耳が聴こうとする時に心があわあわと音を追えば、それは人君が官を選任する場合に、みずからそそくさと吏部の机に向かい、兵を徴用するのにそそくさと兵部の机に向かうようなもので、これでは君主本来のあり方が放棄されるばかりか、各部の大臣もみなその職分を失うことになる」

七二 「善念が起きた時には、それを察知してその善念を充実させ、悪念が起きた時には、それを察知して防ぎとめる。この、知り、充実させ、また防ぎとめるのは、志による。つまり天の聡明による。そしてそれは聖人が十全に具有しているのだが、学ぶ者はそれを保持すべく努めねばならない」

七三 澄《わたくし》がいう、「色を好み、利を好み、名を好むなどの心はもとより私欲であります。が、雑念雑想のたぐいもどうして私欲といわれるのでしょうか」

先生がいう、「つきつめたところ、それが好色・好利・好名などを根っことして、そこから起こるからだ。自分でその根っこをさぐってみればすぐわかる。たとえばきみがその心中に、強盗になろうという考えがないと明白に断定できるのは、きみにもともとそのような心がないということが根拠になるからだろう。いまきみが、財貨・色欲・名利などの心について、強盗にならない心と同じように、いっさいがきれいさっぱり滅尽されていたら、あるのは心の本体だけだから、そこにどんな雑念雑想がありえよう。これこそいわゆる『寂然《せきぜん》として動かない』(『易経』繋辞《けいじ》上伝)、そして『まだ(動きの)発しない中』(『中庸』)、また『廓然《からり》として大いなる公』(程明道『定性書』）の境であり、（以下、それぞれ右の三句の下の句）かくてその境におのずから『すべてに感応して（天下の故《こと》）に通じ』、おのずから『発した動きが節に中《あた》り』、おのずから『あらゆるものにあるがままに対応していく』という結果にもなる」

七四　問う、「（『孟子』の）『志至り、気次ぐ』（公孫丑上）についてお尋ねします」

先生がいう、「志が至るところ、気もまたそこに至るということだ。（朱子のいうように）一方が至極《しきょく》で一方がその次だということではない。志を保持すれば、それが同時に気を涵養することになる。気が暴走することがなければ志も保持される。孟子は告子の偏向を正そうがため、このように両面から説いたのだ」

七五　問う、「先儒の説に『聖人が人に教えるときは、必ず（一般に親しみやすいように）自己を低く降ろし、賢人が説くときは（道の尊厳を示すため）自己をひき上げて高くする』（『四書集註』に程子の言として引用）とありますが、いかがでしょうか」

先生がいう、「それは間違いだ。それでは偽ることになるではないか。聖人はいわば天であり、天はどこへいっても天であって、日月星辰の上も天ならば、地底の下もまた天である。天が自らを低く降したりしたためしは未だかつてないのである。これが（『孟子』に）いわゆる『（聖なるものは)その大なることをもって天下を化す』(尽心下)ということだ。一方、賢人はいわば山岳であり、それはある高みに立つものであるが、しかし百仭《じん》の高さをひき上げて千仭にすることはできず、千仭のものをひき上げて万仭にすることはできない。つまり、賢人が自己をひき上げて高くしたためしはないのである。ひき上げて高くしたとしたら、それは偽りというものである」

七六 問う、「程伊川は『喜怒哀楽がまだ発しない前の段階に中を求めてはならない』(『二程全書』巻一九)といい、李延平は逆に『まだ発しない前のその状態を内観せよ』(『延平問答』)と教えています。どうなのでしょうか」

先生がいう、「どちらも正しい。伊川は、人が、まだ発しない前のところにいわゆる『中』を求めて、それがあたかも何か固定した一物であるかのように見なすことを恐れたのだ。つまり前にわたしがいった『気がじっとしているだけ』(第二九条参照)の状態を『中』とするのを恐れた。だから、自己の涵養・内省という面にむしろ程伊川は功夫をふりむけさせたのだ。一方(朱子の師)延平は、人がどこから着手すべきかわからぬのを恐れ、だから人に刻々不断に未発のありようを求めさせ、そこを、ひたすらに目を正して見、耳を傾けてきくようにしむけたのだ。これが(『中庸』にいわゆる)『睹《み》えないところにも戒め慎み、聞こえないところにも恐れ懼《つつし》む』功夫に他ならない。両者の言はそれぞれに、古人がやむをえずして人を誘った方便の言の類である」

七七　澄《わたくし》が問う、「喜怒哀楽における『中』と『和』は、その完全なところは無論常人のよく実現しうるところではありませんが、小さな事柄で当然喜び或いは怒るべきことにであったとき、ふだんからその喜怒の心があるというのではないのを、たまたまその事柄については、その喜びや怒りがよく節に中《あた》っていたという場合、これもやはり、『中』とか『和』と呼んでよろしいのでしょうか」

先生がいう、「その時その事柄のひとつひとつについて、当然それぞれに『中』『和』がいわれてよい。ただしそういう（限られた）ものは（『中庸』にいうような）『天下の大本』としての『中』、『天下の達道』としての『和』（第三一条注参照）とはまだいえない。人の性はみな善で、『中』も『和』も万人がひとしく固有するもので、それがないなどということはありえない。ただ常人の心は昏《くら》く蔽《おお》われてしまっているから、その本体は、いつも発現するはずのものが結局は明滅を免れず、全き本体がくまなく発現するというわけにはいかない。『大本』というのは、いついかなる場合にも『中』ならざるなきをいい、『達道』とは、いついかなる場合にも『和』ならざるなきをいう。天下にくまなく至誠であってはじめて天下の大本を立てることができる」

いう、「澄《わたくし》には『中』の字の意とするところがまだよくわかりません」

いう、「それは自己の心にみずから体認すべきことで、言葉で説明できるものではない。『中』

とは天理以外の何ものでもない」

いう、「どの点を天理というのですか」

いう、「人欲を除き去れば、そこに認められるのは天理だ」

いう、「天理はどうして『中』といわれるのですか」

いう、「一辺に偏るところがないからだ」

いう、「偏るところがないというのは、どういう状態をいうのですか」

いう、「明鏡のようなものだ。全体くまなく澄みきって汚《よご》れが微塵だに付着していない」

いう、「偏りが汚れの付着としますと、なるほど、好色・好利・好名などの汚れは偏りとわかりますが、未発の場合には、美色や名利などの汚れがまだ付着していないわけですから、どのようにして偏りがあるということを知るのですか」

いう、「汚れが付着していないといっても人間には平素、好色・好利・好名の心が本来全くないというわけではない。ないことがないというのは、あるということで、あるという以上は偏りがないとはいえない。たとえばマラリヤ病の人は、発熱しない時があっても、病根が絶たれたというわけではなく、これを無病の人ということはできない。平素の好色・好利・好名などの一切の私心がすっかり掃除洗滌《そうじょせんてき》され、きれいさっぱりと痕跡もとどめず、そして心の全き体がからりとあらわになり、すべてがこれ天理ということになってこそ、はじめて『喜怒哀楽がまだ発せざるの中』ということができ、これこそが『天下の大本』なのだ」

六八　問う、「(先生は、その著『文録』の「別湛甘泉序」などで)顔回が没して以来、聖学は滅びたといわれますが、この言葉には疑いなきをえません」

先生がいう、「聖人の学を完璧に身につけた人といえば顔回しかない。それは(孔子の偉大さを)『喟然《きぜん》』と一嘆した(『論語』子罕《しかん》篇の)故事からも明らかだろう。その『先生は、相手に応じて善《よ》く人を導かれる。我を博めるのに文をもってし、我を約すのに礼をもってされる』(同上)という語は、孔子の学を観破したものでなくてはいえることではない。『文をもって博め、礼をもって約す』(第九条参照)ことがどうして『善く人を導く』ことにつながるのか、学ぶ者はここのところをとくに考えるべきだ。道の全きありようは、聖人もなかなか人に説明できず、学ぶ者の自修自悟にまつ以外にない。顔回が、このあと『(先生に)ついていきたくとも、手だてがない』といっているのは、(『孟子』の)『文王は、道を望んだが、見るに至らなかった』(離婁下)というのと同じ意味で、『道を望んだが、見るに至らなかった』というのは、真に(道の大なることを)見てとっていたということである。この顔回が没して以来、聖学の正脈は、ついに完全には伝わらなくなった」

七九　問う、「身に主たるものが心で、心の霊明（なはたらき）が知、知の発動したものが意、意が及ぶ対象が物――と考えてよろしいか」
先生がいう、「そうもいえる」

八〇　「ひたすらこの心を保持して常に現在させること、それが学というものだ。過去・未来のことを思案して何のプラスがあるか。ただ心が放散するだけだ」

八一　「いうことに筋道が通っていないのは、（そのことの上に正しく）心が保持されていないということだ」

八二　尚謙*（薛侃《せっかん》）が問う、「孟子の『心を動かさず』（『孟子』公孫丑上）というのは告子のそれとどこが異なるのですか」
先生がいう、「告子のは、心を固く抑制して動かぬようにするもので、孟子のは、心に『義を集積する』（同上）ことによって自然にそれ以外のことに動かされぬというものだ」
またいう、「心の本体は、もともと動かぬものだ。心の本体は、すなわち性である。性はすなわち理である。性は元来動かぬもので、理も元来動かぬ。『義を集積する』というのは、その心の本体にたちかえることである」

〈尚謙〉薛侃（？～一五四五）、字は尚謙、号は中離。広東省掲陽の人。正徳十二年（一五一七）に科挙の進士に合格しているが、それ以前、正徳九年にはすでに陽明に師事していた。同十三年八月、『伝習録』は初めて彼の手によって刊行されている。徐愛が書き遺した『伝習録』一巻、序二篇、陸澄および薛侃自身の記録による各一巻が収録され、現在の上巻がそれに当たる。当時、陽明は江西省の贛《かん》州に、農民暴動の鎮圧に出動していたが、薛侃は欧陽崇一ら他の多くの門人たちとそれにつき従い、講学を続けていた。『伝習録』はその贛州で刊行されたのである。

八三　「（程伊川のいわゆる）『森羅万象が心にことごとく具在している』（第二一条参照）ときは、また『心が空漠として何の動きも兆《きざ》さない』（清澄な）ときでもある。逆に、心が空漠として何も兆さないまさにそのとき、森羅万象はことごとく具在しているのでもある。ここで『空漠として兆さない』というのは『一』に通じ、『森羅万象が具在している』というのは『精』に通じる。『精』は『一』のうちにあり、『一』は『精』のうちにある」（第二六条注参照）

八四　「心の外に物《こと》があるのではない。もし自分の心に親に孝行をしようという思いがおこれば、その親に対する孝行が物《こと》なのだ」

八五　先生がいう、「いま、われわれの（心のありようを格《ただ》す、という意味での）格物の学に従事するものの中にも、なお口耳のみの表面的知識に流れるものが多い。まして、はじめから口耳の学しか知らぬものが、どうしてここ（格物の本意）を自覚できよう。天理・人欲の精微なところは、不断に自己を内省し自己の克服にたゆまず努力してこそ、はじめて日毎に少しずつ明らかになってくる。いま、談論の中でいかに天理を論じたてていても、あにはからんや、その間にも、いつの間にか心中に多くの人欲がまぎれこんでいる。思うに、このように本人も気づかぬうちにおこっているような人欲は、たとえ努力して省察していても、そうやすやすと見透せるものではない。まして、いたずらに口説にふけってばかりいるものに、どうしてそれがちゃんと自覚されえよう。いま、いくら熱心に天理を論じていても、自己におけるそれを放っておいたまま、それに循《したが》って実践することなく、人欲を論じながら、自己におけるそれを放っておいて、それを除去することもなかったら、いったいそれが何で格物致知の学といえよう。後世の（朱子の）学は、窮極のところ、『義を外から襲《と》りこんでくる』（『孟子』公孫丑上）という功夫に終始するものだ」

八六　問う、「『格物』についてお尋ねします」

先生がいう、「『格』とは、正すことだ。不正なるを正し、本来の正に帰するということだ」

八七　問う、「(『大学』冒頭の)『止《とど》まるを知る』ということですが、それは至善(なる理)があくまで自分の心にあり、心の外にあるのではないと知ることで、であればこそ、『しかる後に』志が『定まる』のではありませんか」

いう、「そうだ」

八八　問う、「(格物が物の理に格《いた》るのではなく、物《こと》を格《ただ》すの意とすれば)格物は、動処における功夫ということになりますか」

先生がいう、「格物には動静の別はない。静もまた物《こと》の一局面だ。孟子が『必ず事とせよ』(『孟子』公孫丑上)といっているが、これはつまり動静の別なくすべて事として心がけよということだ」

八九　「功夫の難処は、格物致知に集中的にある。が、この『物《こと》を格《ただ》し、知を致す』とは、他ならぬ『意を誠にする』ことでもあり、意が誠なら、まずは心もおのずから正しく、身もまたおのずからに修まる。ただ、この『心を正す』と『身を修める』とは、それぞれ功夫の場を異にし、身を修めるのは、(喜怒哀楽のすでに発した、いわゆる)『已発《いはつ》』の場で、一方、心を正すのは『未発』の場で、なされる。つまり、心が正しければ『中』であり、身が修まっていれば、それが『和』ということだ」

九〇　「(『大学』の)『物を格し知を致す』から『天下を平らかにする』までは、つまるところ『明徳を明らかにする』の一事につきる。『民に親しむ』ことすら、明徳を明らかにすることなのだ。明徳とは、わが心の徳のことであり、それはずばり仁である。(程明道が)『仁なる者は(自己を)天地万物と一体に(貫通)させている』(『二程全書』巻二)というとおり、もし一物一件たりともその当を失したものがあるとすれば、それはわが仁に不全のところがあるからに他ならない」

九一　「『明徳を明らかにする』ことだけを説いて、『民に親しむ』ことを説かなければ、老荘や仏の教えにまぎれる」

九二　「(『大学』にいう)『至善』なるものこそ性だ。性には本来微塵の悪もない。だから至善といわれる。ここに『止《とど》まる』というのは、その本来的なところにたちかえることだ」

九三　問う、「至善なるものがわが性に他ならず、そのわが性はわが心に具わり、このわが心こそ至善の『止まる』地である――と了知すれば、それまでのようにあれこれと外に求めてたち惑うこともなくなり、かくて志も『定まる』。定まれば乱れることなく『静まり』、静まって妄動することがなければ『安んずる』。安んずれば、一心一意すべてがここに落ちつきますから、（ここを足場に）あらゆる思慮をはたらかせて、必ず至善を明らかにすべく努力する。これがつまり『能《よ》*く慮《おもんぱか》って得る』ことである――とこういうふうに考えてよろしいか」

先生がいう、「大体のところはそれでよかろう」

〈「能く慮って…」ことである〉ここは『大学』の冒頭の、「大学の道は明徳を明らかにするにあり。民に親しむにあり。至善に止まるにあり。止まるを知って後に定まるあり。定まって後に能く静かなり。静かにして後に能く安んず。安んじて後に慮る。慮って後に能く得《う》」をめぐるものである。

九四　問う、「程子は『仁なる者は、天地万物（と自己と）を一体のものとしている』といっていますが、このいい方をすれば、墨子*の（無差別の平等愛だとして論難されている）兼愛だって、仁といえるのではないですか」

先生がいう、「ここは実に説明がしにくい。諸君自らが体認しなければどうにもならない。仁とは造化生生《せいせい》やむことなきの理であり、それは天地にあまねくみちわたり、いついかなるところにもその理ははたらいているのだが、にもかかわらずその流行や発動は要するに段階的で、だからこそ生生やむところがないのでもある。たとえば冬至に一陽が生ずるが*、必ずこの一陽が生じてはじめて漸次に六陽に至るのであり、その一陽が生じなければ、六陽はありえない。陰もまた然りである。それが段階的であるからこそ発端の場もあり、発端の場があるから生じもし、生ずるからこそそれはやむことがないのだ。このことを木に譬えてみると、そのはじめ芽がでるのは、それが木における生意発端の場であり、この芽がでてしかる後に幹茎ができ、幹茎ができてのちに枝が生じ、枝が生じてのち葉が生じ、かくして生生やむことがない。もし最初に芽がなければ幹茎も枝葉もあったものではない。芽がでるというはたらきには、必ずその下に根の存在があり、この根によってはじめて生ずるのであり、根がなければ死ぬ。だから根がなければ発芽もおこりえない。

父子兄弟の愛は、人心における生意発端の場であり、それは木における発芽にひとしい。このあと『民を仁《めぐ》んで物を愛する』（『孟子』尽心上）段階が幹茎ができ枝や葉を生ずる段階にあたる。墨子の兼愛は無差別平等のもので、これは自分の父子兄弟を路傍の人と同じにあつかうものであるから、愛における発端の場というものもおのずからなくなり、だから芽もでない。つまり明らかにそれには根がなく、だから生生やまずということもない。何でこれを仁といえよう。（『論語』にもいうとおり）『孝悌は仁の本である』（学而篇）が、なんと、仁の理は他ならぬこの（孝悌つまり父子兄弟の愛の）なかから発出してくるのだ」

〈墨子〉春秋時代の思想家。姓は墨、名は翟《てき》。その著に『墨子』がある。博愛主義と非戦論をとなえた。
〈一陽〉十二ヵ月の推移を易で示すもので、冬至は一陽来復の䷗の復卦、ここから陽爻《こう》「⚊」が一《ひと》月ごとにふえていって夏至の前月になると䷀すなわち六陽の乾《けん》卦であらわされる。

九五　問う、「李延平は『理に合致して私心がない』といっていますが、理に合致することと私心がないこととを、どうして区別するのでしょうか」

先生がいう、「心はすなわち理である、私心がないということ、それが理に合致することに他ならず、理に合致しないということ、それが他ならぬ私心なのだ。心と理とを分けていうのは、正しくなかろう」

また問う、「仏家は世間のいっさいの情欲の『私』からは、きっぱりと身をきりはなし、何らそれに染まるところがないのだから、私心がないといわばいえましょう。ただ人倫関係をも同時に棄てさってしまっていますから、結局理に合致しないということでしょうか」

いう、「それらはもともと一つながりのことで、かれらは要するにかれ一個の私己の心を全うさせようというにすぎない」

〔*右、門人陸澄録す〕

〈右、門人陸澄録す〉正中書局本にはこうした付記があるが、三輪執斎本には、「右、元静（陸澄）の録するところ、凡《すべ》て八十条」とある。

九六　侃《わたくし》（薛侃）が問う、「志《*》を持するのは、心に痛苦があるときのようなもので、心がその痛苦に占められているかぎり、むだ話やむだごとにかかわりあっている余裕などありはしない――というのはいかがでしょうか」

先生がいう、「初学のときの功夫がそのようであるのは、それなりに結構だろう。ただ『出入に時なく、その郷《ありか》もわからない』（第四九条参照）というが、心はもともとこのように神明であるということを悟らせなかったら、その功夫も宙に浮いたものになってしまう。つまり、もしむやみと（志を持するという一点に）心を固守しているだけだと、その功夫自体から弊害が生じてこよう」

〈「志を持するのは……いかがでしょうか」〉薛侃のこの問いは、一字を除いたあとは、そっくり第二五条と同じである。もともとこの第二五条は、三輪執斎本には欠落しているもので、もしそれをもとに疑えば、この薛侃の質問が何らかの手違いで、陽明の語として全書本などには挿入されたとも考えられる。そうでないとすれば、ここの質問は、明らかに陽明の語について尋ねていることになるが、それにしては、陽明の答えは、自己の前言に対してひどくそっけないものであるといわざるをえない。

九七　侃《わたくし》が問う、「（心の）涵養ばかりに専念して、（物の理の）探究をおろそかにしていると、（自己の内面から発する）欲をそのまま理と誤認することになりかねませんが、どうしたものですか」

先生がいう、「人は何よりも学の何たるかを知らねばならない。（理の）探究はそっくりそのまま（心の）涵養であり、探究がなされないとすれば、それはそのまま涵養の志が切実でないということだ」

いう、「学を知るとはどういうことですか」

いう、「その前に、何のために、何を学ぶのか、それをいってみたまえ」

いう、「以前、先生に教えていただいたのでは、学とは天理を存することを学ぶことです。いま、心の本体が他ならぬ天理ですから、天理を体認するには、自らの心地に私意がないことが必須となります」

いう、「とすれば、私意を克去しさえすればいいはずで、その上、どんな理と欲が不明だと愁《うれ》えるのか」

いう、「この私意なるものが、実際にどのようなものか、それが実にわかりにくいのです」

いう、「それは要するに志がまだ切実でないということだ。志が切なるもので、目や耳のはたらきのすべてがその（私意を克去しようという）一点に集中していれば、（私意の）実態がわからないなどということは、とうていありえない。（『孟子』にいうように）『是非の心は誰しもがもっている』（告子上）ものであって、外に求めるまでもないのであり、（理の）探究も、自己の心にそれと見てとったものをしっかりと体認すること以外の何ものでもない。それをまさか、心の外に何か別に見てとるものがあるというのではあるまい」

九八　先生が同席していた朋輩に、最近の功夫の次第を問われた。ある朋友が（心が）虚明であるとはどのようであるかを述べると、先生は、それは情景を説明するにすぎないといわれた。他の朋友が過去と現在の違いを述べると、先生は、それは効験を説明するにすぎないといわれた。朋友は二人とも意気消沈して、叱正《しっせい》を請うた。

先生がいう、「わたしが、現在功夫につとめているのは、何よりも善を為さんとの心を真切にしたいということに尽きる。この心が真切で、『善を見ればたちまち遷り、過ちがあればたちまち改める』（『易経』益卦象伝）というふうであること、それが真切な功夫に他ならない。こういうふうであれば、人欲は日に日に消え、天理は日に日に明らかとなる。ただ情景をえがくことばかりを求め、あるいは効験を説くばかりであるのは、むしろ（理を外に求める）外馳《がいち》の病を助長するだけで、功夫ではない」

九九　友人のうちに、書物を読んでは、何かと朱子をあげつらう者がいた。

先生がいう、「これは意図的に異を求めるもので、よろしくない。私が、時に朱子との違いを説くのは、学ぶものの最初の着手いかんによっては、始めの一厘がのちに千里の距《へだ》たりにもなるため、あらかじめ違いをはっきりさせざるをえないのだ。しかしわたしの心はといえば、いまだかつて朱子の心と齟齬《そご》したためしがない。その他の、朱子が経文の意義を明晰に解明したところなど、一字として動かしうるものではない」

100　*希淵《きえん》（蔡宗兗《さいそうえん》）問う、「聖人*は学ぶことによって至りうるといわれていますが、しかし（殷《いん》の賢者）伯夷《はくい》にせよ、（殷の名宰相）伊尹《いいん》にせよ、その才能力量はついに孔子に比肩しえませんでした（『孟子』公孫丑上参照）。にもかかわらず、これらを等しく聖人というのは、どういう点においてですか」

先生がいう、「聖人の聖たるゆえんは、要するにその心が天理に純一で人欲の雑入がないということに尽きる。それはちょうど、純金の純なるゆえんが、何よりも金の純度が高くて銅や鉛の混入がないという点にあるのに似ている。人は天理に純一でありさえすれば聖であり、金は純度が十分でありさえすれば純なのである。とはいえ、聖人の才能力量にも大小の違いはあり、それは金の重量に軽重があるのと同じである。いま堯・舜が万鎰《いつ》の重さとすれば、孔子は九千鎰、禹や湯王・武王らは七、八千鎰、伯夷・伊尹は四、五千鎰ということになろう。才能力量は等しくないが、しかし天理に純一という点では等しく、その点でみな聖人といわれうる。それは、金の重量が違っても、純度が満足されればみな等しく純金といえるのと同じで、五千鎰の金を万鎰の金の中に入れても、純度に変りはない。伯夷・伊尹を堯・舜の列に加えても、天理に純である点で同列に並ぶ。つまり、純金たるゆえんは純度にこそあって重量になく、聖たるゆえんは天理に純一である点にこそあって才能にはない、のである。だから、たとえ凡人にもせよ、もしすすんで学につき、その心を天理に純一ならしめたならば、それで立派に聖人なのだ。ちょうど、一両の金が万鎰の金に対して、重量の上では大差があっても、純度が等しいという点では、何ら愧《は》じることがないのと同じことだ。であるから、『人はみな堯・舜たることができる』（『孟子』告子下）というが、それは以上のことをいうのだ。

われわれが聖人から学ぶべきことは、人欲を去って天理を存すること以外にない。それは、金を精錬して純度を高めようとするのと同じで、金の成分に問題が少なければ、精錬の手間もはぶけ、でき上りも早いが、純度が低下するほどに精錬は困難なものになる。人の気質にも清濁純雑の差があり、『中人以上』（『論語』雍也篇）の人があれば『中人以下』（同上）の人もいる。道について も、『生れながらにしてそれを知り、安んじてそれを行なう』（『中庸』）人があれば、『学んでそれを知り利《つと》めてそれを行なう』（同上）人もあり、またその下には、『人が一たびすれば己れは百たびし、人が十たびすれば己れは千たび』（同上）せざるをえない人もいる。プロセスはさまざまだが、しかし最終的に『成就されたあかつきには、いっさいの差はなくなる』（同上）のだ。

後世の人は、聖になる根本が天理に純一になることにあるのを知らず、それどころか、もっぱら知識や才能の上に聖人を求め、果てには聖人は全知全能であるから、自分も聖人なみの豊かな知識や才能をもって全てに精通しなければ駄目だ、などと思いこみ、そのため、天理について功夫につとめようとせず、いたずらに精力のかぎりを尽くして、書物上に研鑽し、文物制度の考察にふけり、あるいは古の事跡を追いかけたりする。この結果、その知識はますます広がるのだが、それが広がるにつれて人欲もますます旺《さか》んになり、才能が増すごとに天理もいっそう蔽《おお》われるということになる。あたかもそれは、人に万鎰の純金があるのを見た時、自分の金の純度を高めて相手のそれに愧じないようにしようとつとめるのでなく、かえって重量に気をとられ、相手と同じく万鎰にしようとはげみ、錫や鉛や銅や鉄などを雑然と投入し、結局重量が増すごとに純度が低下し、挙句にはもとの金どころではなくなってしまうのにひとしい」

この時、たまたま傍《かたわ》らに居あわせた曰仁《えつじん》（徐愛）がいう、「先生のこの比喩は、世儒がことの末梢に低迷しているのを真向から打破するもので、大いに後学の者に益をもたらすでありましょう」

先生がまたいう、「わたしの場合、功夫の眼目はただ日に減らすことを求めるにあり、日に増やすのを求めることにあるのではない。一分《ぶ》でも人欲が減らせたら、つまりそれはその一分だけ天理を回復できたということで、何と軽快なさばさばとした、そして何と簡易なことではあるまいか」

〈希淵〉姓は蔡、名を宗兗、字を希淵、号を我斎という。浙江省山陰の人。生没不明。最も早く、正徳二年（一五〇七）に徐愛とともに陽明の弟子になっている。

〈聖人は学ぶことによって至りうる〉北宋の周敦頤《とんい》がその著『通書』でこう喝破してより、このイデーは宋学を支える主要な精神の一つとなった。

一〇一　士徳*が質問していう、「格物の説は、先生のお教えのとおりとすると、簡単で明瞭、誰にもわかるのですが、朱文公（朱子）ほどに類《たぐい》なく聡明な人が、この点についてなお不分明であったとは、いったいどうしたわけですか」

先生がいう、「文公はその精神気魄《きはく》ともに高大で、つとに早く年少の頃から、『聖人の道統を継ぎ、後学を啓発しよう』（朱子『中庸章句』序）と志していた。そのため、ひたすら聖学の考察と著述につとめたのだが、もしその前にまず自己に切りこみ、自らを修めることからはじめていたら、自然そのようなことに時間を費消することもなかったろう。のちに盛徳をうるに及んで、果然、道こそが明らかでないと憂えるに至り、孔子が退いて六経《りくけい》を編修した時のように、繁雑な文を削って簡素に帰《き》し、後学の者に開示したが、そのため無用の考察に時間をとられることもまずなくなった。文公は若年のうちに早々と多くの書を著わしたが、その晩年になってはじめて、むしろそうすべきではなかったと反省したのだ」

士徳がいう、「晩年の反省といいますと、それは（朱子自身が）『従来、定説としてきたものの誤り』（『答黄直卿書二』文集巻四六）といい、また『（書物にかまけるばかりでは）書物を読んだからといって、自己の（内面の）ことに何の益があろう』（『答呂子約書二六』文集巻四七）といい、或いは『この（道を知るという）ことは、書物を墨守し、訓詁になずむこととは異次元のことだ』（『答何叔京書一三』文集巻四〇）といっていることなどを指し、かれはここにきてはじめて、これまでの功夫の誤りを反省し、自己自身を内から修めようとしたのでしょうか」

いう、「そうだ。そしてそこが文公の比類なく傑出したところで、かれは力量が大なればこそ、ひとたび反省するやたちまちその進路を転じたのだが、しかし惜しむらくは、それから間もなく世を去ってしまったので、それまでの多くの誤りは、どれも訂正されないままに終わった」

〈士徳〉姓は楊、名は驥《き》、字は仕徳、のことだろう。初め湛甘泉《たんかんせん》に学び、のち陽明の門人となる。生没その他不詳。

一〇二　花園の除草をしていて、感ずるところあり、侃《わたくし》がいう、「この天地の間には、どうして善が育成されにくく、悪が除去し難いのでしょうか」

先生がいう、「それは育成をせず、除去もしないだけのことだ」

しばらくしてまたいう、「それらの善悪の判断が、（理法的ではなく）肉身よりでる（恣意《しい》的な）念であるかぎり、錯誤は避けられない」

侃《わたくし》がわからないでいると、先生がいう、「天地の生意は花にも草にも差別なくはたらき、そこには決して善悪の弁別はない。きみが花を観賞したいと思ったときには、花を善とし草を悪とするが、もし草を利用したいと思えば、草もまた善とされよう。これらの善悪は、すべてきみの心の好ききらいから生じたもので、だから錯誤だとわかる」

いう、「としますと、善もなく悪もないのですか」

いう、「善がなく悪がないというのは、静なる理についていい、善があり悪があるというのは、動なる気についていうことだ。気につき動かされることがなければ、すなわち無害無悪であり、これを至善という」

いう、「仏家もまた無善無悪をいいますが、どう違うのですか」

いう、「仏家は、無善無悪それ自体に（目的的に）執着するから、世のいっさいに干与しなくなり、天下を治めることもできない。それに対して聖人の無善無悪は、何よりも『好《こう》を作《おこ》すことなく、悪《お》を作《おこ》すこともない』（『書経』洪範篇）というふうに、気につき動かされないことである。しかし（それは活動停止を意味するのでなく）あくまで『王道に遵《したが》い、極則に合致する』（同上。前句と対句になっている）ことを本旨とするもので、そうすれば、（行動は）必然的に天理にそうことになり、それによって『天地自然のはたらきを助成し、天地の時宜にかなって動く』（『易経』泰卦象伝）ということになるのだ」

いう、「草が悪ではない以上、当然それを除去してはいけないのですね」

いう、「それこそ仏家や老荘の見解なんだ。草がもし（他の植物の生育を）阻害するなら、さっさと除去してしまうことに何のさしさわりもない」

いう、「しかしそれでは、『好・悪（の分別）を作《おこ》す』ことになりませんか」

いう、「『好・悪（の分別）を作《おこ》さない』というのは、好悪が全然ないということではない。それではまるで知覚のない人間ではないか。『作《おこ》さない』という意味は、何よりも、好悪《こうお》するところが一《いっ》に理にそっており、それ以外の私意分別がはたらいていないということで、これがとりもなおさず、好ききらいがないということだ」

いう、「草を除去することが、どうして一に理にそい、私意分別がないということになるのでしょうか」

いう、「草が（他の植物の生育を）阻害する以上、理として当然これは除去すべきであり、だからそれを除去するという、それだけのことだ。この場合には、たまたますぐに除去できない事情があっても、（もともと自己の好悪の情に関係がないから）別に不快がることがない。ところが、もしあらかじめ私意分別がはたらいていた場合には、不快の念によって（理であるところの）心の本体がわずらわされるため、（心は）必然的にあれこれと気にふりまわされ（理から外れ）るということになる」

いう、「そうしますと、善悪は、全然、物の上にはないのですね」

いう、「ただきみの心にのみある。理にそっていくこと、それが善、気にふりまわされ（理から外れ）ること、それが悪だ」

いう、「つまるところ、物には善悪がないのですね」

いう、「以上のような心における善悪のあり方は、そのまま物における善悪のありかたでもある。世の儒者はここのところをわきまえず、心をさしおいて物ばかりを追いかけ、格物の学を誤解して、終日外に（理を）求めてかけまわる。これではただ、いわゆる『義を外から襲《と》りこんでくる』（『孟子』公孫丑上）ものというほかなく、だから『終身行なっても著《あき》らかにならず、習っても察《つまび》らかにならない』（『孟子』尽心上）のである」

いう、「では、『（いわゆる意を誠にするとは）好《よ》き色を好み、悪《あ》しき臭を悪《にく》むようにする』（『大学』）というのはいかがですか」

いう、「これこそまさしく、一《いっ》に理にそっているというもので、天理とは本来このようにあるものなのだ。それはもともと、私意によって『好悪を作《おこ》す』ということのないものなのだ」

いう、「『好《よ》き色を好み、悪《あ》しき臭を悪《にく》むようにする』のが、どうして私意分別ではないのですか」

いう、「(この前文にもあるように)それは誠である意であって、私意ではない。ここで『意を誠にする』というのは、端的にいって天理に循《したが》うということであるが、しかし、天理に循うといっても、それは意図的にそうしようとしてできることではない(やむにやまれずそうなるものである)。だから、『怒ることや嬉しいことがあると、その正がえられない』(『大学』)というのだ。つまり『廓然《からり》として大いなる公』(第七三条参照)であること、それこそが心の本来的なあり方であるのだ。ここがわかれば、ただちに未発の中(のありよう)がわかる」

伯生《はくせい》(孟源《もうげん》の字《あざな》)がいう、「先生は、草が(他の植物の生育の)妨害となるなら、理として当然それは除去すべきだ、といわれましたが、ではどうして(先ほど、草を悪とみなす判断を)肉身からでる(恣意的な)念であるとされたのですか」

いう、「ここはきみ自身が自己の心に体認する以外どうしようもない。きみが草を除去しようと思う、それはいったいどのような心によるものか。周茂叔《もしゅく》(北宋の周敦頤《とんい》。宋学の始祖ともいうべき一人)が、『*窓辺の草を除去しなかった』、それはどのような心によるものか、ということを」

〈肉身〉原文は「軀殻」。心に対して文字どおり身体をさす。心が形而上《けいじじょう》の、例えば天理を志向するなどのはたらきをするに対して、軀殻は視聴言動をはじめ、喜怒哀楽の情から食欲や肉欲など、形而下面のはたらきをするものという前提がある。
〈「窓辺の草を除去しなかった」〉『二程全書』巻四。窓前の草を除去しない理由を問われて、周茂叔は「自分の意念《こころ》と同じだからだ」と答えたという。つまり、自身が万物生生の中に生きている。その同じ生生の脈絡の中に草も生じている。だから同じだというのである。

一〇三　先生が講席のみんなにいう、「学をなすには、まず急所を把握しなければ、功夫も空まわりすることになる。(急所さえ把握されていれば、)たとえ一時横に流されることがあっても、舟に舵があれば大丈夫なように、ひとひきすれば、すぐにはっともとに戻る。そうでなければ、どれだけ学をつもうとも、結局は『義を外から襲《と》りこんでくる』(前条参照)だけに終わり、だから『行なっても著《あき》らかにならず、習っても察《つまび》らかにならない』(同上)ということにしかならない。というのは『大本《たいほん》』や『達道』(第七七条参照)からはずれているからだ」
　またいう、「(学の急所が)実得されれば、(場合場合に応じて)いろいろな説き方をしても、すべて正しい。ある場合には通じても、他の場合には通じないということがあるとしたら、要するにまだ実得されていないということだ」

一〇四　ある人が問う、「学をこととしようにも、親のために、科挙(に合格して仕官せねばならず、そ）の試験準備にどうしても時間をとられてしまうのですが……」
先生がいう、「親のために、科挙の試験準備をすることが、学にとって障害になるというなら、田地を管理して家族を養うのも、やはり学の障害になるのか。先哲（程明道）も『（科挙のことが学の妨げになるのを案ずるよりも）学の志が奪われないように心がけることだ』（『二程全書』巻三八）といっているように、ただ、学の志が真に切実でないことを恐れるのみである」

一〇五　崇一*が問う、「わたくしは平素から考えることにまったく落ちつきがなく、何か事があればもちろんのこと、何も事のない時にもやはり落ちつきません。どうしたことでしょうか」
先生がいう、「天地の気の動きには、元来一瞬の停息もないのだが、ただしそれを主宰するものがあるため、先後や緩急に乱れがなく、千変万化しながらも、その主宰は常に一定している。人も、この気を得て生きているのだが、もし主宰するものが一定していたら、天（の気）の運行と同じく停息することがなく、万事に対応して万変しながらも、しかも常にゆったりと落ちついたまま自在でいられる。いわゆる『天君（としての心）は泰然自若としておりながら、身体のあらゆる部分はその念に思いのままに従う』（『四書集註』に引用された范浚《はんしゅん》の『心箴《しんしん》』の語）というのがそれだ。もし主宰するものがなければ、この気の奔放な動きにただ押し流されるほかなく、どうして落ちついてなどいられよう」

〈崇一〉欧陽徳のこと。中巻「欧陽崇一に答えるの書」の注（二四三ページ）参照。

一〇六 先生がいう、「学をことととする場合の、大きな病弊は、名声を求めることにある」

侃《わたくし》がいう、「先年来、自分ではその病も軽くなったと思っていましたが、近ごろ省察してみて、まだまだそうではないと悟らされました。この病は、外に知識を求めたり（自己の名を）人に知られることを求めるなど（旧来いいつがれてきた病弊）にかぎられず、たとえば人に誉《ほ》められて喜び、毀《そし》られて気に病むなど（日常の事柄）も、他ならぬこの病からでることなのですね」

いう、「全くその通りだ。名は実の反対概念で、実を求める心が一分でも重くなれば、名を求める心はその一分だけ軽くなり、実を求める心が全分を占めれば、名を求める心は全くなくなっている。実を求める心が、もし饑《う》えに食を求め、渇きに飲を求めるように切実であれば、どうして名を求めている余裕などがありえようか」

またいう、「『死後に自分の名が称せられないことを疾《にく》む』（『論語』衛霊公篇）という時の『称』の字は、（朱註のように平声に読んで、『称誉』の意にとるべきでなく）去声に読んで、名が実に称《かな》っていないのをにくむ、の意ととるべきで、これは（『孟子』の）『声誉が（実）情以上に過ぎているのを君子は恥じる』（離婁下）の意と同じである。実が名に称《かな》っていないのは、生きているうちなら補充もできるが、死んでしまってはどうすることもできないのだ。また（『論語』の）『四十五十にして聞《ぶん》なし』（子罕《しかん》篇）も、道を聞くことがないということで、（朱註のように）名声が人の耳にとどかないという意味ではない。孔子自身も『（達の内容を、邦《くに》にあっても家にあってもどこにでも名が聞こえわたっていることだと考えた子張に対して）それは聞であって達ではない』（『論語』顔淵篇）といっているように、孔子は、人が名声をあげることなどてんから望んでいないのである」

一〇七　侃《わたくし》はむやみと悔いることが多かった。そこで先生がいう、「悔悟は病を除く薬にはちがいないが、しかしここで大事なのは（過ちを）改めるということだ。もし悔いにとらわれているだけであると、その薬がもとになって別の病がおこる」

一〇八　徳章*がいう、「先生が純金を聖に喩《たと》え、重量を聖人の器量に喩え、精錬を学ぶ者の功夫に喩えられた（第一〇〇条参照）のは、心に深く理解できました。ただ、堯・舜が万鎰《いつ》で孔子は九千鎰とされたあたりが、もう一つ飲みこめないのですが」

先生がいう、「それもまた肉身上の（没理法的な）意念（第一〇二条注参照）からおきた疑問である。だから聖人の重量の多寡にとらわれる。肉身上の意念をはなれれば、堯・舜の万鎰が多いとも孔子の九千鎰が少ないとも、考えない。堯・舜の万鎰はそのまま孔子のものであり、孔子の九千鎰はそのまま堯・舜のもので、もともと彼我の間に違いはなく、だからこそ聖というのだ。要するに純粋であるか否かだけが問題で、多寡は問題ではない。その心が天理に純一である点で同じでさえあれば、ひとしく聖にちがいない。力量や気魄などに個人差があるのは、あるのがもともと当り前ではないか。後儒は、重量の多寡ばかりに気をとられているため、功利に流れてしまうが、もし重量を比較する心をとり除き、各人が自己にあるかぎりの力量や精神をつくして、ひたすらにこの心が天理に純一となるよう功夫につとめたなら、すべての人がおのずから『箇箇に円成《えんじょう》』*し、大なるは大を成し、小なるは小を成し、外に求めずとも、いっさいが自己に具足することとなる。これこそまぎれもなく(『中庸』にいう)『善を明らかにし、身を誠にする』ことである。後世の儒者は聖学の何たるかを理解せず、自己の心地における『良知良能』*にこそ即してこれを体認しまた拡充すべきであるのに、さっぱりそれをわきまえない。それどころか、自分の知らないことを知ろうとのみ求め、あるいはできないことをできるようにとのみ求め、ひたすら高大な地所を希慕し、自分が桀《けつ》・紂《ちゅう》なみの心根《こころね》であるのに、堯・舜の事業をなしとげようとしがちであるが、そんなことがどうしてできよう。終身あくせくと労苦した挙句が老死にしか至らず、結局何が成就されたのかも明らかでないということになるのだが、何と哀れなことよ」

〈徳章〉佐藤一斎は姓を劉とするが、未詳。

〈「箇箇に円成」〉禅家の語で、一人一人が仏性を円満具足しているの意だが、ここでは天理が誰しもに具足充実していることをいう。

〈「良知良能」〉『孟子』尽心上の「人の学ばないで能《よ》くするところのものは、その良能であり、慮《おもんばか》ることなくして知るところのものは良知である」による。この不学不慮は、人間的作為によらず、自然に内からほとばしる、そういう内なる自然のはたらきを示すものとして、陽明は理解しており、「良知」がのちに陽明学の中核の概念とされたのも、おそらくこの不学不慮が概念的に陽明思想に最もぴったりしたからだろう。逆にいえば、この不学不慮こそが陽明学における良知良能――つまり良知――概念を中身づけるものなのである。

一〇九　侃が問う、「先儒は心の静なるありようを（心の）体とし、心の動なるありようを（心の）用としましたが、いかがでしょう」

先生がいう、「心は動静をもって体用とすることはできない。動静は時々の局面にすぎず、体に即していえば、用は体にあり、用に即していえば体は用にある。だから、『体と用は源を一《いっ》にする』（第四六条参照）といわれる。ただもし、静なるときに体を見ることができ、動なるときに用を見ることができる、といういい方をするのなら、それは差し支えない」

一一〇　問う、「（『論語』陽貨篇に『とびきりの賢者とどん尻の凡愚にかぎっては、生来そのまま変わることがない』とありますが）どうしてその両者は変わることができないのですか」

先生がいう、「変わることができないのではなく、ただ変わろうとはしないだけのことだ」

二二　問う、「子夏の門人が交遊について問うたくだり（『論語』子張篇）について、お尋ねします」

先生がいう、「（よい者とは交わり、よくない者は拒め、と述べた）子夏の言は、年少者の交わりについて述べたもので、（賢者を尊ぶとともに凡衆も容《い》れ、善い人をほめるとともにだめな人もあわれむ、と述べた）子張の言は、成人の交わりについて述べたものである。この両方の言は、適用さえ誤らなければ、どちらも正しい」

二三　子仁*が問う、「（『論語』の）『学んで時にこれを習うのは、また説《よろこば》しいことではないか』（学而篇）における『学ぶ』を、先儒（朱子）は、先覚の事跡を『効《なら》う』ことと解しているわけですが、いかがでしょうか」

先生がいう、「『学』とは、人欲を去り天理を存することを学ぶことだ。この人欲を去り天理を存することにさえうちこんでいたら、おのずと先覚の意も正しく汲《く》みとられ、古訓も明らかとなり、また、考察・思索・存養・省察・克己・治身などのもろもろの功夫もおのずからその道を開く。しかしそれらはあくまで、わが心の人欲を去り、わが心の天理を存することの上にあるのであり、もし『先覚の事跡を効《なら》う』といってしまうと、それはただ学の中の一部しか言いあてず、むしろ自己の外にばかり（理を）求めまわることになりかねない。

また『時に習う』について、（朱註は謝上蔡《しやじようさい》の言をひいて、『坐るには尸《かたしろ》の如く「凝然と」し、立つには斎《ものいみ》の如く「静謐に」し、坐った時も立った時も習練を忘れぬこと』としているが、この）『尸の如く』というのは坐り方を習練するのではなく、坐っている時に自己の心を習練することをいい、『斎の如く』というのも立ち方を習練するのではなく、立っている時に自己の心を習練することをいうのである。『説《よろこ》ぶ』は、『理義がわが心を説《よろこ》ばす』（『孟子』告子上）というときの『説《よろこ》（悦）ぶ』と同じで、人の心は本来自然に理義を悦ぶもので、それは目が本来美色を悦び、耳が本来美声を悦ぶのと同様である。ただ人欲に蔽われ妨げられているがために、最初は悦ぶことを知らないでいるのだが、いま人欲さえ日々に除去されれば、理義は日々にあまねくゆきわたり、これを悦ばないなどということはありえなくなる」

〈子仁〉佐藤一斎は、欒恵《らんけい》、浙江省西安の人とするが、馮恩《ふうおん》、字子仁、号南江、江蘇省松江の人、ではなかろうか。

二三　（陳）国英*が問う、「曾子《そうし》が日に三たび省みた（『論語』学而篇）とはまったく真摯《しんし》なことですが、これはきっと（『論語』里仁篇に『吾《わ》が道は一つのことで貫かれている』といわれる）一貫の教えをまだ聞く前の功夫だったのではないでしょうか」

先生がいう、「一貫の教えは、孔子が、曾子がまだ功夫の要所をつかんでいないのを見て教えたものだ。（曾子は、この一貫の教えを聞き『夫子《ふうし》の道は忠恕《ちゅうじょ》なるのみ』と悟ったが、）学ぶ者が、ほんとうに忠恕について功夫につとめることができれば、一貫ならざるはないのである。ここで、一とはいわば樹木の根本であり、（それに）貫（かれたもの）とはいわば樹木の枝葉であり、根を植えることとなしに枝葉が得られるはずはない。『体と用は源を一にする』ものであり（第四六条参照）、体が立つことなしに用が生ずるはずもないのである。いまここのところを（朱註のように）『曾子は用については、すでに事に応じて精察し力行していたが、ただ体が一であることを知らなかった云々』と解するのは、解として不十分だというべきだろう」

〈国英〉陳倫《ちんりん》、字は国英、号は方巌、福建省莆田《ほでん》の人、か。

一四　*黄誠甫《こうせいほ》（黄宗明）が問う、「（孔子が子貢に）『お前と顔回とは孰《いず》れが愈《まさ》っているか』と問うたくだり（『論語』公冶長篇）についてお尋ねします」

先生がいう、「子貢の方は、多学博識のタイプで、その功夫は聞見をひろめることにあり、顔回の方は、自己の心地に功夫を加える人であった。だから聖人は、右の問いを発することによってそのことを子貢に悟らせようとしたのだが、しかし子貢の答えは、（『自分は一をもって二を知り、顔回は一をもって十を知る』と答えるなど）ただ知見のレベルにとどまるのみであった。だからこそ聖人は、(『吾《わ》れと女与《なんじと》は顔回におよばない』と)嘆惜したのであり、(朱註にいうように『吾れは女《なんじ》がおよばないことを与《ゆる》そう』と)許容したのではない」

〈黄誠甫〉黄宗明、字は誠甫、号は致斎。浙江省鄞《きん》の人。正徳九年(一五一四)南京で入門。

二五　「『顔回は怒りを人に遷《うつ》さず、過ちは弐《ふたた》びくりかえさなかった』(『論語』雍也篇)というのは、未発の中がたもたれていてはじめてできることだ」

二六　「樹を植える人は必ずその根を培《つちか》い、徳を植える人は必ずその心を養う。樹の生長を求めるなら、必ずその生育のはじめに、無駄な枝を摘みとらねばならず、徳が盛んになることを求めるなら、必ずその初学のはじめに、ほかへの関心をきりすてることだ。たとえば、ほかに詩文に関心をひかれたりすると、精神は日ましに漏洩して、詩文の方にもっていかれてしまう。他のあらゆるほかごとについて、同じことがいえる」

またいう、「*わたしがここで学を論ずるのは、無のうちに有を生ずる功夫でもある。諸君はぜひこのところを信じて、志を立ててほしい。学ぶ者に少しでも善を成就しようとする志が芽ばえたら、それはいわば樹における種芽にあたる。ただ『助《あせ》らず忘《おこた》らず』(『孟子』公孫丑上)ひたすらそれの培養につとめさえすれば、それは自然と日夜に生長をとげ、生気は日にたくましく、枝葉も日に繁茂するわけだが、その場合、最初の苗木の段階で、無駄な枝をつみとってしまわないと、根や幹はしっかりしたものに育たない。初学の時もこれと全く同じである。だから、志を立てるには、一つのことに専心することが大切なのだ」

〈わたしがここで学を…功夫でもある〉この一句、原文は「我此論学、是無中生有的工夫」。前後からみて、この一句はしっくりしない。陽明は「無」と「有」とのカテゴリーを二別していないことは他の論からも明らかであるから、「有を生ずる」といういい方は、なじめない。強いて考えれば、陽明は「志は、人における命、木における根、水における源」といい、「志の立てられない学は、根のないものに水をやって栽培するようなもの」(以上『示弟立志説』)ともいっていることから、ここは、無志の状態から志が立てられた段階を、水が源からわき、根から幹茎が生ずる発生もしくは発芽のイメージでとらえて、こういったとみられなくもない。

二七 あることから、同門のものに談が及び、誰それの功夫は心身の涵養《かんよう》をこととするものだの、誰それのは知識の蓄積をこととするものだのと話しあっていると、先生がいう。

「もっぱら涵養につとめるものは、日毎にその足りないところが目につき、知識をこととするものは、日毎にその増えたところが目につくものだ。だが、この、日毎に足りないと思うそのところにこそ日毎に増えるものがあるのであり、日毎に増えていると思うそのところに、日毎に足りないものが生じていっているのだ」

二八　*梁日孚《りようにつぷ》が問う、「『居敬*』と『窮理*』とは別々のことであるのに、先生が一つのこととみなされるのは、どうしてですか」

先生がいう、「天地間にはこの一つがあるだけだ、これは断じて二つのことではない。もし万事について（その個別的側面を）述べたてるなら、（『中庸』に）『礼儀の細目は三百、威儀は三千』とあるように、何で二つにとどまるものか。ところできみにうかがうが、居敬とはどういうことで、窮理とはどういうことだと考えるのか」

いう、「居敬とは『存養』のための功夫であり、窮理とは事物の理を窮《きわ》めることです」

いう、「（存養とは）何を存養するのか」

いう、「わが心に天理を存しそれを養うことです」

いう、「とすれば、それは他ならぬ理を窮めることではないか。ところで、きみのいう事物の理を窮めるとは、具体的にどうすることか、ちょっと述べてみたまえ」

いう、「たとえば、親に事《つか》えるときには孝の理を窮めようとし、君に事える時には忠の理を窮めようとつとめること、などです」

いう、「その忠なり孝なりの理は、いったい君や親の側にあるのか、自己の心のうちにあるのか。もし自己の心にあるものなら、何よりもそれはその心の理を窮めることに他なるまい。ついでに聞くが、きみはどういうのを敬というのか」

いう、「何よりも『一を主とする』(程伊川が『一を主とするを敬という』と述べ、以来これは宋学の術語の一つとなった)ことです」

いう、「その『一を主とする』とはどういうことか」

いう、「たとえば書を読むに際しては、一心に書を読み、事に接しては、一心にその事に対処する、などです」

いう、「きみのいうとおりだとすると、酒を飲むときは一心に酒を飲み、色欲にふけるときには一心に色欲にふけることにもなるが、これでは外物を逐《お》いかけるだけのことで、何の居敬の功夫になろう」

(そこで日孚が)教えを請う。

(先生が)いう、「一とは天理のことで、一を主とするとは、一心に天理を志向することだ。もし一を主とすることだけを知って、一とは他ならぬ理のことであるとわきまえなければ、対処すべき事がおこった時にはそれを逐いかけ、事がない時には、『空』に執着してしまおう。事がおこっていようといまいと、一心を天理に向けて功夫につとめる、だから、居敬はそのまま窮理でもあるのだ。窮理に専一するという側面を居敬といい、居敬のうちに精緻《せいち》に明らかにしていく側面を窮理というにすぎない。決して、居敬につとめるのはそれとして、それとは別に窮理する心があるのでもなければ、理を窮めている時とは別に居敬につとめる心があるというのでもない。ただ名称が違うだけで、功夫はあくまでも一つなのである。

たとえば『易経』に『敬によって内を直《なお》くし、義によって外を方《ただ》す』とあるが、ここで敬とは事のない時における義であり、義とは事のおこった時の敬であり、両句は一つのことの両面を説いたものだ。だから、孔子が『己を修めるに敬を以てす』（『論語』憲問篇）といえば、その上さらに義を云々する必要はなかったのであり、孟子が『義を集《つ》む』（『孟子』公孫丑上）といえば、その上に敬を云々する必要はなかったのである。このところさえ会得できれば、あとはどのようない い方をしようと、功夫は結局一つに帰するのである。もし字句に拘泥して本筋のところをわきまえなかったら、たちまち支離滅裂の場に堕《おち》り、功夫もいたずらに空まわりするだけに終わる」

問う、「では窮理がどうしてそのまま『性を尽くす』（『易経』説卦伝）とされるのですか」

いう、「心の本体が性であり、性はそのまま理である。いま仁の理を窮めるには、ひたすら仁について仁を極め、義の理を窮めるには、ひたすら義について義を極めればよいわけだが、仁も義もあくまでわが性に他ならぬのだから、理を窮めることはそのまま性を尽くすことなのだ。たとえば孟子は『その惻隠《そくいん》の心を充たせば、仁はあり余るほどになる』（『孟子』尽心下）と説いているが、これもつまりは窮理の功夫を述べたものに他ならない」

日孚がいう、「先儒（程子・朱子）は、一草一木すべてに理があるから、これを精察せざるべからず（『大学或問』参照）、といっていますが、これはどうでしょうか」

先生がいう、「いわゆる『自分にはその暇がない』（『論語』憲問篇）というやつで、きみはまず何よりも自己の性情をしっかりと理解することだ。『人の性を尽くすことができ』てこそはじめて『物の性（理）を尽くすことができる』（『中庸』）というものだ」

日孚はぎくりとするものがあり、ここに悟るところがあった。

〈梁日孚〉梁焯《りようしやく》、字は日孚、広東省南海の人。正徳十三年（一五一八）以前に入門。

〈「居敬」「窮理」〉「居敬」は『論語』雍也篇に、「窮理」は『易経』説卦伝の「理を窮め、性を尽くし、それによって命に至る」にそれぞれもとづく語だが、宋学では、理にいたるための功夫として、極めて重要な位置を占める語である。敬に居《お》るというのが自己の内面を静謐にして、そこに本来具有の理を見ようとするものであるに対し、理を窮めるというのは事事物物の理をそれぞれに即して見きわめ、その試行の上にやがて全てに貫かれた普遍の理を悟ろうとする、というたてまえ上の違いがあるので、二別視した。

一一九　*惟乾《いけん》が問う、「知がどうして心の本体なのですか」

先生がいう、「知とは理の霊なるはたらきである。（五体五官を）主宰するという（その霊妙なはたらきの）面からは心といい（『心が身を主宰する』というのは、宋学以来の伝統的な考え方である）、（そのはたらきが）天から稟受《ひんじゆ》されたものであるという面からは性という。（『孟子』に）『（慮《おもんぱか》ることなくして知るのは、良知のはたらきであり、）乳幼児でも、その親を愛することを知らないものがなく、（成長すれば）その兄を敬うことを知らないものはない』（尽心上）とあるが、何よりも、このような霊能が、私欲に遮蔽《しゃへい》されることなくとことんまで発揮し尽くされたとき、それが全き本体に他ならず、天地本来のありようとも合致するのだ。ただ、聖人以下のものは、（私欲に）遮蔽されずにいられないから、その『知を致す（発揮する）』ためには『物を格《こと》す《ただ》』ことが必須とされるのだ」

〈惟乾〉冀元亨《きげんこう》、字は惟乾、号は闇斎《あんさい》、湖南省武陵の人。陽明が竜場に流謫《りゅうたく》されている時、蔣道林《しょうどうりん》と出かけていって、弟子となった。

一三〇　*守衡《しゅこう》が問う、『大学』における功夫は、『意を誠にする』ことに集約され、この『意を誠にする』功夫が、他ならぬ格物です。（あの『大学』冒頭の）修身・斉家《せいか》・治国・平天下なども、ただ意を誠にすることによってのみ、果たされます。にもかかわらず、（『大学』には）この上さらに『心を正しくする』功夫が併記されており、『怒ったり喜んだりすることがあると、その正しさが保たれない』と説明されているのは、どうしてでしょうか」

先生がいう、「ここのところは自分で考えて悟ってほしい。ここがわかれば、未発の中《ちゅう》もわかる」

守衡が再三教えを請う。

（先生が）いう、「道を学ぶ功夫には浅深がある。初学の時には、善を好み悪を悪《にく》むということに誠実にとりくまなかったら、どうして善を為し悪を去るということが果たされよう。そしてこのとりくみにおける誠実さが、とりもなおさず意を誠にすることなのだ。しかし、心の本体はもともと*無一物《むいちもつ》であるということをわきまえないで、やたらと善を好み悪を悪むということに執着していると、そこに（好み悪むという）作意分別がつもることになり、『廓然《からり》として大いなる公』（第一〇二条参照）というわけにいかなくなる。『書経』（洪範篇）にいわゆる『好・悪の（分別を）作《おこ》すことがない』という、これがまさしく本体なのだから、『怒ったり喜んだりすると、その正しさが保たれない』と説かれるのだ。心を正しくするというのは、あくまでも意を誠にするその功夫のうちに自己の心の本体を体認し、それが常に『鑑《かがみ》のように明徹で衡《はかり》のように平正である』（朱子『大学或問』）ようにすることで、これがとりもなおさず未発の中なのだ」

〈守衡〉党以平、字は守衡、号は穎東《えいとう》、河南省禹《う》州の人、か。
〈無一物〉六祖慧能《えのう》が、心は「本来無一物」（『六祖壇経』行由第一）であると喝破したことはつとに有名だが、ここは明らかにそれをうけている。ただし陽明の無一物が真空ではなく天理の完全具現と表裏であることはくりかえすまでもなかろう。ここに即していえば、善悪などの分別をいっさい撥無《はつむ》し、自己の本来面目、すなわち明鏡そのものでもある心の本体（理）をあらわにすることをいう。

三　*正之《せいし》が問う、「(『中庸』の『睹《み》えないところにも戒め慎み、聞こえないところにも恐れ懼《つつし》む』における)『戒・懼』とは、自分の識知をこえた場にむけての功夫で、(その後文の『隠しだてすることほど見《あらわ》れることはなく、微《かそ》やかにするほど顕《あき》らかになることはない。だから君子は独りでいる時を慎む』における)『慎独』とは、自分ひとりに識知されたことについての功夫である、と説かれていますが、これはどうでしょうか」

先生がいう、「それらはあくまでも一つの功夫だ。(対処すべき)事がな(くて行為に及んでいな)いときには、もちろん(その自分の内面は)自分ひとりにしか識知されないが、事がおき(て行為をおこし)ているときにも、やはりそれは同じことである。人がもし、この自分ひとりにしか識知されない、その地所にむけて意を注がないで、ただ、皆に共通に識知されているところにのみ功夫を注ぐとしたら、それは作為的になされたという点で偽りである。つまりそれが『(小人は)君子を見ると厭然《えんぜん》と(恥じ、自己の不善をかくしだて)』(『大学』)するというものだ。

この自分ひとりにしか識知されない、そこにこそ、誠は芽生えるのであり、それが善念であるにせよ悪念であるにせよ、そこには全く虚偽がない。一つ正しければ全てが正しい方に向い、一つまちがえれば全てがまちがうというふうで、まさにここにこそ、王と覇、義と利、誠と偽、善と悪の分岐点がある。だから一たびここに正しく定立したならば、それは本源を直く清澄《せいちょう》にするもので、つまりそれが誠を立てることである。古人が身を誠にせんと試みた多くの功夫の真髄の全ては、まさにここにこそあった。まことにこれ以上に『見《あらわ》れることはなく、顕《あき》らかになることはない』のであり、いついかなる時にも、不断になさるべきものがここの功夫なのである。いまもし、戒・懼だけを別にして、これを自分の識知をこえたところのこととしてしまうと、功夫はたちまち支離に流れ間断をまぬかれない。第一、戒・懼という以上、もはやそれは自己にそれと認識されているのであり、にもかかわらず自分が識知できないとしたら、いったい誰が戒め懼《つつし》むのであるか。そんな考え方をしていると、きっと断滅禅定《ぜんじょう》*の見《けん》に陥没してしまうだろう」

いう、「善念であれ悪念であれ、そこには全く虚偽がないとすれば、その自己にしか識知されないところには、念のない時はないのでしょうか」

いう、「戒・懼もまた念だ。戒・懼の念がやむことがあってはならない。戒・懼の心がしばらくでも消えるとすれば、それは昏迷《こんめい》のうちにあるか、さもなければもはや悪念に没入してしまっているのだ。朝から晩まで、若年から老年に至るまで、もし無念を求めるだけであったら、これこそ正真正銘の識知なしというやつで、それはただ昏睡であり枯木死灰（第四〇条参照）であるにすぎない」

〈正之〉黄弘綱（一四九二〜一五六一）字は正之、洛村《らくそん》先生と称せられる。江西省雩都《うと》の人。正徳十一年（一五一六）、陽明が江西に叛乱の征討に赴いた時からの弟子。

〈断滅禅定〉自己の知覚を無にして寂滅をめざす小乗の境地。

三二　志道*が問う、「荀子《じゅんし》は『心を養うには誠より善いものはない』（『荀子』不苟篇《ふこう》）といい、先儒（程明道）はこれを非としていいます（『二程全書』巻二）。どういうわけでしょう」

先生がいう、「これはそうたやすく非とすることはできない。ここの『誠』というのを功夫の内容と考えているむきもあるが、この『誠』とは心の本体をいうのであり、その本体に復《かえ》ろうとするのが、『誠を思う』（『孟子』離婁上）功夫に他ならない。程明道が『誠敬によって（仁の理を）存す』（『二程全書』巻二）というのもその意味である。『大学』に『その心を正しくしようと欲すれば、まずその意を誠にする』とあるのもそうだ。荀子の言には元来欠陥が多いが、しかし一から十まで誤りであるとあげつらうことはできない。およそ人の言を見る場合、あらかじめ先入観をもって臨むと不都合がおこる。例えば孟子は『富を図ると仁でなくなる』（『孟子』滕文公上）という言葉を引用しているが、これは（『論語』陽貨篇で、孔子からよからずとされた）あの陽虎の言葉を取りあげたものだ。これからしても、聖賢の心が大公であることが見てとれよう」

〈志道〉詳細未詳。

三三　*蕭恵《しょうけい》が問う、「己私*が克服しがたいのは、どうしたらよいでしょうか」

先生がいう、「きみのその己私をもってきたまえ、きみに代わって克服してあげよう」

先生がまたいう、「人には『己れの為にする（自己の向上を志す）』（『論語』憲問篇）心があってこそはじめて『己れに克《か》つ』（同上、顔淵篇）こともでき、己れに克つことができるからこそ、『己れを（完）成す（る）』（『中庸』）ことができる」

蕭恵がいう、「わたくしも大いに自己の向上を志す心をもっているつもりですが、どういうわけか己れに克つことができません」

先生がいう、「きみにおけるその自己向上の心とはどういうものか、ちょっといってみたまえ」

恵が長い沈黙ののちにいう、「わたくしも、ひたすらに価値ある人間になりたいと心がけており、それで自分にも大いに自己向上の心があると思っておりました。しかし、いま改めて考えなおしてみますと、結局、それは肉身的自己（原文『軀殻的己』、第一〇二条注参照）の向上にすぎず、真なる自己（原文『真己』）を向上させることでは決してなかったようです」

先生がいう、「真なる自己が何で肉身をはなれてありうるのか。多分きみは、その肉身的自己の向上すら計ってこなかったにちがいない。おうかがいするが、きみのいわゆる肉身的自己とは、耳目口鼻四肢をいうのだろう」

恵がいう、「その通りです。この目が（美）色を求め、耳は（美）声を求め、口は（美）味を求め、四肢は逸楽を求めるというふうであるため、克つことができないのです」

先生がいう、『美色は人の目を見えなくし、美声は人の耳を聞こえなくし、美味は人の口を麻痺させ、騎馬狩猟は人の心を狂わせる』（『老子』第一二章にもとづく）というが、これらは全てきみの耳目口鼻四肢を害《そこ》なうもので、決してきみのそれらを向上させうるものではない。もし耳目口鼻四肢の向上を計るのなら、まず耳がどのように聴き、目がどのように視《み》、口がどのようにいい、四肢がどのように動くかを熟思しなくてはならない。その場合、必ず『礼にそうのでなければ視たり聴いたり言ったり動いたりはしない』（『論語』顔淵篇）というふうであってこそ、はじめて耳目口鼻四肢はそのはたらきを全《まっと》うするのであり、かくてこそはじめて耳目口鼻四肢の向上たりうるのだ。いまきみが、終日(自己の)外にあるものを逐《お》いかけ求め、名利のために図っているとしたら、それらはすべて肉身の外の事である。

ところで、きみがもし耳目口鼻四肢の向上を計り、礼にそうのでなければ視聴言動すまいと考えたとして、ではその時、きみの耳目口鼻四肢が、みずから視聴言動のはたらきをとめることがいったいできるであろうか。いや、(それができるとしたら)それは必ずきみの心のはたらきによるのである。つまり視聴言動とはすべてきみの心よりするものだ。視ようとするきみの心が目に通じ、聴こうとする心が耳に通じ、いおうとする心が口に通じ、動こうとする心が四肢に通ずるのだ。もしきみに心*がなかったら、耳目口鼻はないのと同じになる。しかもここにいうきみの心とは、単に生理上の器官をさしていうのではない。もしそれが生理的器官にすぎないなら、死んでしまった人にもまだその器官はあるのだから、死者も当然それによって視聴言動できるということになってしまおう。(死者にはできない)その視聴言動を可能にしているものこそ、ここにいうきみの心でないのか。そしてそれが他ならぬ性であり天理でもある。この性があればこそ、はじめて性における生の理を生ずることができ、それ(生の理)が他ならぬ仁でもある。この性における生の理が目にはたらいて人は視ることができ、耳にはたらいて聴くことができ、口にはたらいていうことができ、四肢にはたらいて動くことができるのだが、それらは要するに天理が発動しているのであり、それが一身を主宰するものでもあるから、(その主宰という面をとらえて)それを心というのだ。ここでその心の本体は、元来天理以外の何ものでもないのであり、だからもともと礼にあらざるはない。そしてそれ(心の本体)こそがきみにおける真なる自己であり、それが肉身を主宰もする。だからもし真なる自己というものがなければ、肉身(的自己)もありえないのだ。まことにこれあることによって生き、これなくしてはたちまちに死ぬのである。きみがもし例の肉身的自己とかの向上を計るのなら、まず何よりもこの真なる自己を心せねばならない。つまり常にその真なる自己の本体を保持しつづけ、『睹《み》えないところにも戒め慎み、聞こえないところにも恐れ懼《つつし》む』(第一二一条参照)ようにし、その本体をいささかも毀損《きそん》しないように心がけねばならない。ほんの少しでも『礼にそわない』ものが萌《きざ》したときには、あたかも刀に切りこまれ針に刺されてその痛みに耐えきれず、何が何でもその刀や針を抜きとってしまうように

（それを除去）する、これでこそ（冒頭にもいったように）、『己れの為にする（自己の向上を志す）』心があってはじめて『己れに克つ』ことができる、というものだ。いまのきみはまさしく『賊を子供と見なす』（仏典上の慣用句の一つ。虚妄なものを真実と見あやまること）ものだ。自己の向上を志す心がありながら、しかも己れに克つことができないなどと、血迷ったことをいうものではない」

〈蕭恵〉詳細未詳。このあと第一二五条の問答は、正徳九年（一五一四）、蕭恵が王嘉秀とともに、その仙仏への傾斜をたしなめられた時のものである。

〈己私〉後出の『己れに克《か》つ』の「己れ」を宋代では「己私」または「私欲」と解している。「己私」は、自己における非天理的要素をいう。ついでにいえば、ここの「己れ」に対する宋学流のこういう解釈は、その後明末から清朝中葉までの間にじょじょに修正され、「克己」とは自己を克《よ》く生かすことだという解釈が強く出てきたりする。つまり、天理は自己否定的な規範として措定されるのではなく、自己の実存を肯定的に生かす生生の条理としてとらえかえされていくのだが、そういう動きは陽明思想にすでに胚胎《はいたい》しており、ここの問答にもそのきざしはみてとれる。

〈きみのその己私…克服してあげよう〉禅家の問答の代表的パターンの一つ。「罪を懺悔《さんげ》する道を教えて下さい」「お前のその罪をもってこい。お前に代わって懺悔してやる」「形のないものをどうやってとりだしますか」「お前に代わって懺悔をしおわったぞ」（『伝灯録』巻三）など。「罪」とか「懺悔」とかの観念に繋縛《けいばく》されるその分別が罪そのもので、その分別を捨てれば「罪」から自由となり、真空自在の境地に立てると教える。陽明のここの切り返しは、右の発想をふまえつつ、しかし仏教的空観への志向をはらい、そこに天理への志向をおきかえたものである。つまり、単に「己私」への分別を捨てろというのみではなく、天理を十全に発現することこそが第一義で、それが「己私」に克つことだというのである。

〈器官〉原文は「一塊血肉」および後出のそれは「一団血肉」。いわゆる「肺肝五臓の心」（『朱子語類』巻五）つまり胸部の臓腑をいう。なお朱子にも「心は這《こ》の一塊ではない」（同上）という語があり、主旨は同じである。

一三四　ある学人が目を病み、すっかり憂苦に沈んでいた。
先生がいう、「なんときみは、目を大切にするあまり、心を粗略にしている」

一三五　蕭恵は老荘や仏教を好んだ。先生がこれに警告していう、「わたしも若い頃から（陽明年譜によれば、十七歳から三十一歳まで）老・仏の二氏に熱中し、すでに会得するところありと自分でも思い、儒は学ぶに足りないとまで考えていた。その後、辺境の貴州に居ること三年、やがて聖人の学がいかに簡易かつ広大であるかを悟り、はじめてそれまでの三十年間、何と精力を無駄に費消していたことかと慨嘆し後悔した。だいたい二氏の学は、深遠であるという点では聖人の学とほとんど毛ほどの差もあるかないかである。だが、いまきみが学んでいるものはといえば、その『*土苴《かす》』でしかなく、にもかかわらず、それほどに自ら信じまたうちこんでいるというのは、実に『梟《ふくろう》が腐った鼠を後生大事に守っている』（『荘子』秋水篇参照）というものではないか」

恵が二氏の学の深遠なところについて教えを請うた。

先生がいう、「さっききみに聖人の学は簡易かつ広大だと話したのに、何ときみはそのわたしの悟ったところを尋ねないで、わたしが後悔したところだけを尋ねるのか」

恵は慚《は》じいって謝り、改めて聖人の学について教えを請うた。

先生がいう、「とにかくきみは、世上に生きる人間として、まずきみ自身世間的になすべきことをなしおおせてから、質問することだ。きみがそれをなしおおせた上で、真に聖人になろうとする心をはっきり身につけてから、お話ししよう」

恵は再三請うた。

先生がいう、「いまの一句でいい尽くした。きみがまだそれを理解しないだけだ」

〈「土苴」〉『荘子』譲王篇に「道の真なるものによって身を治め、その余りのまたその土苴《かす》で云々」とあるによる。

二六　劉観時*が問う、「未発の中とはどのようなものですか」

先生がいう、「きみはただ、『睹《み》えないところにも戒め慎み、聞こえないところにも恐れ懼《つつし》む』（『中庸』）ようにし、この心が純全に天理であるようにしたら、その時それは自然とあらわれる」

観時が、その時の模様を略示してほしいと請うた。

先生がいう、「*口のきけない人が苦い瓜を食べても、きみにそれを説明することはできない。きみがその苦さを知りたかったら、やはり自分で食べてみることだ」

その時、徐愛が傍らに居あわせて、いう、「そうしてこそ、真に知るということ、そしてそのままそれは行なうということですね」

同じくその時、同席していた諸友はみな悟るところがあった。


〈劉観時〉詳細未詳。陽明が竜場の謫居《たくきょ》の頃からの弟子である。

〈口のきけない人が苦い瓜を食べ…〉禅語で、妙理が口に説きようのないことをいう。『碧巌録』第三則などに見える。

一二七　蕭恵が問う、「*死生の道についてお尋ねします」
先生がいう、「昼夜を知ることが、そのまま死生を知ることだ」

問う、「では昼夜の道とはどんなものですか」

いう、「昼を知れば夜を知ることができる」

いう、「昼にも知ることができないものが、いったいあるのでしょうか」

先生がいう、「きみはそれで昼を知っているといえるのか。ぼんやりと起きだし、ごそごそと食べ、『行なって著《あき》らかでなく、習って察《つまび》らかでない』（『孟子』尽心上）という具合に、一日中もうろうとしているなどは、要するに昼を夢みているだけだ。『（昼にも力を尽くし、宵にも力を尽くし）一息《ひといき》の間にも、一瞬《ひとまばた》きの間にも、存養に心がけ』（張載『正蒙』有徳篇）て、この心が澄明《ちょうめい》に透徹し、天理が一瞬の間断なく具現している、というふうであってはじめて昼を知っているといえる。そしてこれが天の本来のはたらきに他ならず、また『昼夜の道に通じて知る』（『易経』繫辞上伝）ことに他ならない。（ここを知れば）それ以上何の死生を云々する必要があろう」

〈死生の道〉『論語』先進篇の「生もわからないのにどうして死がわかろう」に対して、『四書集註』では程子の「昼夜は死生の道である。生の道を知れば死の道を知ることができる」の語を引注している。

一二八　馬子莘《ばししん》が問う、「（『中庸』の）『道を修める、これを教えという』について旧説は、聖人が、人が性として固有しているものに即して『段階をつけ、（それぞれなすべきことを）法として天下に示した、（それを教えといい、）それが礼楽刑政などである』（朱子『中庸章句』）と説いていますが、これはいかがでしょうか」

先生がいう、「道はそのまま性であり、またそれはそのまま命でもあり、本来完全無欠のものであって、増減もされず、修飾も必要としない。聖人が段階をつけたりする必要はさらになく、そんな不完全なものではない。礼楽刑政は天下を治める場合の法たるもので、もとよりこれを教えということはできるが、しかしそれは子思（孔子の孫、『中庸』の作者とされている）の本旨ではない。もし先儒の説のとおりだとしたら、この文のあと、『教え』から（次段の）『道』につづく箇所に、どうしていわゆる聖人の礼楽刑政の教えを述説しないで、そのままそれとは関係のない『戒慎・恐懼』の功夫を説きだしているのか。これではまるで聖人の教えは絵空事にならないか」

子莘がそこのところについて教えを乞う。

先生がいう、「（『天の命ずるこれを性といい、性に率《したが》うこれを道といい、道を修めるこれを教えという』ときの）子思の性・道・教は、ともに本源的なところを説いたもので、天が人に命として賦与したのだから、その命はそのまま性でもあり、その性に率《したが》って行なうのだから、性はそのまま道であり、その道を修めようと学ぶのだから、道はそのまま教えでもある、ということだ。ここで『性に率《したが》う』とは、（同じく『中庸』の『誠なるものが天の道である。……勉《つと》めずして中《あた》り、思わずして得、従容《しょうよう》として道に中《あた》る』とある）『誠なるもの』云々のことで、いわゆる『誠であることによって明らかになる、これを性という』（『中庸』）にあたる。また『道を修める』とは、（『中庸』の『誠であるようにするのは人の道である』というときの）『誠であるようにする云々』のことで、いわゆる『明らかであることによって誠となる、これを教えという』（同上）にあたる。

聖人は性のままに率《したが》って行なう、それがそのまま道であるが、聖人以下のものは、そういうわけにはいかず、過不及を免れないので、だから、『道を修め』なければならない。道を修めれば、『賢者や知者が過ぎたり、愚者や不肖の者が及ばなかったりする』（『中庸』）こともなくなる。また、すべての人がこの道に循《したが》わざるをえないことから、道はつまり教えということにもなるが、ここの『教え』という語は『天道は至なる教え』（『礼記』礼器篇）、『風雨霜露、教えでないものはない』（同上、孔子閒居《かんきょ》篇）などというときの教えと同じである。また『道を修める』というのは、『道を修めるには仁をもってす』（『中庸』）というときの『修める』と同じ（く修得の意味）である。（朱子のいう、段階づけるの意味ではない。）

人がよく道を修め、その結果、道に違《たが》うこともなく、かくてその性の本体に復《かえ》ったならば、これこそ聖人率性の道に他ならない。以下、後文の『戒慎・恐懼』のくだりは、道を修める功夫についていうもので、そのあとの『中・和』のくだりは、性の本体に復することをいう。つまり『易経』にいわゆる『理を窮《きわ》め、性を尽くし、それによって（天）命に至る』（説卦伝）ことで、（『中庸』の）『中和を実現して、天地の秩序を正しくし、万物も生育する』が、とりもなおさず、この性を尽くし命に至ることでもある」

一三九　黄誠甫が問う、「先儒（朱子）は、顔回が国を治める道を問うたのに対する孔子の答え（『論語』衛霊公篇）は『万世に絶えることなく行なわれる道である』（『四書集註』）としています。いかがでしょうか」

先生がいう、「顔回は聖人の全てを具《そな》えた人で、国を治める大本のところも、すでに余すところなく身に具えていた。孔子は平素からそのことを熟知していたから、今さら話す必要を感じなかった。そこでただ(『夏《か》の暦、殷《いん》の輅車《ろしゃ》、周の冕冠《べんかん》、舜《しゅん》の音楽』など)制度や文物の名を挙げるにとどめたのであるが、しかし、それらも粗略にしていいというわけではなく、それらを遵守してはじめて善も尽くされるのだから、自己の本来的なもちまえが正しいからといって、そのもちまえを守ることに手ぬかりがあってはならない。たとえば(孔子が右の答えの中で斥《しりぞ》けるべきものとした)鄭《てい》の音楽や佞人《ねいじん》はやはり斥けあるいは遠ざけねばならない。

思うに顔子は、己れにも克ち内面の徳性の涵養にもつとめた人であったから、孔子はむしろその外面末節のところが却《かえ》って疎略になるのを恐れ、その故に、彼の足りないところを助け補おうとしてそのように説いたのだ。もしこれが別の人であったら、さしずめ『政治のよしあしは人がえられるか否かにある。人をえるには(君主自身の)身を修めるべきであり、身を修めるには道を行なうことだ』とか、(君臣・父子・夫婦・兄弟・朋友の交わりの間にある五つの)『達道《あまねきみち》』や(身を修め、賢を尊び、親に親しみ、大臣を敬い、群臣を体し、庶民を子み、百工を来《ねぎら》い、遠人を柔《なつ》かせ、諸侯を懐《やす》んずる、などの)『九つの経《のり》』および『身を誠にする』(以上、『中庸』)などのさまざまの功夫を説いたにちがいない。実際、これらをなしとげてこそ、はじめて『万世に絶えることなく行なわれる道』といえる。そのことをわきまえず、いたずらに夏の暦法を実施し、殷の輅車に乗り、周の冕冠をかむり、舜の音楽を奏でてみたところで、いったいそれで天下を治めうるというのか。後人はただ顔子が孔門の第一人者であることから、国を治める道についてのその問答を、そのまま天下の大事と思いこんでしまったのである」

一三〇　蔡希淵《さいきえん》が問う、「朱文公が改編した『大学』の新本は、格物致知の章を先にし、誠意の功夫を後にしており、むしろこれは首章の順序とも合致するかに思われます。いま、先生と同じく古本の方に従うとしますと、誠意は逆に格物致知の前にくることになります。ここのところがどうも釈然としないのですが（第一条注参照）」

先生がいう、「『大学』の功夫は、『明徳を明らかにする』ことにつき、『明徳を明らかにする』には、何よりも『意を誠にする』ほかなく、この『意を誠にする』功夫が、他ならぬ格物致知なのである。意を誠にすることを主体とし、それにもとづいて格物致知の功夫につとめたなら、功夫がわき道にそれたりすることもない。善を為し悪を去るなどは、意を誠にすること以外のなにものでもない。新本のように、まず事物の理を窮め、それに格《いた》ることを第一にしてしまうと、まったく茫茫漠漠としてしまって結着するところがない。そこでやむなく『敬』の語を添加して（朱子が『大学或問』で『敬』を聖学の要としたことをさす）、やっと身心の方に（功夫を）ひきよせることができたのだが、しかし結局そこには根源となるものがない。かりにこのように『敬』の字を添加すべきだとしたら、いったいそれでは、どうして孔門の先賢たちはそのように最重要の語を脱落させたまま、千余年の後にそれが補塡《ほてん》されるまで放っておいたのか。

これはまさしく、意を誠にすることこそが主体であり、敬の字を添加する必要はさらになかったということで、だから、(『大学』は)とくに意を誠にすることを挙げて説いているのである。ここここそが学の最も肝要なところであり、ここを明察しなければ、まことにいわゆる『はじめの毫釐《けほど》の差も、やがて後には千里の違いとなる』というものである。だいたい、『中庸』の功夫は、あくまでも『身を誠にする』ことにあり、この身を誠にした窮極が、他ならぬ『至誠』である。一方『大学』の功夫はあくまでも『意を誠にする』ことにあり、その意を誠にした窮極が、他ならぬ『至善』である。両者の功夫は結局同じである。いまこっちには『敬』の語を補い、あっちには『誠』の語を補うなどというのは、蛇を画《えが》くのに足をつけるようなものだ」

〔右、門人薛侃録す〕*

〈右、門人薛侃録す〉正中書局本にはこうした付記があるが、三輪執斎本には「右、尚謙(薛侃)の録するところ、凡《すべ》て三十五条」とある。

伝習録　中巻

徳洪*（銭寛）いう。

以前に（同門の）南元善*（南大吉）が浙江《せっこう》で『伝習録』を翻刻したが、それは（上下）二冊本で、下冊の方は先師（陽明）の書翰八篇を採録したものである。そのうち徐成之《じょせいし》に答えた書翰二篇については、わが師みずから、「朱子を是《ぜ》とし陸象山《りくしょうざん》を非とする論が世間に定着してすでに久しいものがあり、一朝にこれをくつがえすことは困難だから、しばらくこの二篇において、両者ともに可であるという中間の立場をとり、結論は読む人自身の判断にゆだねた」と述べておられるが、元善がこれを下冊の冒頭に収めたのは、先生の右のお考えに従ったからであろう。

今では朱・陸の是非は天下につとに明らかになっている。かつてわたくしが先師の文録を翻刻した折、この二篇を外集の方にまわしたのは、もはやそれの使命が終わったということをはっきりさせたかったからだが、それと同じ理由で今回は両者とも再録しなかった。

それ以外の、「人の学を論ずるに答えるの書」（「顧東橋《ことうきょう》に答えるの書」のこと）や、周道通《しゅうどうつう》・陸清伯《りくせいはく》（陸澄《ちょう》）・欧陽崇一《おうようすういつ》らに答えた書翰四篇などのように、知行の本体を余すところなく提示したもの、また羅整庵《らせいあん》に答えた書翰のように、格物こそが学ぶ者の功夫の日々に実見される場であると詳述されたものなどは、すべてそのまま再録した。先生は平素から、世間の非難や迫害をものともせず、万死はしても一生《いっせい》は難《かた》いというほどの困苦のうちを、息つく間もなく講学にいそしみ、ただただ、吾人がこの道を忘れて功利機略に溺《おぼ》れ、日ごとに夷狄禽獣《いてききんじゅう》の類に堕落しながらしかもそれを自覚しない、ということのないよう、それだけを心がけておられ、その万物一体の心によって、終身そのことを説いてやまず、斃《たお》れてのちはじめてやむという次第であった。これは、孔子・孟子以来の聖賢がひとしく辛酸を嘗《な》めてきたことで、門人子弟といえども、先生のその真情はとても理解しつくせるものでなかった。いまその真情は、聶文《じょうぶん》蔚《い》（聶豹《ひょう》）に答えた最初の書翰に最も精細にうかがえ、これを元善の採録の旧に従ってそのまま再録した。さらに、文蔚宛の第二の書翰では、「必ずこととしてつとめよ」（『孟子』公孫丑上）の語が、これこそ良知を致す功夫であるとして開示され、それが明白簡切、なに人にも言下に実得できるものであることが明らかにされているので、今回はそれを増録することにした。元善の当時は、（先生の説に）論議が紛々《ふんぷん》として争論も激しかったが、（元善は）にもかかわらず身を賭《と》して先生の道を明示し、結局、奸言《かんげん》によって排斥される羽目となった。しかし彼は悠然とこれに身を処し、ただ生きてこの学を聞くことができたことを喜びとし、いささかも憤懣鬱屈《ふんまんうっくつ》に心が乱されることがなかった。彼の翻刻に対して、人はその同志に対する功績の甚大であることを見るが、彼が当時、いかに艱難《かんなん》と闘っていたかについては、知らない。いま、彼の採録したものを取捨するにあたり、時宜に応じてその裁断を下したとはいえ、原形をそこなったことに対しては忍びがたきを禁じえない。

〈徳洪〉（一四九六〜一五七四）姓は銭、名は寛、徳洪は字《あざな》。のちにこの徳洪を名とした。よって字を洪甫《こうほ》とし、号は緒山《しょざん》。浙江省余姚《よよう》、つまり陽明と同郷の人である。その晩年に弾劾により獄につながれたりしている。野《や》にあること三十年、学を講じない日はなかった。すでに若い頃に陽明の学に接してそれにひかれていたが、やっと正徳十六年（一五二一）になって、陽明が余姚に帰省した機会に、陽明の学を疑う故老を説得し、同郷の人士七十四人をひきつれて、大挙入門した。その五年後には、王竜渓とともに、初めて入門に及ぶものをまず二人で指導するよう、陽明から委託されている。陽明没後、率先してその年譜を作ったのをはじめ、陽明刊行書の校訂は全てこの人の手を経ているといわれる。

〈南元善〉南大吉（一四八七〜一五四一）、字は元善、号は瑞泉。陝西省渭南《せんせいいなん》の人。嘉靖三年（一五二四）陽明が郷里の余姚で学を講じている頃、たまたま余姚の郡守であったのがきっかけで入門した。南元善が『伝習録』を刊行したのはこの年の十月のことである。『伝習録』は初め薛侃《せっかん》が正徳十三年（一五一八）に刊行したが、元善は、これに五巻を増補して再刊したのである。

顧東橋に答えるの書*

貴翰にいう、「近来、学ぶ者は努力を自己の外に向け、自己の内面をおろそかにしており、及ぶところは博《ひろ》いが、要所に欠けるものがある。そのため先生は特に『意を誠にする』(『大学』)の一義を提唱して、その病根に鍼《はり》を入れられたわけですが、これは実にありがたいことです」と。

貴君は近時の弊害をこのように洞察しておられるのだが、ではどのようにしてこれを救済しようとなさるのか、といえば、それについてわたしのいいたいところは、貴君がすでに一句でいい尽くしておられるので、今さら何をいうべきか、何もいうことはない。その、意を誠にするの説こそは、もともと人が功夫する場合の第一義のこととして聖門が教えていることです。ただ、にもかかわらず近世の学ぶ者がそれを第二義にみなしているため、いささかその重要性を提起してみたまでで、わたしが特に提唱したというわけではないのです。

〈顧東橋〉(一四七六~一五四五) 姓は顧、名は璘《りん》、字は華玉、号は東橋居士《こじ》。江蘇省上元の人。その詩才によって金陵(南京)の四傑の一人といわれた。浙江省に左布政使として赴任したので、その折に陽明との接触があったのかもしれない。

また貴翰にいう、「ただ、先生の立論が余りに高遠である一方、その功夫は余りに短急であるため、後進のものに伝授する際、その本質を捉えそこね、仏家の明心・見性《けんしょう》・定慧《じょうえ》・頓悟などの機妙のうちにはまりこみがちです。人が先生の所論に疑いをいだくのも当然でありましょう」と。

わたしの格物・致知・誠意・正心に関する説は、学ぶ者の本来的な心にもとづいて、日常的な事柄のうちに体究実践し、実地の功夫をつもうとするもので、ここには少なからぬ段階や積み重ねが必須とされており、実質のない頓悟の説とはまさに正反対なのです。聖人たらんとの志がもともとなく、またわたしの所論の詳細を究明してもみない人が、わたしの所論に疑いを抱くのは、むしろ当然でしょう。しかし、貴君ほどに高明なら、もちろん一語の下に瞭然と理解されるはずのところ。にもかかわらず、立論が余りに高遠の、功夫が余りに短急のとおっしゃるのは、どういうことですか。

貴翰にいう、「先生のお教えの『知と行は同時に並行して進むもので、時間的先後においてとらえるべきでない』とは、つまり『中庸』の『徳性を尊び問学に道《よ》る』の功夫をいうもので、こもごも内に養いかつ外に発し、内外本末ともに一によって貫くの道であります。しかし、その功夫の段階には先後の差がないわけにはいきません。たとえば、食物と知ればこそ食べ、スープと知ればこそ飲み、衣と知ればこそ着、路と知ればこそ行くなどからわかるように、その物を知見せぬうちに先にその事柄が生起するということはないのです。とはいえこの先後関係は、ほとんど一刹那《せつな》の差異でしかなく、今日知って明日行なうなどといった段落があるというのではありません」と。

すでに、こもごも内に養いかつ外に発し、内外本末ともに一によって貫くという以上、知と行が同時並行的に進むことは、もはや疑う余地のないことです。にもかかわらずまた、功夫の段階に先後の差がないわけにいかないというのは、自己矛盾というものではないだろうか。食物と知ればこそ食べる云々の説は、これこそ最も明白な証拠であるものを、ただ近頃の流説に惑わされて、その真意を貴君が了察しないだけのことです。なるほど、人は食べたいと欲する心があってはじめて食物を知る。ここで食べたいと欲する心はつまり意であり、それがつまり行の始《もと》（上巻第五条参照）に他ならないのだが、この場合、味の美悪は、口に入ってはじめて知るのであり、口に入る前に味の美悪を知ることなど、どうしてありえよう。また、行きたいと欲する心があってはじめて路を知る。ここで行きたいと欲する心はつまり意であり、これがつまり行の始《もと》に他ならないのだが、この場合も路の険坦はみずからの足で踏歩してはじめて知るのであって、みずから踏歩する前に路の険坦を知ることなど、ありえない。スープと知って飲み、衣と知って着るなども、右の例にならえば、すべて明白となろう。貴君のように(それを段階的に)考えることこそ、その物を知見せぬうちにその事柄が先に生起する、というものです。そのくせ貴君はまた、それは一刹那の差異でしかなく、今日知って明日行なうといったような截然《せつぜん》とした段落があるというのではない、といわれるわけだが、(これが段落の僅少《きんしよう》さをいうものとしたら、)これも考察がまだ不十分というほかない。しかし、貴君の説を額面通りにうけとるならば、知行が合一かつ同時並進的なものであることが、そこからも明々白々なものになるのです。

貴翰にいう、「先生が『真の知とは、行ないとなってこそそのものであり、行なわなければ知というに値しない』とおっしゃったのは、これは学ぶ者のために応急になされた立言で、彼らがこれによって実践躬行《きゆうこう》に努めるかぎり、これはこれでいいでしょうが、しかし、もしほんとうに行ないがそのまま知であると決めてしまうと、恐らくは、自己の本心を求めることのみに熱中して、事物の理をなおざりにし、必ずどこかに暗所が生じ、迷いこみましょう。いったい、これが儒門正統における知行並進の定法《じようほう》でありえましょうか」と。

知が、（心の本体において）真切篤実に発現する、そのところがとりもなおさず行ないであり、行ないが、澄明な自覚と精察において機能する、そのところがとりもなおさず知であり、知と行の功夫は、もともと不可分のものです。ただ、後世の学ぶ者が、それを二分してそれぞれの功夫を別個のものとし、それによって知行の本来的なあり方を喪失してしまったため、合一とか並進とかの説が提起されざるをえなかったわけです。真の知とは行ないとなってこそのものであり、行なわなければ知というに値しない——ということは、貴翰にいうところの食物と知ってこそ食べる云々の説からも明らかなことで、これについてはすでに略言したとおりです。これは確かに応急に病弊を救わんがために発言したことだが、しかし、知行の本来的あり方とはもともとこのようなものであって、決してわたしが私見をもとに手加減を加え、一時しのぎの理屈をこねて当座の効果をねらった、というものではないのです。

また、本心を求めることのみに熱中して事物の理をなおざりにする、といわれるが、これはまさにその本心を見失ってしまったからこそそうなるのではありませんか。そもそも、事物の理はわが心をおいてなく、わが心をおいてほかに事物の理を求めても、事物の理は、ない。いま、事物の理をなおざりにしてわが心を求めるとして、ではこの時、そのわが心とはいったいなにものなのですか。心の本体が性であり、性はそのまま理であります。だから、親に孝たらんとする心があれば、同時に孝の理がそこにあるのであり、その心がなければ、孝の理もない。君に忠たらんとする心があれば、同時に忠の理があり、その心がないなら、同時に忠の理もない。理が、どうしてわが心をおいて外にありえましょうか。

朱晦庵《しゅかいあん》（朱子）は「人が学をなすのは、心と理による。心は一身を主宰するといえ、その実は、天下の理を管轄しており、理は万事万物に散在しているとはいえ、その実は、一人の心のうちに包摂されている」（『大学或問』）と述べていますが、この、心と理とを分けたり合わせたりするそのところにこそ学ぶ者が心と理を二別する病弊が胚胎しているのです。後世の、本心を求めることに熱中して事物の理をなおざりにするとやらいう疾患は、実にここに発生するのであり、心がそのまま理であることを知らない、それを第一因とするものなのです。

そもそも、心をおいて外に事物の理を求めるからこそ、暗所も生じ迷いもする。これは告子の義外の説（義の内容は対象のあり方によってきめられるとする説。『孟子』告子上）と同じで、孟子がこれに対して「義を知らない」（『孟子』公孫丑上）といった理由もここにあります。

心は一つのものです。その全きあり方において人の悲哀を惻然《そくぜん》とわが身に哀憐する、その側面からこれを仁といい、それが宜しきにかなっている側面からはこれを義といい、それが条理にかなっている側面からはこれを理という。この仁は心をおいて外に求めることができず、義も心をおいて外に求めることができないものであるのに、にもかかわらず独り理だけは、心の外に求めるということがどうしてできますか。心の外に理を求めるから、知と行とが二分されたりもする。わが心に理を求めること、これこそが聖門における知行合一の教えなのです。貴君が何をこの上疑うことがありましょう。

貴翰にいう、「『大学』古本の（注釈の）中で、先生が『本体の知を致す』（王陽明『大学古本傍釈』）といっておられるのは、孟子の『心を尽くす』（『孟子』尽心上）の本旨に通じるもので、朱子もまた『*虚霊知覚』が心のすべてであるとしています。しかし（朱子もいうように）『心を尽くす』ことは『性を知る』（『孟子』尽心上）ことを必須とし（『朱子語類』巻六〇）、（『大学』にもいうように）『知を致す』ことは格物にかかっているのです」と。

「心を尽くす」には「性を知る」ことが必須であり、「知を致す」ことは格物にかかっている、というその言葉自体に異存はありません。しかし、貴君がそれを主張されるとき、何を根拠としてそれを正しいとしておられるのか、そこに疑問が残ります。朱子は、「心を尽くし、性を知り、天を知る」（『孟子』尽心上）を「物格《いた》り、知致る」（『大学』）の段階と同じとし、「心を存し、性を養い、天に事《つか》える」（『孟子』尽心上）のは「意を誠にし、心を正し、身を修める」（『大学』）の段階と同じとし、「殀寿《ようじゅ》によって（心を）弐《たが》えず、身を修めて（天命を）俟《ま》つ」までいくと、ここに知や仁の究極はきわめられ、これが聖人の境位だと考えているが、わたしの見解は、朱子のそれと正反対です。（以下、上巻第六条参照）

そもそも、「心を尽くし、性を知り、天を知る」、これが「生れながらに知り安んじて行なう」（『中庸』）いわば聖人の境位で、「心を存し、性を養い、天に事える」のは、「学んで知り利《つと》めて行なう」（同上）いわば賢人のこと、「殀寿によって弐《たが》えず、身を修めて俟《ま》つ」のは、「困《くる》しんで知り勉《つと》めて行なう」（同上）いわば普通の学ぶ者のことであります。決して「心を尽くし、性を知る」ことが知で、「心を存し、性を養う」ことが行だと決めてしまってはなりません。突然こんなふうにいうと貴君はきっとびっくりするでしょうが、しかしこれは実に明白なことです。

いま、特に貴君のために開陳に及ぶと、そもそも、心の本体が性で、性の本源は天です。だから、よく「心を尽くす」ことができれば、それは「性を尽くす」ことができたということです。『中庸』に「ただ天下に最もすぐれた誠（の人）こそ、よくその性を尽くすことができる」とか、「天地万物の生成発育の道を知り」「（自己を）鬼神に質《ただ》してやましいところがないというのは、天を知ることだ」とあるが、これらは聖人にしてはじめてできることで、だからわたしはこれを生《せい》知安行《ちあんこう》の聖人の境位だというのです。

一方、「心を存す」というのは、まだ「心を尽くす」ことができないから、それを「存す」るための功夫を加えねばならぬわけで、いま、それを十分に久しく「存し」ていけば、必ず、「存し」ようとしなくとも自然に「存す」るようになる、そこまできてはじめて「尽く」したといえるのです。また、「天を知る」というときの「知」とは、いわば知州（州知事）や知県（県知事）の「知」であり、知州や知県ならば、一州一県のことはすべて知州または知県自身のことであるように、知天といえば、自分は天と一体のものとなっているのですが、これに対して、「天に事《つか》える」という場合は、子が父に事え、臣が君に事えるのと同じで、天と自分は一体のものたりえていません。ここで、天から命《めい》として賦与されたものが心であり性であるから、（天に事えるといえば）自分としては、ちょうど父母から授けられた完全な五体を子供がそのまま全うするように、（天与の心や性を）間違っても亡失したり損傷したりすることなく、これを「存し」かつ「養う」ことが必須とされます。これらのことから、わたしはこれを学知利行の賢人のことだというのです。

「殀寿にも弐《たが》えず」となると、「心を存する」のにもまだ及ばない。「心を存する」場合は、「心を尽くす」に至らぬまでも、心は少くとも善を行なうという一点にむけられておって、一時的にそこからそれることがあっても、もとにもどせばすむことです。が、いま、「殀寿にも弐えず」となると、これは殀や寿によって心が二分し動揺することを前提としたいい方で、殀寿によって分裂動揺する以上、心はとても善をなすの一点にむけられるどころではなく、ましてそこに「存す」ることはできないのだから、およそ「尽くす」ことなどとうていできっこない。いまかりに、善を行なおうとするその心が殀寿によって分裂動揺しないようにしたとしても、もしその場合に、「死生や殀寿はみな天命に定められたものなんだから、自分としてはただ一点善を行なうことに心をふりむけ、自分の身を修めるのみで、あとは天命を俟《ま》つだけだ云々」というとしたら、これは天命がどのようにあるものか、日頃からまるで知らないというものです。天に事えるという場合は、天は自分と一体のものでないとしても、しかし天命がどう所在しているかは十分に知っているから、ひたすら恭《つつし》んでこれを奉敬するわけですが、これを俟つというと、天命がどう所在するか、それを知ることもできない、だから俟つ以外にないということになるのです。（孟子がこのあとに）「命を立てるゆえんである」と続けているわけもここにあります。つまり、立てるというのは、創立の立、立徳・立言・立功・立名の立の類で、すべてそれまでなかったものを今はじめて建立するということで、孔子が「命を知らなければ君子としがたい」（『論語』堯曰篇《ぎょうえつ》）といったのは、まさにこの類の人にむけていったことなのです。だからわたしはこれらを困知勉行《こんちべんこう》のいわば普通に学ぶ者のことだというのです。

いま、「心を尽くし、性を知り、天を知る」ことを、（朱子のように）格物致知の（初歩の）こととし、初学の士のまだ心の分裂動揺を免れえぬものに対して、せっかちにこのような生知安行の聖人の境位を押しつけてしまうと、彼らはきっと余りのとらえどころのなさに、茫然《ぼうぜん》としてなす術《すべ》を失うほかありますまい。これではほとんど「天下を率《ひき》いて路《つか》れさせる」（『孟子』滕文公上）以外の何ものでもありません。現今の（朱子の）致知格物説の流弊は、余りにも明らかでありませんか。貴君のいわれる「努力を自己の外にむけ、自己の内面をおろそかにし、及ぶところ該博でも、要所に欠けるところがある」というのも、やはりここからくる誤りではないでしょうか。

ここのところが、学問の最も肝要なところで、ここをたがえると、何をやってもすべてたがうことになります。わたしが天下の非難嘲笑を冒し、この身が刑罰に果てることも顧みず、ひたすら弁じてやまぬのも、実にやむにやまれぬものがあればこそのことなのです。

〈虚霊知覚〉『中庸章句』序にみえる語。虚はくもりなく洞徹していること、霊は霊妙なはたらき。虚霊は虚明とともに心を形容する語で、もとは仏家にでる語だが、宋学以来、心の本体についていう。知覚は事事物物に即した具体的な心のはたらき。

貴翰にいう、「聞くところによれば、先生は、学ぶ者に対して、なんと（朱子の）『物に即して理を窮める』の説を、『物を玩《もてあそ》んで志を喪《うしな》う』ものだといわれたり、また（同じく）『繁雑を厭《いと》い簡約に就く』とか、『本源を涵養《かんよう》する』などの語をいくつかぬきだして学ぶ者に提示し、それらを朱子の晩年の定論だとしておられる由《よし》ですが、これは恐らく誤りでしょう」と。

朱子のいわゆる格物とは、物に即してその理を窮《きわ》めんとすることにあります。物に即して理を窮めるとは、事事物物についてそのいわゆる定理なるもの（朱子『大学或問』）を求めることで、これは、自己の心を用いて、（対象としての）事事物物の中に理を求めることだから、結局、心と理とは二つに解析されているわけです。いったい、事事物物に理を求めるというのは、いってみれば、孝の理を親の上に求めるというものですが、いま孝の理を親に求めるとして、ではその孝の理は、そもそも自分の心に具《そな》わるものなのか、或いは親の身に具わるものであるのか。かりにそれが親の身に具わるものとしたなら、では親が没した後、自分の心からはついにその孝の理はなくなってしまうものであるのか。また、子供が井戸に墜落すれば、必ず惻隠《そくいん》の理がはたらくのですが（『孟子』公孫丑上）、ではその惻隠の理は、いったい子供の身に具わるものか、そもそもわが心の良知に具わるものであるのか。そしてその場合、自分も井戸の中にとびこむべきでない（『論語』雍也篇）にせよ（朱註、井戸に入ってしまっては救い出せない）、或いは、「手をさしのべて救い出す」（『孟子』離婁上）にせよ、そのどちらも（朱子の）いわゆる（事における）理なのですが、ではその理は、いったい子供の身に具わっているのか、或いはわが心の良知からでるものであるのか。

これらの例からして、万事万物の理も、すべて同様に考えられ、つまりは、心と理とを二つに分けてはならぬということが、ここから明らかになりましょう。

そもそも心と理とを二つに分けるのは、告子の義外の説に他ならず、すでに孟子によって徹底的に否定されたものです。「努力を外に向け、内をおろそかにし、該博だが要所にかけるところがある」とは貴君のすでに明確に指摘されたことですが、これはいったい何についていわれたことか。これを玩物喪志といって、どうしていけないのでしょう。

わたしのいわゆる致知格物とは、わが心の良知を事事物物に致すことをいいます。ここでわが心の良知とは、いわゆる天理に他ならず、だから、わが心の良知としての天理を事事物物に致せば、事事物物はすべてその理を得るのです。このわが心の良知を致す（一六七ページ注参照）こと、これが致知であり、事事物物がすべてその理を得るのが、つまり格物で、これこそ心と理とを一に合するものです。心と理とを合して一つとすれば、わたしの前言や或いは朱子晩年の論についてのご質問は、みないいわずして明らかとなりましょう。

〈「物を玩んで志を喪う」〉もとは『書経』旅獒《りょごう》篇にでる語。宋学以来、博識を追うばかりの学問を特にさす。

貴翰にいう、「人の心の本体は、もともと清明ですが、気*に拘《とら》われ物に蔽《おお》われて、昏濁《こんだく》することが少くない。学・問・思・弁によって天下の理を明らかにしなければ、善悪のわかれ、真《しん》妄《もう》の別が自覚できず、おもむくところ、情に任せ意を恣《ほしいまま》にするのみで、その害たるやいうにたえないほどです」と。

ここは、概略のところ、是に似ていて実は非です。これも(朱子の)旧説にもたれかかってしまったことからくる弊病で、ここはどうしてもはっきりさせないわけにはいきません。

そもそも(『中庸』の「博く学び、審《つまび》らかに問い、慎んで思い、明らかに弁じ、篤く行なう」の)学・問・思・弁・行は、すべて学を為すときの根柢となるものであり、学びはするが行なわぬということは、ありえないのです。たとえば、孝を学ぶといえば、必ず骨身を惜しまず孝養を尽くし、みずから孝の道を実践してこそはじめて学んだといえるのであり、徒《いたず》らに口先で抽象論を唱えてみても、決して孝を学んだということはできない。弓を学ぶといえば、必ず弓を張り矢をたばさんでひきしぼり、的に的中させることをいい、書を学ぶといえば、必ず紙を伸ばし筆を執り、紙に墨筆をおろすことをいうなど、およそ天下の学で、行なわぬのに学んだといえるものは一つもないのだから、学の始めは、すでにその時点でそのまま行ないでもあるのです。(『中庸』の「篤く行なう」の)篤とは、篤厚の意で、行なう以上は、その行ないを篤実にし休むことなく続けるということです。思うに、学ぶとすれば疑問がないわけにいかず、そこで問いが生ずる。この問うことがそのまま学ぶこと、そして行なうことでもあるのです。また、その疑問があることから、思いが生ずるのですが、この思うこともまたそのまま学ぶこと、そして行なうことである。更にその疑問は、弁ずる(明察する)ことにもつながり、その弁じ明らかにすることもまたそのまま学ぶこと、そして行なうことに他なりません。弁ずること明らかに、思うこと慎み深く、問うては審《つまび》らかに、学んでは能《よ》くし、その上またそれを休むことなく続ける、それを「篤く行なう」というのであって、ひとまず学問思弁してそののちにはじめて行ないを施すというのでは決してないのです。

というわけで、その事を能《よ》くしようと求める上から、学といい、その惑いを解こうと求める上から問といい、その理に通じようと求める上から思といい、その考察を精にしようと求める上から弁といい、その実際を履行しようと求める上から行というなど、それぞれの功夫を分析すれば右の五つとなるのですが、綜合的にいえば一つに帰する、これが、わたしのいう心理合一の本質であり、また知行並進の実際でもあるのであって、後世の(朱子らの)説と異なるゆえんも、まさにここに存するのです。

いま貴君は、特に学問思弁を挙げ、この四者によって天下の理を窮めるとし、篤行については言及されなかった。これは、もっぱら学・問・思・弁のみを知とし、窮理には行ないは含まれないとするものですが、いったい天下に、行ないのない学問があるはずがなく、行なわずして窮理と呼べるものがあるわけもない。

程明道の語に「ただ理を窮めてこそ、性を尽くし命に至ることができる」(『二程全書』巻一一)とあるように、必ず、仁にどこまでも仁を極めてこそはじめて仁の理を窮めたといえ、義にどこまでも義を極めてこそはじめて義の理を窮めたといえるのだし、また、仁に仁を極めてこそ仁の性を尽くしたことになり、義に義を極めてこそ義の性を尽くしたことになるのです。いったい、学びの方が理を窮め尽くすところまでいきながら、にもかかわらずそれが行ないに移されていないなどということが、天下にありうることでしょうか。すでに上述のように、行なわれなければ学んだとはいえないということが明白であるかぎり、行なわれないものを窮理とするわけにいかぬということも当然明白であり、この行なわれなければ窮理といえないということが明白であるかぎり、知と行が合一かつ並進のもので、別々に二分されえないものだということも、当然明白になりましょう。

そもそも、万事万物の理は、自己の心の外にあるものではない。にもかかわらず、是が非でも天下の理を（事事物物の上に）窮めようというのは、これはほとんど、わが心の良知を不完全なものとして、広大なる天下に向って外に（理を）求め、それによって（良知を）増補し裨益《ひえき》しようとするもので、これはやはり心と理とを二別するものに他なりません。

いったいに、学問思弁篤行の功夫は、それにたずさわる人がたとえ困知勉行型で、「人が一たびすれば己れは百たび」（『中庸』）せねばならぬとしても、それが極度まで充実されれば、ついには「性を尽くし、天を知る」*ところまでいきつくのであり、しかもその場合、結局はそれもわが心の良知を致したという以外の何ものでもないのであって、良知の上に更に何かが加わるなどということは、金輪際ないのです。
　いま是が非にも、天下の理を窮めるといいながら、そのくせその理を自分の心に内求することを知らなかったら、およそ貴君のいわゆる善悪のわかれ、真妄の別なるものは、わが心の良知をおいて外に、どこで体察されるというのですか。貴君のいわゆる気質や外物に蔽《おお》われるというのも、結局はこの（心の良知をすておいて外に理を求めまわるというその）ことに拘《とら》われかつ蔽われているにすぎません。いまここの（良知に対する）弊病をとり払いたいと欲しながら、そこに努力をかたむけることをわきまえず、外ばかりに（理を）求めようとするのは、ちょうど、目の悪い人が服薬や療治によってそれを治そうとしないで、いたずらに視力なき眼によって外に視力をさがし求めるようなもので、いったい眼の外にどうやって視力がえられるというのでしょう。同じく（貴君のいわゆる）情に任せ意を恣《ほしいまま》にするという病弊も、天理を自己の心の良知に精察できないというそのところからくるものに他なりません。ここはまことに、毛筋ほどの誤差も終局には千里の誤謬《ごびゅう》となるの類であり、だからどうしてもほんの少しも曖昧にはしておけないのです。どうかわたしの議論が余りに神経質すぎるなどとおっしゃらぬように。

〈気に拘われ物に蔽われる〉気（つまり気質）は人間において情的なものを構成するだけに、時として本来的なあり方から逸脱して放縦にはしる、それを気に拘われると表現する。物すなわち外物に蔽われるというのは、名誉とか利欲などの外的条件にひっぱられて本来的あり方を見失うこと。

〈良知を致す〉良知を致すということの意味は、ここでかなり明確にされるが、一言でいえば、良知を十全に発揮するということである。十全というのは、あらかじめ想定された窮極の完全態の全体量をいうのではなく、日々事々の個別事例の場で、その個別事例についてせいいっぱい発揮する、その質の深みとしてとらえられる。しかし、上巻第二六条注に述べたように、日々事々のその良知の発揮は、それぞれに良知を致すことでありつつ、その発揮の十全さにおいて、より高次な良知の発現をやみがたく志向するものである。このより高次な良知というのは、いわば無限の地平に想定された良知の窮極の完全態であるから、日々事々の事例における良知の十全な発揮は、完全態の全量的発現への志向を、不断に内在させることになる。つまり、良知を致すとは、自己現在に具有された良知をそのまま現在に発揮するとともに、より完全な良知の発現をめざしての修業としての意味もあわせもつのである。以下、多くの箇所で良知を致すを良知を発揮すると訳したが、それには右のような意味が含まれていると考えていただきたい。ただし以上は良知をそれ自体心の本体や心の理ととらえた場合で、良知にはそれとともに物事の正（天理）を知る先験知としての側面もあり、この面からいえば、良知を致すということは、物事についてその正を知り尽くす、つまりその事例における天理すなわち心の理のありようをきわめるというニュアンスが含まれる。そこで以下、そのようなニュアンスの強いと思われる場合には、良知をきわめるという訳語を用いることにした。

貴翰にいう、「先生は、人に(良)知を致し明徳を明らかにすることを教えられる一方、物に即して理を窮めることについては否定的です。もし、昏愚《こんぐ》の士がこれを真にうけて深居端坐するだけで、人の教えを受けなかったら、それでいったい知を致し徳を明らかにすることができましょうか。たとえ彼らが静謐《せいひつ》のうちに自覚するものがあり、いささかその本性を悟ったとしても、それは活用の場なき禅定《ぜんじょう》の見（心身を滅却して空寂にひたりきること）でしかなく、これでは古今の推移に暁通《ぎょうつう》して天下国家の実事に活用を及ぼすことなど、できるわけがありません。先生のいわれる「知は意の本体、物《こと》は意の用《はたらき》、格物の格は『君心の非を格《ただ》す』の格《ただ》すの意である」というのは、確かに独創的で、領悟されたところは旧来の見解をはるかにぬきんでるものですが、しかし（聖人の）道にはどうも合致しないように思われます」と。

わたしが致知格物を論ずるのは、まさに理を窮めんがためで、だから人が理を窮めるのをおしとどめて深居端坐させ、なにも事に当たらせなかったなどということは、全くありません。ただ、物に即して理を窮めるというのが、前述のような、努力を外にのみ向けて内をおろそかにするようなことであるとしたら、それは無意味だというだけなのです。

かりに昏愚の士であっても、個別の事例に対処する場合ごとに、心の天理（にそったあり方）を精察し、その本然《ほんねん》の（つまり、本来そうあるべくしてそうあるところの）良知を発揮するならば、たとえ愚昧であろうとも必ず明晰となり、柔弱であろうとも必ず強固となるのであり、かくて、

(『中庸』にいう)「大本《たいほん》」が立って「達道《あまねきみち》」が行なわれ、「*九つの経《みち》」の類もすべてが一つに貫かれて余すところがない、ということになるのです。にもかかわらずなお、何のゆえに実際の場に活用が及ばないなどと心配されるのでしょうか。

かの「空《くう》」に固執し虚寂にはまりこんだ連中などは、個別の事例ごとにこの心の天理を精察してその本然の良知を発揮するという、まさにこのことができず、人倫物理を遺棄して、寂滅虚無をこそ常住不変のものと見なしているものであり、だから家国天下を治めることができないだけのことで、このような弊害が、聖人の窮理尽性の学にあるなどと、いったい誰がいえますか。

心は身をつかさどるもので、その心の*虚霊明覚が、即ちいうところの本然の良知であります。そしてその虚霊明覚なる良知が事に感応して動くとき、その動きを意というのです。つまり意は知があってはじめてあるもので、知がなければとりもなおさず意もないのです。つまり知こそが意の本体に他ならぬのです。意の用《はたら》くところ必ずそれに相応した物があるのであり、ここで物とはつまり事柄であります。たとえば、親に事《つか》えるということに意が用《はたら》けば、この時その親に事えるという事柄が一つの物《こと》であり、意が治民にはたらけば、治民が一つの物《こと》であり、意が読書にはたらけば、読書が一つの物《こと》であり、意が訴訟にはたらけば、訴訟が一つの物《こと》であるなど、およそ意の用《はたら》くところには必ず物《こと》があるのです。意があるまさにそのことによって物があり、意がなければ絶対に物もありえない。つまり、物は意の用以外のなにものでもないのです。

格の字の意味については、これを至ると訓《よ》んだ方がいい場合があり、その用例として、「文祖に格《いた》る」（『書経』舜典篇）や「有苗来り格《ゆうびょうきた》る」（同上、大禹謨篇）などが挙げられます。しかし（舜が）「文祖（の廟）に格《いた》」ったのは、その純孝誠敬のゆえに、現世と冥界の間が理に貫通されていて、はじめて「格《いた》る」といえたのであり、後者の場合も、（蛮地の種族である）有苗族の頑愚であったのが、舜の文《あや》なる徳に感化されてはじめて来り格《きたいた》ったのであるから、ここには正すの意味が同時に含まれているわけで、単に至るの意味だけでは尽くしきれないものがあるのです。これに対して、「その非心を格《ただ》す」（同上、冏命篇《けいめい》）や「君心の非を格《ただ》す」（『孟子』離婁上）などの例は、これはどこまでも、不正を正して正に帰せしめるという意味であって、至るの意味は全く含まれていません。以上であるにもかかわらず、『大学』の格物の解釈にかぎっては、正すの意味にとってはならず、必ず至るの意味でなくてはならない、というのはいったいぜんたいどうしたことか、全く理解に苦しむものです。

もし、至るの意味にとるとしたら、必ず「事物の理を窮め至る」としなければ、意味が完結しないわけで、この場合、功夫の要所はむしろ「窮」の一字にあり、功夫の眼目は「理」の一字にこそあるというべきです。ところが、その「窮」の字と「理」の字をとってしまって、ただ単に「知を致すは、物に至るにあり」といってしまったら、いったいそれで意味が通じるのでしょうか。

そもそも、窮理尽性は聖人の教訓であって『易』の繫辞《けいじ》伝に見える語です。もし格物が「物に格《いた》る」ことすなわち「理を窮める」ことであるというなら、聖人はなにゆえに、まっすぐに「知を致すは理を窮めるにあり」といわないのか。ましてこのように屈折した不十分ないい方をし、後世に混乱をもたらす必要がどこにあったのでしょう。

思うに、『大学』の格物の説は、『易経』の繫辞伝の窮理と、大筋においては同じでも、微細なところではおのずと違うところがあるのです。つまり、理を窮める方は、格物・致知・誠意・正心を総括した功夫であり、だから、窮理といえば、格・致・誠・正の功夫はすべてそこに含まれているのに対し、格物の場合は、致知や誠意・正心が並行して行なわれなければその功夫は完全かつ緻密なものにはならないのです。いま、ただ格物だけをとり出してこれを窮理だというのは、窮理をもっぱら知に属するものとし、また格物にも行ないは含まれないと考えるからですが、これでは格物の本旨にもとるどころか、窮理の本義すら失することになります。それというのも、後世の学が、知と行とを先後に分断して二つにしてしまったからで、実にこれを端緒に、日ごとに(聖人の道は)支離滅裂となり聖学はますます晦迷となってしまったのです。

貴君もその弊習から自由になりえなかった一人であるから、わたしの説について、聖人の道に合致しないと考えられるのもあながち咎《とが》めることはできません。

〈九つの経〉『中庸』に「天下国家を治めるに九つの経《みち》がある。身を修めること。賢者を尊ぶこと。親族に親しむこと。大臣を敬うこと。臣下を厚く待遇すること。衆民をいつくしむこと。工人をねぎらうこと。国外から帰順した王をなつけること。国内の諸侯を安んずること云々」とある。
〈虚霊明覚〉既述のように、心の本体を指していう慣用的な形容の語である。

貴翰にいう、「先生は『(良)知を致す(発揮する)功夫とは、どのように(親に対して冬は)温かく(夏は)凊《すず》しくする(『礼記』曲礼上篇)か、どのように親を敬い養うか、などのこととしてあり、これはそのまま意を誠にすることでもあり、これと別にいわゆる格物があるのではない』といっておられますが、多分これも間違いでしょう」

これはまったく、貴君がご自身の私見によってわたしの意見に潤色を加えたもので、わたしが貴君に告げた本意とはまるで違っています。もしほんとうに右にいわれるようなことなら、それでは意味としても通じません。わたしの意見は、正確には、以下のとおりです。まず、温凊《おんせい》にしようと欲し、孝養につとめようと欲するのは、いわゆる意であり、これだけではまだ意を誠にするところまではいっていません。温凊にしたり孝養を尽くそうとのその意を、必ず実行に移し、しかもそのことに「自らも慊《こころよ》くおもい」「自らに欺《いつわ》るところがない」(『大学』)ようにしてこそ、はじめて意を誠にしたといえるのです。

この場合、どのようにするのが温凊なり孝養なりにとって正しいありかたかを知ることが、いわゆる知ですが、しかしこれだけではまだ(良)知を発揮したとはいえません。温凊の正しいあり方を知ったその知を必ず発揮することによって、その温なり凊なりを現実に実行し、孝養についての正しいあり方を知ったその知を発揮することによって、その孝養を実地に実行する、というようにしてこそ、はじめて(良)知を発揮したといえるのです。

ここで、温凊や孝養などの具体的事例がいわゆる物ですが、これだけでは物を格《ただ》したというわけにいかない。いま、温凊の場合についていえば、良知によってその正しいあり方を知った、そのあり方にどこまでも忠実にしたがっていささかの遺漏もないようにする、また、孝養の場合にも、良知によってこれこれが正しいと知ったそのあり方を、どこまでも忠実に守っていささかの遺漏もないようにする、このようにしてこそはじめて物を格すといえるのです。

このように、温凊などの物《こと》が格《ただ》されてこそ、はじめて温凊のいかんを知ったその良知も発揮されるといえるのであり、同じく、孝養などの物《こと》が格《ただ》されてこそ、はじめて孝養のあり方を知ったその良知が発揮されたといえるのです。だから「物格《ただ》してのちに知至る」(『大学』)といわれるのです。また、温凊について知ったその良知を発揮してはじめて、温凊についての意を誠にしたことになり、孝養について知ったその良知を発揮してはじめて、孝養の意を誠にしたことになる。だから、「知至ってのちに意誠《まこと》なり」(同上)といわれるのです。

以上が、わたしの致知格物の説ですが、ここのところを重ねて熟思下されば、貴君の疑問もおのずと氷解いたしましょう。

貴翰にいう、「道の大筋のところは明白にしやすいものです。いわゆる『良知良能』（『孟子』尽心上）は、愚夫愚婦も具有に及ぶものですが、ただ具体的な事例や時宜に適したあり方などの詳細になると、毛筋ほどの誤差も後には千里の距《へだ》たりを生むものですから、これは学ぶことなしには知ることができません。

たとえば、温清や（夜、親を安らかにする）定、（朝、親の機嫌を伺う）省など（『礼記』曲礼上篇）、誰一人として知らぬものはないのですが、ひとたび、舜が親に無断で妻を娶《めと》ったこと（『孟子』万章上）、武王が父の葬礼（で三年の喪に服するなど）を全うせぬうちに軍を興したこと（『史記』伯夷伝）、親を養うにその心を満たすべきか口を満たすべきかということ（『孟子』離婁上）、親から打擲《ちょうちゃく》される時は小杖を受けるべきか大杖を受けるべきかということ（『孔子家語』六本《りくほん》篇）、或いは親の病気を治すため自分の股《もも》肉を割いて親に食べさせ（『魏書』孝子伝）、或いは親の墓の側に草庵を営んで喪に服す（『孟子』滕文公上）などなどの事例になると、これをこのとおり実行するのか、または参考にとどめるのか、過不及のないようにするにはどうするかなどの細目について、その是非を必ず討論し、その上で事の基本を定めなくてはならず、かくしてはじめて、心の本体に蔽なく、事に臨んで過失を犯すこともなくなるのではありませんか」と。

道の大筋のところは明白にしやすい、といわれるのは全くそのとおりです。ところが、後世の学ぶ者は、その明白にしやすいところをおろそかにして、そこに由《よ》ろうとしないばかりか、かえって明白にし難いところを求めて、それこそが学だと考えています。だからこそ「道は邇《ちか》きに在り、しかるにこれを遠きに求める」（『孟子』離婁上）ことにもなるのです。まことに孟子のいわゆる「そもそも道は大路のようなもので、これがどうして知り難かろう。人がこの道に由らないことこそを憂える」（『孟子』告子下）というものです。

良知良能に関するかぎり、愚夫愚婦も聖人も同じです。ただ、聖人がその良知を十全に発揮できるのに対し、愚夫愚婦の方はそれができないだけのことで、しかもここから、聖と愚とが分かれるのです。

具体的な事例や時宜に適したあり方については、聖人がこれを知らぬわけはない、ただこれをもっぱら学と見なさないだけのことです。聖人にとって学とは、その良知をきわめてその心の天理を精察すること、まさにそこにつきるのであり、そしてここここそが後世の学と違うところなのです。

貴君は、まだ良知をちゃんと発揮もしておらぬうちから、汲々《きゅうきゅう》として細目について心配しておられるが、これこそ、明白にし難いものを求めてそれを学とする類の病弊にちがいありません。

そもそも、良知にとって具体的事例とは、いってみれば、コンパスや定規また物尺《ものさし》に対する方形・円形および長短の線のようなものです。具体的事例があらかじめ特定できないことは、方形・円形や長短の線の変化が無数にあって、あらかじめどれかに特定できないのと同じことですが、しかしコンパスや定規さえきちんとしていたら、「方形であれ円形であれその形に惑うことなく」(『礼記』経解篇)、ありとあらゆる方形・円形を画《えが》くことができるし、物尺《ものさし》さえきちんとあてれば、長線や短線に惑うことなく、あらゆる長さの線をひくことができます。つまり、良知さえ十全に発揮されれば、具体的事例のいかんに惑うことなく、天下のあらゆる事例に適応することができるわけです。

毛筋ほどの誤差が千里の距たりになるようなわかれについても、わが心の良知における微《かす》かな一念について省察せずして、いったいそれ以外のどこにその学をむけようというのか。これはいわば、コンパスや定規によらないで天下の方形・円形を定めようとするもの、或いは物尺によらないで天下の全ての長短の線を尽くそうと求めるもので、そのあまりの乖戻誤謬《かいれいごびゅう》のゆえに、どれだけ労苦を重ねようとも、最後まで何も達成されることはないのです。

また貴君は、温凊・定省などの孝の細目は、誰一人知らぬものがないといわれるが、しかし実は、よくその(良)知を発揮できるものは少いのです。もし、温凊・定省などの式例だけを何とか(頭で)知っているからといって、それだけで、よくその知が発揮されたというのなら、およそ仁たるべきを知っている君主は、それだけでその仁の知を発揮できたということになり、忠たるべきを知っている臣下は、すべてがそれだけで忠の知を発揮できたということになるのであり、これでは天下に知を発揮しえないものなど一人もないことになる。

以上からわかるように、明らかに、知を発揮するといえば必ず行なうこととしてあるのであって、行なわれないものを知を発揮したということはできない、のです。知行が合一であること、ますます明白ではありませんか。

また、舜が親に無断で娶《めと》った云々というとき、ではいったい、舜の前に誰か無断で娶った先例で規準にしうるものがあり、それを舜が、何かの典籍で調べ、誰かにたずねたりした上で、そうしたことなのか。はたまた、その可否を自己の心の一念の良知に求めて、そのことの軽重をはかり、その上でやむをえずそうしたことであるのか。武王が父の葬礼もすまぬうちに軍を興したことにしても、いったいそれは、武王の前に同じ事柄で準則になるような先例があり、それを武王が何らかの典籍で調べ、誰かにたずねたりした上で、そうしたことなのか。はたまた、その良否を自己の心の一念の良知に求め、ことの軽重をみきわめた上で、やむをえずそうしたことであるのか(いわずして明らかでしょう)。もし舜が心に、真に後嗣《あとつぎ》のないことを憂えてのことでなく、武王がその心に、真に民を救おうとねがった上でのことでなかったら、その無断で娶り葬礼を終えずに軍を興すなどの行為は、実に不孝不忠の最たるものとされましょう。

以上であるにもかかわらず、後世の人が、良知をきわめもせず、事例に対処して動くその心の動きについて理義を精察しようともせずに、むしろ無意味な抽象的議論にふけり、（先に貴君が挙げたような）平常・非平常さまざまの事例を論じあい、その何かを執って事の基本として定め、それによって事に臨んで失することがないようにと求めるのは、実に見当違いも甚しいことです。

これ以外の（貴君の挙げた）あれこれの事例も、みな右から推して知ることができ、ここがわかれば、古人の致知の学の真髄も、おのずと明らかになりましょう。

貴翰にいう、『『大学』の格物の説は、（事物にではなく）もっぱら本心に求めるべきものだといわれるのは、これはどうやら（『大学』の本文について）うまく説明されたものですが、六経《りくけい》や四書に載っている、『多く聞き、多く見る』（『論語』述而篇）とか、『前言往行を識《し》る』（『易経』大畜、大象伝）とか、『古を好み敏《さと》く求める』（『論語』述而篇）とか、『博く学び、審《つまび》らかに問う』（『中庸』）とか、『故《ふる》きを温《たず》ねて新しきを知る』（『論語』述而篇）とか、『博く学び、詳《つまび》らかに説く』（『孟子』離婁下）とか、『好んで問い、好んで察する』（『中庸』）とかの辞句になると、これらはすべて明らかに事為に即して求め、議論を経て確かめられるものでありますから、これらの功夫の一つ一つについては、もとより勝手にその中身を乱すわけにはいきますまい」と。

格物の語義については、すでに前に詳述したことだから、その説明がこじつけじみているといった疑いについては、もはや重ねて弁ずる必要はありますまい。「多く聞き、多く見る」についていえば、これは（朱子のいうように）子張が「博識につとめ高ぶりがちで」（『四書集註』。『論語』子張篇の朱註）いたずらに多聞多見を学とみなして、自己の心に（理を）求めることができないでいた、そしてそのため、「（多く聞いて）疑わしいところをすて、（多く見て）殆《あやふや》なところをやめる」（『論語』為政篇）ということができなかった、というそのことの故に、孔子がまさにその欠陥を指摘した言葉に他ならぬのです。というのは、（この句のあとにあるように）これではその言行に尤《とが》や悔《くい》が避けられぬからであり、しかもその見聞なるものも、ずばりいって博識を増し高ぶりを好むことに役立つだけなのです。そこで子張のこの多聞多見の病弊を救うためにこそ、孔子のこの発言はなされたのであり、決してこの多聞多見を学の基本とせよと教えているのではないのです。

孔子はかつて（多聞多見について別の折に）、「知らないでも作《な》す人があるが、我《じぶん》にはそれができない」（『論語』述而篇）とも述べて（謙遜して）いるが、ここ（の「知らないでも作《な》す人」というのは、見聞知によらずにいわば先験知によって正しく行為する人のことで、それ）は『孟子』の

「是非の心はすべての人にある」(告子上)の句にあたり、ここはまさしく、徳性の良知が聞見によらないで明らかにされる、という事実を指摘するものなのです。(右のすぐ後に)「多く聞いてその善いところを選んでこれに従い、多く見てこれを識《し》る」とあるのは、見聞のはしばしに(善を)求めることで、これはもはや第二義に落ちるものであるから、それで(最後に)「(これは)知の次のことだ」と断定が下されているのです。そもそも見聞の知が「次」なるものであるとしたら、ではいわゆる知の上なるものとは、果たして何を指すものなのか。ここにこそ、聖門の致知の功夫のありかを知る鍵がひそんでいるのです。孔子はまた子貢にむかっても、「賜《し》(子貢の名)よ、汝《おまえ》は予《わたし》を多く学んで識る者とおもうか。ところがそうではない。予《わたし》は一つのことを貫いているのだ」(『論語』衛霊公篇)といっていますが、もし真に多く学んで識ることが大切だとしたら、孔子は何でまたこのように誤ったいい方をして子貢を欺いたりしたのか。(ここからも明らかなように)一つのことを貫くというのは、実に良知を致すという、このこと以外の何ものでもないのです。

また、『易経』には確かに「君子は多く前言往行を識り、それによってその徳を畜《たくわ》える」とありますが、そもそも「その徳を畜える」ことをわが心とするからこそ、およそ「多く前言往行を識る」ことがそのまま「徳を畜える」ことになるのであり、これはまさしく知行合一の功夫をいうのです。

「古を好み敏《さと》く求める」というのも、古人の学を好んで、遅滞なくこの心の理を求めようとすることに他なりません。ここで心はそのまま理であり、学とはこの心を学ぶことであり、求めるとはこの心を求めることです。『孟子』に「学問の道は他《ほか》でもない、その放失された心を求めるのみ」（告子上）とありますが、これは後世のような、古人の言詞を広く暗誦することを「古を好む」ことと考えて、汲《きゅう》々《きゅう》と外に功名利達の具を求めることとは、全く異次元のことなのです。

「博く学び審《つまび》らかに問う」については、すでに前にいい尽くしました。「故《ふる》きを温《たず》ねて新しきを知る」については、朱子もやはり「故きを温ねる」ことを、「徳性を尊ぶ」ことと同列にみなしている（『朱子語類』巻六四）のであり、この徳性は、断じて外に求められるべきものではない。しかも、「新しきを知る」には必ず「故きを温ねる」ことから始めねばならず、故きを温ねてこそ新しきを知ることもできるとすれば、これは知行が二つのものでないことをむしろ実証するものです。

「博く学んで詳《つまび》らかに説く」のは、（この下句にいうように）「立ち反《かえ》って要所を説かんとするため」に他なりません。もし、この要所に立ち反るということがなかったら、博学詳説に何の意味がありえよう。

また、「舜が好んで問い好んで察し」たというのは、（その下句にあるように）「（事の両極を考慮した上、）その中なるところを用い」ることによって、「道心」において「精一」を発揮しようとしたものであり、ここで道心とは他ならぬ良知をさすものです。
いったい、（禅学ではなく）君子の学である以上、具体的な事例から遊離したり、論議を放棄したりするわけがないのですが、ただその場合、それに従事するのは、あくまで知行合一の功夫としてであり、であればこそ、本心の良知も発揮されるわけです。世の、いたずらに口耳の談説にふけることをもって知とみなし、知行を二つに分けて、そこに先後の次第があると断ずる手合など、まるで問題になりません。

貴翰にいう、「楊子や墨子の（似而非《えせ》の）仁義、郷原《きょうげん》の士の（うわべだけの）忠信（『孟子』尽心下）、堯《ぎょう》・舜《しゅん》（の禅譲にまぎらわしい春秋燕《えん》国の）子之《しし》の禅譲（『史記』燕召公世家）、湯王・武王（の正義の殷《いん》王討伐にまぎらわしい）楚《そ》の項羽の（前王）弑殺《しさつ》、周公（の中正な摂政にまぎらわしい）王莽《おうもう》や曹操の（簒奪《さんだつ》を秘めた）摂政などは、はっきりと線を画さなければ、準則とするについて非常にまぎらわしいものがあります。実際、古今の事例や礼楽・文物・制度などに確かな考証を加えないで、国家がいきなり（古代の政廟である）明堂《めいどう》を興し、（古代の学校である）辟雍《へきよう》を建て、（古代の）暦法や律令を制定し、（古代に天地を祭った）封禅《ほうぜん》の儀式を模擬したとしたら、それがいったい何の役に立つといえましょう。だから『論語』の『生れながらにして知る者』（述而篇）について、（その項の『四書集註』の引注にあるように）『生れながらにして知ることができるのは理義によるものだけだ。かの、礼楽・文物・制度や古今の事例などとなると、学ぶことなしにはその実際を試みることができない』といわれるわけですが、これは定論といっていいでしょう」と。

お説の楊子・墨子や郷原の士、堯・舜と子之、湯王・武王と項羽、周公と王莽・曹操などの区別については、前に舜や武王について述べたことから、おおよそ類推できましょう。また古今の事例に対する疑問も、前に良知の説に関連して述べたコンパス・定規・物尺などの喩《たと》えによって明らかで、これ以上の贅言《ぜいげん》は不要でしょう。しかし、明堂や辟雍などの事例については、やはり黙っているわけにはいかぬようです。しかしこれを説き出すと余りに長くなりますから、しばらくは貴君の言に即して何が正しいかを考えてみれば、貴君の惑いも少しは氷解しましょう。

そもそも、明堂や辟雍の制度は、『呂氏春秋《りょししゅんじゅう》』（秦の呂不韋《りょふい》の作）から取られた『礼記《らいき》』月令《がつりょう》篇や漢儒の訓詁《くんこ》の中に見えるだけで、六経や四書の中に詳しく言及されているわけではないのです。呂氏や漢儒の知識がまさか夏・殷・周三代の聖賢より賢明なものであったはずもないのだから、ここには問題があります。（いま史実に即してみてみると）戦国の斉の宣王の時に、明堂はまだ破壊されていなかった（『孟子』梁恵王下）のだから、周末の幽王や厲《れい》王の時代には、周の明堂は当然無事であったはずです。一方、堯・舜の時代には宮殿も茅葺《かやぶき》で土の階段であった（『史記』

五帝本紀）から、明堂の制もまだ完備していなかったわけです。しかし、だからといってそれが善政に対する障害にならなかったのに対し、この幽王・厲王の時の明堂は、もともと（英明な）文王・武王・成王・康王の頃の旧を保っていたのに、しかもそれによって暴乱を救うことができなかったのは、いったいどうしたことでしょうか。結局、よく「人に忍びざるの（思いやりの）心をもって、人に忍びざるの政を行なえば」（『孟子』公孫丑上）、茅葺や土の階段であろうと、それがそのまま明堂であり、幽王・厲王の（暴虐な）心をもって、幽王・厲王の政治を行なえば、たとえ明堂があろうとも、それは暴政の発する場所でしかない、ということではないのですか。武帝は漢代にあって明堂を論じ、則天武后は唐代にあって立派な明堂を作った（『通鑑綱目』）のですが、ではその時代の治乱はどうであったというのでしょうか。

また、天子の学校を辟雍といい、諸侯の学校を泮宮《はんきゅう》といったのは、みなそれが設置された場所の地形によって名づけられた（『礼記正義』王制篇疏《そ》）ものです。しかし、「三代の学校はその目的はすべて人倫を明らかにすることにあった」（『孟子』滕文公上）のであり、その地形が、璧《たま》（辟）のように円形になっていたか否か、または半（泮）形になっていたかどうかなどは、どちらでもよいことなのです。

また、孔子が「人であって仁でなかったら、礼楽がそなわっていても、どうしようもない」（『論語』八佾《はちいつ》篇）といっているように、たとえ礼法を制定し音楽をおこしても、そこに「中和《ちゅうか》」

（『中庸』。上巻に既出）の徳が具《そな》わっていることによって、音声が韻律にかない身に節度があるというふうでなかったら、まるで話になりません。さらに器物の品式の末事にいたっては、せいぜい楽工か祭官に任せておけばよいことで、であるから曾子《そうし》も「君子の道には貴ぶべきものが三つあるが、祭事の器物などのことは、係の役人の仕事だ」（『論語』泰伯篇）といったのです。（暦法についていえば）「堯が羲《ぎ》氏と和《か》氏に命じて、謹んで天象に順《したが》い、日月星辰の運行を暦に表わさせた」（『書経』堯典篇）その眼目はひとえに「敬《つつし》んで人民に農業の時節を授ける」（同上）ことにあったのであり、同じく舜が「渾天儀《こんてんぎ》を設けて天を観測した」（同上、舜典篇）その眼目もあくまで「日月五星の運行を調べる」（同上）ことにあったのです。これらはすべて、あくことなく民に仁たるの心をもって民を養うの政を行なったものであり、暦法を定め季節を明らかにした根本も、またここにあったのです。

　ところで、羲氏・和氏の暦数の学となると、（それより古い時代を生きた）皐陶《こうよう》や契《せつ》はこれにかなわなかったし、禹や后稷《こうしょく》もかなわなかった。また「堯・舜の知も、あらゆることに編《あまね》く及んだのではない」（『孟子』尽心上）といわれるように、堯・舜もこの暦術にはかなわなかったのです。それがさらに現今に至ると暦術は、この羲氏・和氏の暦法にもとづき何代にもわたって整えられてきたから、小智小才の人や底の浅い星術家でさえ、よく天候を予測してたがうこともない有様ですが、だからといってこの後世の小智小才の人の方が、禹や后稷や堯・舜よりもかえって賢明であるなどということは絶対にありません。

封禅の説に至っては、最も道理にあわないものです。これがあったおかげで、後世の奸佞阿諛《かんねいあゆ》の士が、君主に媚《こび》をうり、大げさに言辞を飾りたてて君主の心を放蕩《ほうとう》にし、国費を濫費《らんび》させたのです。実にこれは天を欺き人をいつわる、最も恥知らずな、およそ君子なら誰も口にしないところのもので、司馬相如《しばしょうじょ》が(その『封禅文』によって)天下後世から譏《そし》られるゆえんもここにあるのです。であるのに、貴君がこれを儒者の学ぶべきものとしておられるのは、余りに思慮が浅すぎはしませんか。

そもそも、聖人が聖たるのは、その「生れながらに知る」ことにあります。しかるに、『論語』のここに注釈して「生れながらに知るのは、理義によるものだけだ。かの礼楽・文物・制度、古今の事例などになると、学ぶことなしにはその実際を試みることができない」などという。いったい、礼楽・文物・制度の類が、ほんとうに、聖人になるための功夫にかかわるもので、聖人もこれを学ばねば知ることができなかったというのであるならば、では聖人がどうして生れながらに知る人ということができますか。

思うに、聖人を生れながらに知る人というのは、あくまで理義の次元でいうもので、礼楽・文物・制度などはまるで問題の次元を異にするものです。だから「学んで知る」といえば、まさにこの理義をこそ学び知るべきなのであり、「困《くるし》んで知る」というのなら、この理義を労苦して知るべきなのであります。現今、学ぶ者が聖人を学ぶのをみると、彼らは、聖人のよく知りうるところについては、これを学び知ることができず、かえってあくせくと聖人の知りえぬところを知ろうと求め、しかもそれが学だと考えて、いやはや、聖人を志向する手だてはさっぱり失ってしまっています。

以上、およそ貴君の疑惑に即して、それぞれに釈明らしいものを試みたのですが、（過誤をその根源から除去する、いわゆる）「根本から抜き水源を塞ぐ」（抜本塞源《ばっぽんそくげん》）の論というにはまだほど遠いものがあります。

そもそも、抜本塞源の論が天下に明らかにされないと、天下の聖人を学ぶ人士たちは、その方途が日に煩瑣《はんさ》にまた困難になるばかりで、挙句には禽獣や夷狄の道に陥《お》ちこみ、しかも自分ではそれを聖人の学と錯覚するようにすらなります。また、わたしのこの説にしても、いまは一時的に人々の前に明らかになっているようでも、やがてまた、西に氷がとければ東に凍り、前に霧がはれれば雲が後にかげるという具合に（正しい理解がえられなく）なり、結局、わいわいがやがやと論難をあびながら、困苦のうちに行き斃《たお》れ、ついには天下にいささかも益することなく終わってしまいましょう。

さてそこで、聖人の心ですが、そもそも聖人の心は、（自己を含めて）天地万物を一つながりのものとみなし、天下のいっさいの人に対して内外遠近の区別をほどこさず、およそ生きとし生けるものには、すべて兄弟親子の親愛の情をもって、その生の保全と平安を願い、それを教導し養育しようと欲し、かくてその万物一体《ひとつながり》の念を実現しようとするものです。

天下の人心も、もともとその始めはこの聖人の心と異なるところはなかった。ただ、我意*という私によって反撥しあい、物欲*の蔽によってへだてあうようになった結果、大なるものも小さく、通ずるものも塞《ふさ》がってしまい、人の心は各人各様ばらばらとなり、ついには、父子兄弟が仇敵のごとくにみなしあうような事態まで現出するに至ったのです。

聖人はこの状況を憂慮し、その天地万物一体の仁*を前面におしだして天下を教化し、これによって人々すべてがその「私」を克去し、その蔽を去り、そして同然なる心の本体にかえらせようとされた。

その教えの大筋は、堯・舜・禹に相伝された、いわゆる「道心はこれ微《かそやか》、これ精これ一、まことにその中《ちゅう》を執れ」（上巻第四条注参照）の旨であり、その節目《せつもく》は、舜が契《せつ》に命じた、いわゆる「父子に親《しん》あり、君臣に義あり、夫婦に別あり、長幼に序あり、朋友に信あり」（『書経』舜典篇）の五につきます。

堯・舜から（夏・殷・周の）三代の世は、教えるものもただこれだけを教えとし、学ぶものもただこれだけを学としました。その当時には、人々に意見の相違はなく、家々に習俗の違いもなく、ただ、この教えに安んずるものは聖といわれ、これに勉めるものは賢といわれ、もしこれに背けば、たとえ「英明なる丹朱（堯の子）」（『書経』堯典篇）といえども不肖といわれた（『孟子』万章上）。かくて、下《しも》は市井田野《しせいでんや》における農工商賈《しょうこ》の身分賤《いや》しい者に至るまで、一人としてこれを学としないものはなく、ただその徳行を成就することを務めとしていたのです。というのも、当時には煩雑な聞見もなく、煩瑣な訓詁記誦の学もなく、靡爛《びらん》した詩文もなく、功利に奔走することもなく、ただただ、その親には孝に、年長には悌に、朋友には信にし、すべてが同然なる心の本体にかえっていたからに他なりません。

この心の本来的あり方こそ、生来の天性として各自に固有のものであって、決して外からもちこんできたものではないのだから、人は誰しもそれを発現することができたのです。

また、当時の学校にあっては、ただ徳を成就することをもっぱらとし、それぞれ独自な才能によって、あるいは礼楽に長じ、或いは政治教化に長じ、あるいは灌漑《かんがい》農耕に長ずるものなどがあれば、まずその成就された徳を基礎とした上で、それぞれの才能を学校において磨きあげた。

そして、その徳性のゆえに推挙し登用したなら、終身その職に就かせて替えることなく、これを任用する方も、自分たちが心を同じくし徳性を一つにすることによって、ともどもに天下の民を安んずることのみを意に かけ、その才能が職務に適しているか否かは考えても、地位の上下によって人の価値を評価せず、仕事の繁閑によって善悪を判断することもなかった。

一方任用された方も、やはり自分たちが心を同じくし徳を一にすることにより、ともどもに天下の民を安んじようとのみ意を用いて、かりにもその才能がその任に適していたら、終身いかなる激務にも堪えてそれを労苦と考えず、低い地位や瑣末な職務に安んじてそれを卑下することがなかった。

この時にあたって、天下の人は和楽のうちに自足し、すべてがたがいに一家族のように親しみ、才能素質の低いものは農工商賈の分に安んじて各々その業《なりわい》に勤め、おたがいに生養を助けあって、高い地位や別の境遇を望むことがなかった。一方、独自の才能をもつものは、たとえば皐陶《こうよう》や夔《き》や后稷《こうしょく》や契《せつ》など、それぞれ進んでその才能を発揮したが、それはちょうど、一家を営むにあたって、或るものは衣食を分担し、或るものは他家と物品を交流し、或るものは器物をととのえるなど、衆智をあつめ力をあわせることによって、父母への孝養と妻子の養育の望みを果たそうとするのと同じで、ただひたすらに、自己の分担の任務を怠って他者に負担を及ぼさないようにと心をくだくばかりでした。

だから、后稷が農事にいそしむや、自分が人民を教化できないことなど全く恥とせず、契《せつ》が善く教化するのを見ると、そのまま自分が善く教化しているもののように思い、夔《き》が音楽を司るや、自分が礼に無知であることなど全く恥とせず、伯夷が礼に通じているのを見ると、そのまま自分が礼に通じているもののように見なしたのです。

思うにこれは、その心も学も純粋清明で、万物一体の仁を全うするものであったから、そのゆえに、精神が貫流しあい、志気が通達しあい、他人と自己とか、物と我とかの分別がなかったのです。

これを一人の身体に譬えてみれば、目が視、耳が聴き、手が持ち、足が歩くなどによって、一身の活動が果たされているのと同じで、この場合に目は聴こえないのを恥とせず、むしろ音のする方へ必ず視線をやろうとするし、足は物がつかめないことを恥とせず、むしろ手が取ろうとする方に必ず歩をすすめるのです。これは一身に生気が充足し、血脈もすみずみにはりめぐらされて、ちょっとした刺激や呼吸に瞬時に感応し、無言にして通じあうという妙《たえ》なるはたらきがあるからに他なりません。

聖人の学が簡易をきわめ、わかりやすく従事しやすく、学としてマスターしやすく、才として身につけやすいわけは、まさしく、この、同然たる心の本体にたちかえることを本筋とし、知識技能を論議の対象としないということによるのです。

三代の治が衰微するや、王道は終熄《しゅうそく》して覇術が盛んとなり、やがて孔子が没してのちは、聖学は晦《くら》く邪説が横行するようになり、教えるものは右のことを教えとせず、学ぶ者もそれを学とはしないようになった。

かくて覇者の輩《やから》は、うまく先王の真似をして外面を仮飾し、その内側で私己の欲をとげ、これが天下を風靡《ふうび》して人々は一斉にこれにならい、聖人の道は、ついに荒野に埋没してしまうことになった。人々は競いあって富強になるための理論を追求し、他国の転覆を謀《はか》る詐術や攻撃の計画など、およそ天を欺《あざむ》き人を偽り、一時の満足を餌に、名利を奪取するいっさいの術策を弄したのだが、たとえばそれら管仲《かんちゅう》・商鞅《しょうおう》・蘇秦《そしん》・張儀《ちょうぎ》らのたぐいとなると、とてもその名をあげきれるものではありません。

こういう状況が久しく続いて、闘争劫奪《ごうだつ》による災禍に立ち上がれなくなると、人はついに禽獣夷狄の列に堕《お》ち、覇術すらもはや通用しなくなった。かくして、ここに世の儒者たちはこの有様を慨然と悲傷して、聖人先王の儀礼・法制をさがし集め、灰燼《かいじん》の残余を拾って綴《つづ》りあわせ補修を加えたのです。

その意図は、たしかに先王の道を挽回しようと求めることにあったが、しかし、聖学を去ることすでに遠く、覇術の積弊が余りに深く、いかに賢知の人といえどもその習弊に汚染されることを免れえず、そのため、かれらが説き明かし書物に定着させ、古《いにしえ》の光輝を回復して世に宣揚しようとしたことも、結局はただ覇者の外廓を補強するにとどまり、聖学の景観はもはや二度と目にすることができなかったのです。こういう状況の下に、訓詁の学はおこり、さまざまの注釈によって名声をきそい、また記誦の学が生まれ、古典の暗誦によって博識をほこり、修辞の学がおこって華麗な詩文をきそいあうようになった。

このような学が雑然と天下に群起して立ちならび、その学派たるや数も知れず、万径千路《ばんけいせんろ》がいりまじって、どの道をとるべきか皆目《かいもく》わからぬ有様となった。

世の学ぶ者たちは、まるで綜合娯楽場に入りこんだようなもので、諧謔《かいぎゃく》・跳舞《ちょうぶ》・奇術・軽業《かるわざ》から笑劇やら女形《おやま》などが、四方からどっとせり出してきて、前を見るやら後を眺めるやら応対のいとまもない。このため、目はくらみ耳は鳴り、頭はぼうっとなったまま、朝から晩までその中にへたりこみさまようばかりで、まるで瘋癲《ふうてん》病者か精神喪失者のようになってしまい、本来の家業につくことも忘れ果ててしまう有様なのです。

当時の君主たちも、みなそれらの所説に溺惑《できわく》し、無用の虚文をつくることに一生浮き身をやつし、自身でも自分が何をいっているのかわからない。その中にあって、たまには、その空疎かつ虚妄であること、また支離に行きづまっていることに気づいて、高らかに奮い立ち、現実の行為の上で実証しようと志すものもあったが、しかしその行きつくところは、結局、富強・功利・五覇の事業の範囲をでることはできなかった。

このように、聖人の学は日に遠く日に晦《くら》く、功利の風習はますますとどまるところを知らず、その間に、仏教・老荘の学に耳目をひかれることもあったが、この仏教・老荘の説も、功利の心に勝つことはついにできなかった。さらにまた、群儒がそれぞれの見解を折衷し綜合したこともあったが、その群儒の論によっても、功利の見を破ることはついにできなかったのです。

まことに今に至るまで、功利の毒は人の心髄にまで浸透し、この幾千年の間に、完全に習い性となってしまった。そして、知識をほこり、権勢をしのぎあい、利を争い、技能をきそいほこり、栄誉名声を奪いあうのです。仕官に及ぶや、財政を司るものは、さらに軍事司法の権を手にしたがり、礼楽を司るものは、さらに人事の権を手にしたがり、郡県の行政に当たるものは、さらに上級の官の権柄《けんぺい》を高のぞみし、中央の高官となればさらに宰相の要職をねらうという有様です。

もとより、その業務を遂行する能力がなければその官を兼ねることはできないし、諸説に通暁していなければそれなりの名誉を求めることもできない。ところが、記誦の範囲が広いことは自尊を高めるのに都合よく、知識の多いことは悪事をはたらくのに都合よく、聞見の博《ひろ》いのは弁舌をほしいままにするに都合よく、修辞にたけているのは虚飾に都合がよいということから、そこで、皐陶《こうよう》・夔《き》・后稷《こうしょく》・契《せつ》ですら兼ねることができなかったことを、今では初学の弱輩までが、どの説にも通じどの術をも究めたいと願うに至りました。そして、表面に口にすることはといえば、例外なしに必ず「自分はともどもに天下の務めを果したいと思う」といわないためしがないのですが、しかしいつわりのないその真意はといえば、こうでもいわなければ、その私意を満たしその欲望をとげることができないというその打算以外の何ものでもないのです。

ああ、このような積弊の上に、このような魂胆をもって、さらにこのような学術を行なっている以上、いかにわが聖人の教えを聞こうとも、それが現実にそぐわぬ無用の長物としてしか映らないのも、実にもっともなことで、かれらが良知を不完全なものとみなし、聖人の学は役に立たないというのも、勢いとしてむしろ必然ですらありましょう。ああ、士としてこの世に生をうけたからには、にもかかわらずなお、何によって聖人の学を求めねばならぬものか。何によってなお、聖人の学を論じなければならぬものか。士としてこの世に生まれ、しかも学をなさんと欲するものは、何と労苦かつ艱難にみちてはいないか。余りに阻害が多く道も険難にすぎないか。ああ、なんと悲しいことではないか。

ただ幸いに、天理が人心にあるということだけは、絶対にほろびることはなく、良知の清明は万古一日の如くに不変であります。であるならば、いや、わが抜本塞源の論を聞くことによって、必ずや惻然《そくぜん》と悲しみ、戚然《せきぜん》と痛み、憤然として起ち上がるものが現れ、その勢いも、やがては江河の堤を破って奔流するごとくに、禦《ふせ》ぎようなく激しいものとなるでありましょう。わたしが望むのは、いっさいの権威に依存することなく、自らの脚によって興起するかの豪傑の士（『孟子』尽心上）に他ならず、それ以外に誰を待ち望むものがあろうか。

〈我意という私〉原文は「有我之私」。「我」があるという「私」。「私」については上巻第三条注参照。「有我」はいま我意と訳したが、日本語でいう利己心にかぎられない。天地自然の法則《レクス》でもある理にそのままそって生きるのではなく、そこにさまざまの自己意識による分別を働かせ、我執にとらわれること一般を指すのである。例えば、これこそが理だとばかりに自己中心の基準で固執することなどもこの中に含まれるのである。この「有我」の発想は、もと禅よりでるもの。

〈物欲の蔽〉一六六ページの「気に拘われ物に蔽われる」の注参照。「物欲」というのは原文のままの語だが、これも日本語でいう物質的欲望を含むものの、しかし単にそれにはかぎられない。物すなわち外的条件（毀誉《きよ》・栄辱《えいじょく》・貧富・夭寿《ようじゅ》など）に影響されひっぱられて、心の本来的あり方（理）から逸脱する、その心の志向一般をいうのである。つきつめていけば、たとえ善行でも、人にほめられようとの意図によってなされたものは、その意図において「物欲」とされるわけである。

〈万物一体の仁〉これは陽明学の理の内実を構造的に説明するものであり、概念として重要である。そのあとに「同然なる心の本体」ともあるように、天地生生の自然にひたったとき、たとえばわが生を求め他の死を哀憐するなど、その原点においては、すべてがひとつながりに生きているという、その生の原点がいわば心の理でもある。陽明門下高弟の一人、王心斎に有名な説話がある。「ある甕《かめ》の中に、鱔《うなぎ》がいっぱいいれてあり、気息奄奄《えんえん》として死なんばかりであったとき、一匹の鰍《どじょう》が底の方から現われ出で、上下左右に動きだすと、鱔らはそれによって身を転じ気を通じて生気をとりもどした。これは結局、鰍の功《はたらき》によるが、とはいえそれは鰍自身にも快適なことであり、鰍は決して、鱔を憐んだり、またその報恩を期待してしたのではない。ただ自己の性のままに率《したが》ったにすぎない。或る人がこれを見て、われと同類とが天地間に生育することとこの鰍と鱔と同じで、これこそ天地万物を一体とするということだ、と悟った」（『王心斎全集』巻四）というのだが、この無作無為の自然のうちに、万物生生の脈絡があるとする、その脈絡がまた個の生における「性」また人における心の理であり、それを高次の「仁」ととらえるのである。だからこのあとの「『私』を克去する」の「私」とは、我意によってその脈絡を破り、人および自己の本来の生意をそこなうこと一般をいう。

周道通に啓問するの書*

呉・曾の両君が来て、貴君が真剣に道に志している趣きをつぶさに話してくれ、何より欣快に思います。貴君のような人こそ、まことに「篤く信じ学を好む」（『論語』泰伯篇）人というべきでしょう。ただ、折悪しく（父の喪中で）憂哀の中にあったため、両君とじっくり論じあうことはできなかったけれど、両君とも道を志向し、すすんで功夫につとめる人だけに、逢《あ》うたびに進歩が感じられます。

わたしの方は、両君にはるばる来ていただくだけのものがなく両君のご期待にそうこともできなかったが、両君の方は、それでも遠来の目的は果たしていかれたようです。

別れに臨んで両君は、（貴君の書いた）冊子を示して貴君の意を伝え、わたしに数語でも何か書いてくれとのことでしたが、（憂哀に）心がとり乱れていて、書くべきことがまとまりません。そこで、貴君からもらった書翰の中のいくつかの質問に、ざっとお答えするということで奉答の責めをふさぐ次第です。何しろ草々にしたためたこともあって、どうしても詳細を欠くことになりましたが、両君がきっと口頭で意の及ばぬところを尽くしてくれるだろうと期待するものです。

〈周道通〉周衝《しゅうしょう》（一四八五～一五三二）名が衝、字は道通、号は静庵。江蘇省宜興《ぎこう》の人。正徳十三年

（一五一八）に陽明門下に参じている。のちに湛甘泉（下巻第一条注参照）の門もたたき、その学もとり入れるなど、思想的には穏便であったらしい。

さて、貴翰にいう、「日常の功夫は、志を立てるということに尽きる、ということは、近来の先生のお教えから、日々に体験してみて、いっそう明白になりました。しかし、それには、朋友といつも一緒でなくてはなりません。朋友と研鑽をまじえてさえいれば、この志はどうやら壮健で広大でいられ、生気も失わずにすむのですが、もし三、四日でも朋友と研鑽しあうことができないとなると、たちまちそれは微弱となり、事に遇《あ》っても意欲がくじけ、時にはなおざりにうっちゃったりさえします。であるのに今は、朋友と研鑽しあう機会もなく、ただ静坐し、或いは読書にふけり、或いは散索遊行にうちすごしているのみです。およそ目にふれ身に接したことは、一応は、ことごとくこの志を培養することに供し、どうやら気分も快適ですが、しかし朋友と参集して研鑽しあうときの、あの精神の躍動や生気のあふれるさまに比べれば、とてもそれには及びません。かように仲間から離れて独りでいる人間は、いったい（立志のほか）さらにどんな功夫に心がけるべきでしょうか」と。

この一節は、貴君が日常の功夫によって得られたところを明らかにするものといえます。功夫は大筋において、何よりもこうでなくてはならず、そしてそれが間断なく行なわれさえすれば、やがて熟しきったあとには、考え方もおのずと進展するものです。およそわれわれが学をこととするにあたって、最も肝要な急所といえば、志を立てるということ以外にありません。貴君のいわれる、意欲がくじけたりなおざりにしたりする病弊も、要するに志に切実さが欠けているということを示すに他なりません。いま、色を好む人の場合、その意欲がくじけたりなおざりにされたりしないのは、何よりもそれがひたすらに切実なものだからです。また、自分の痛みや痒《かゆ》みは自分にしか知覚できず、自分にしか掻《か》いたりさすったりができないし、痛みや痒みを自分が知覚した以上、必ず掻いたりさすったりしないではいられないものです。仏家はこれを方便法門*と呼んでいますが、このことは、自分で按配し手心を加える以外には、他人にはどうにも力の入れようがわからず、まして別の方法など設定のしようがありません。

〈方便法門〉『法華経』の方便品《ほん》が有名だが、一般に、方便とは悟りを開かせるためのかりの、そしてその時点ではぬきさしならぬ手段をいう。

貴翰にいう、「謝上蔡《しやじようさい》が『天下に何を思い何を慮《おもんぱか》ることがあろう』（『易経』繋辞下伝）の語を問題にした時、伊川《いせん》はこれに対して『たしかにその道理はあるが、ただあなたがそれを口にするのは早すぎる』といったといいます（『二程全書』巻三九）。学ぶ者の功夫にあっては、もとより『必ずこととしてつとめて忘《おこた》らぬ』(『孟子』公孫丑上)ことが肝要ですが、しかしまた、この何も思い慮ることのない(無思無慮の)境地も識《し》って、両者をあわせ考えてこそ正しいのではないでしょうか。もしこの境地を識らなかったら、(こととしてつとめる一方で)『効果を期待したり、むりに進歩を早めようとする』(同上)欠陥が生ずるでしょうし、また反対に、何も思い慮らないことだけを心にかけて、『必ずこととしてつとめる』功夫をおこたってしまうと、これもまた『無』の境に堕《お》ちこんでしまうでしょう。『有』にも滞らず、『無』にも堕ちないようにこそ、しなければならぬのではないでしょうか」と。

いわれることは、ほぼ的《まと》を得ていますが、ただ、ぴたり核心を悟ったというにはまだ不十分です。謝上蔡の問いと伊川の答えは、要するに、上蔡や伊川の考えにでるもので、孔子(の著とされる『易経』)の繋辞伝の本来の主旨とは、必ずしも同じでない。

繋辞伝に「何を思い何を慮ることがあろう」というのは、つまり、思うところ慮るところただ一なる天理をおいてなく、これ以外に何も思い慮るものはない、ということで、決して思いや慮り自体がないということではありません。だから(繋辞伝のここのところは)「天下のことは一つに帰するが、その道はそれぞれに異なる。趣くところは同じだが、慮るところはさまざまである。

天下の人は何を思い何を慮ることがあろう」とあるのです。「道がそれぞれに異なる」とか「慮るところさまざまだ」とかいう以上、決して思いや慮りがないことをいうのではない。

心の本体が、すなわち天理です。天理はただ一つであり、これ以上さらに何を思い慮るべきことがありましょう。天理は本来「寂然《せきぜん》として不動」（『易経』繋辞上伝）であり、同時に「自然に感応して天下にあまねく通じる」（同上）ものです。学ぶ者は功夫に際し、たとえ千思万慮するとしても、それはあくまでも自己の本来の「体」、本来の「用」にたちかえることを志向するものであり、決して私意によって算段や思索をくりひろげることではありません。だから程明道も「君子の学の至極は、廓然《からり》として大いなる公、物《こと》が来《おこ》*れば順応する、ことにある」（『定性書』）といっているのです。私意による算段や思索は、つまり用智の自私に他なりません。何を思い何を慮ることがあろう、というこの（私意の思慮をはたらかせないその）ことが、まさしく功夫そのものなのです。これは、聖人にとっては自然とそうあるものですが、学ぶ者の分際にあっては、自己鞭撻《べんたつ》なしにできる功夫ではありません。伊川は、これをむしろ、功夫の到達点と見なしてしまったため、「まだ早すぎる」といったわけですが、そのあとでまた「しっかりと功夫すべきだ」ともいっているところを見ると、前言が不十分であることに自身も気づいていたのです。周濂渓《れんけい》の主静の説もやはり内容的には右と同じです。

いま貴君の言は、かなりの見識を示すものではあるが、ことを二つに分けて考えるという弊からはまだ脱却しきれていません。

〈用智の自私〉天理の自然を外れて、人智をはたらかせること、それを自私というのである。算段や思索の私意と全く同じことで、自己の行為に名誉利得などの効果を期待して打算をめぐらせることはもちろん、訓詁の学にふけって博識を求めることから、事物の側に理を求めてむだに思索をめぐらせ、心の本来的あり方を忘れることまで、すべてこれに含まれる。

貴翰にいう、「およそ学ぶ者は、いかに功夫するかがほんの少しでもわかったら、その初発の時点で同時に、聖人の人間像を頭にえがいてみなければならない。というのは、聖人の像をはっきりさせ、それを準ずべき目標とし、実際の場で実地にその功夫をつんでいくのでなければ、錯誤はまぬかれえないし、聖人をめざす功夫にもなりえぬからだ、というわけですが、これは考え方として正しいのでしょうか」と。

聖人の人間像をまず最初にはっきりさせるということの考え方は、昔の人もいっていることです（『二程全書』巻一六）。がしかし、ここには急所の要点が欠落しています。

聖人の人間像といっても、それは聖人自身の気象からでるものであるのに、いったい第三者が何を手がかりにそれを（自己に）認識するというのでしょう。もし、他ならぬ自己の良知においてそれを深く体認するのでなかったら、それはいわば目盛のない秤《はかり》でものを量り、あるいは蓋《ふた》をしたままの鏡で顔の美醜を判定しようとするもので、実にこれこそ、いうところの「小人の腹をもって君子の心をはかる」(『世説新語』雅量篇。もとは『春秋左伝』昭公二十八年に由来）ものです。

聖人の気象を見てとる手だてということなら、自己の良知こそ、本来聖人と一なるものなんだから、もし自己の良知さえはっきりと体認できたなら、その時、その聖人の気象は、聖人にではなくわれとわが身にあることになるのです。

程子がかつて、「尭を観察してその行為を学ぶにしても、彼のような聡明叡智《えいち》がなかったら、どうして彼のように起居動作すべて礼にかなうようにできよう」(『二程全書』巻一九）とか、また「心が道に通じていなければ、是非を明らかにすることができない」(同上）といっていますが、さてでは、道に通じるとはどこでそうなるのか、聡明叡智とはどこから察するものなのか、貴君いかがですか。

貴翰にいう、「『事上に磨煉する』*とは、一日の間、事のあるなしにかかわらず、ただひたすら本源のところの培養につとめることだと思いますが、事のあるなしといっても、何かに心が動き、或いは自身に思うことがあれば、心にすでに何らかの知覚がはたらいているのだから、決して事がないというわけにはいきません。ただ事と心とが一つにむすばれることによって、事理はしかじかにこそあると自覚されるから、あたかも事のないときの功夫のように心が尽くされるのでしょう。であるのに、この場合、その功夫の結果に善と不善の両様が生ずるのは、どういうことでしょうか。

一方、事がつぎつぎに生起した時には、順次それに対処していかねばならぬのですが、才力の不足のために困憊《こんぱい》してうまくいかず、力をふりしぼって奮起しようにも、精神の方がすでになえてしまっているということがあり、こういう時には、退いて十分に自省を加えないわけにいかず、たとえそのため事が放置されたままになるとしても、むしろまず身心の培養につとめざるをえません。そうではないでしょうか」と。

仰せの功夫のあり方は、貴君ほどの天分の人については、そうすることが何よりのことですが、しかし全ての人に一律にいえることではありません。

およそ人が学をおさめるといえば、終身ただ這一件《*このこと》をおさめるのであり、若きより老いるまで、朝から夜まで、事のあるなしにかかわらず、ただ這一件《このこと》に心がける、それが全てです。いわゆる「必ずこととしてつとめよ」（『孟子』公孫丑上）というのがそれです。いま、たとえ事を放置しようとも、まず身心の培養につとめるべきだというと、これでは、かえって事と身心の培養とを二別するものです。「必ずこととしてつとめ、忘《おこた》ることなく、助《せ》くことなく」、もし物事に当面したら、ただわが心の良知を尽くしてそれに対処する、つまりいわゆる「忠恕《ちゅうじょ》（ここの朱註では、己れの心を尽くすことを忠としている）は道をさること遠からず」（『中庸』）というわけです。

およそ、対処した結果に善や不善が生じ、或いは困憊したり、事の順次をたがえたりする欠陥が生ずるのは、すべて、毀誉得失に心がひっぱられて、良知を十全に発揮することができないからです。もし十全に良知が発揮できたなら、それまで善と考えていたものが実は必ずしも善ではなく、不善としていたものが、かえってどうも正しいものであった、ということが明らかになる場合もありましょう。これは、毀誉得失にひっぱられて、自らその良知を害《そこ》なっていたということなのです。

〈事上に磨煉する〉これは陽明の学のテーゼの一つでもある。具体的事例の一つ一つに即して良知を発揮すべく功夫することである。その内実については、上巻第二六条の注に述べたとおりである。

〈這一件〉もとは禅の用語で、第一義のこと、すなわち仏を悟ることをいう。いい方はさまざまで、下巻第八条の「這些子《このこと》」も同じ意味である。明代には儒家もこれを頻用するが、内実が、道を悟ることであるのはいうまでもない。陽明のここでは、良知を十全に発揮すること、或いは心が純全たる天理そのものとなることなどと読みかえればよい。なおここでついでに、南本などに記載されていて、本訳の底本の全書本に欠落している一条（上巻第二五条と第二六条の間）を紹介しておく。

「千古の聖人より、ただ這些子《このこと》があるだけだ」。（先生が）またいう。「人生一世、ただ這件事《このこと》があるだけだ」

貴翰にいう、「致知の説については、この春に再びお教えを賜わり、功夫のあり方も十分に理解でき、以前にくらべると、非常に簡易なものになったようにさえ思います。が、わたくしが考えますに、初学のものに教えるには、同時に格物の趣旨もあわせて説いて、着手の手がかりを与えてやるべきではないでしょうか。もちろん、本来、致知と格物とは表裏をなすものですが、ただ初学のものは功夫の手がかりを知らないから、格物を説いてやることによって、致知の方もはっきりするのではないでしょうか」と。

格物は知を致すための功夫だから（上巻第二六条注参照）、致知がわかれば、格物もわかったということです。もしまだ格物がわからなかったら、致知の功夫もわかっていないということです。最近友人あての書翰でこのことを詳細に論じましたが、その写しをさしあげますから、よく検討されれば、おのずと明らかになりましょう。

貴翰にいう、「現在もなお、朱子と陸象山の学説の当否が論じつづけられていますが、わたくしは朋友につねづね、『正学が明らかでなくなってより久しいものがあるのだから、いまは朱・陸の是非を争うことなどにむだな心力をついやすのではなく、先生の立志の二字に依って

名著の ことば

王陽明 伝習録

知は行の始《もと》、行は知の成《じつげん》である（上巻、五七ページ）

陽明学の有名なテーゼ、知行合一をわかりやすく説いた。知とは良知（道徳知）のこと。例えば、親孝行という行為は、親孝行を人倫の道であるとする良知の判断が基礎であり、それが実行されたとき、親孝行という行為が実現し成就する、というのである。

（その金が）**純粋であるか否かだけが問題で、**（重量の）**多寡は問題ではない**（上巻、一一八ページ）

誰もが聖人性（金）を具《そな》えているとしても、堯舜《ぎょうしゅん》のような聖人と自分のような凡人とでは金の重量に比べようもなく大きな差異があるのではないか、という弟子の疑問への答え。人物の器量の大小は問題ではない。

中公
クラシックス
E12

2005年 9 月
中央公論新社

つまり具えている金の重量よりもその金がどれだけ純度が高いかが問題なのだ、と。

もし自分の心におしあててみて誤りだと思ったら、たとえ孔子の言であろうとも、それを是《ぜ》としたりはしない（「羅整庵小宰に答えるの書」、中巻、二五七ページ）

「学はこれを心に得るを貴ぶ」という有名な一節。良知の直観的判断はそれぞれの心情の真実のほとばしりとしてあるのであり、決められた形式や権威ある人の判断に従うべきものではない、と。

人は天地の心にあたり、天地万物はもともと自己と一体《ひとつながり》のものである（「聶文蔚に答える（その一）」、中巻、二六九ページ）

「万物一体の仁」のテーゼの説明。「一体」というのは合致しているということではなく、脈絡として一つながりになっているということ。天地の心としてのわが心のはたらきは、万物と一つながりになったとき、心本来のはたらきとなる。因みに血液の脈絡が切れると体は麻痺《まひ》する、それを医学用語で「不仁」という。逆に万物の脈絡がすみずみまではたらいていること、それを「万物一体の仁」というのである。

良知は、何か天理が自然霊妙に発現したもので、真誠の惻怛こそがその本体なのだ（「聶文蔚に答える（その二）」、中巻、二八四ページ）

人の心のはたらきは天地自然の霊妙なはたらきの発現であり、その心とは泉のように滾々《こんこん》と湧《わ》き出る誠の真情である。惻怛《そくだつ》というのは身震いするような感情の発露をいう。

きみはまるで、心のどこかに、天理というものが別にあるようにしてこれを求めているが、これぞまさしく、いうところの『理障』である（下巻、三二一ページ）

『理障』とは仏教語で、『理』すなわち悟りの境地を求めようとする、その作為が悟りの障礙となるというもの。陽明学では全ての人は皆生まれながらに聖人であるとしている。自分が聖人たるには、自分の中の道徳的な真情をいかに十全に発揮するかであり、自分の中に聖人を捜し求めて歩くものではない。

良知の虚は、そのまま『天の太虚』であり、良知の無は、そのまま『太虚の無形』でもある（下巻、三六五ページ）

宇宙万物が生成する原初の混沌《こんとん》とした状態、あらゆるものがまだ形を与えられず流動し爆発している状態、それが太虚であり太極である。良知というのは人間の生まれる前の原初態であり、混沌であり無形である。人は誰しもその混沌を心の中に具えている。つまり心に宇宙を具えている。大塩中斎（平八郎）は「太虚に帰す」という言葉をモットーとしていた。現世の有為転変に対処しながら、自己の本質に帰することを常に心がけていたのである。

善なく悪もないのが心の本体である（下巻、四〇六ページ）

王陽明の最晩年の言葉。いわば陽明哲学の究極である。人はあらかじめ善悪の判断の中にあるのではなく、心の本体は無善無悪。その混沌からほとばしるものこそが真の善である、と。

眼の中に金や玉《ぎょく》のほんのわずかな細片を入れたとしよう、眼はやはりあけておれなくなるだろう（下巻、四三三ページ）

良知のはたらきは自然的であり、作為があれば不自然である。善を為そうと意図してするならば、すでにそのとき善は作為という雲に掩《おお》われ、善ではなくなる。

人を教化すべきではないのか。もしその人がほんとうにその志をはっきりさせ、この(聖人の)学を知ろうと決意することができたなら、もはやことのおおよそはその時点で明白になるのであり、朱・陸の当否など弁別しなくとも、自分で何が正しいかは悟ることができる』といっています。

またかつて、朋友のうちに、他人が先生の言葉をあげつらっているのを見ると、どうしても、憤慨せずにいられないものがありました。その昔、朱・陸両先生が、後世にこのような紛々たる議論を残す結果になったのも、両先生の功夫がまだ完全に熟しておらず、憤慨したりする病弊が克服されていなかったからではないでしょうか。程明道の場合にはそういうことはありませんでした。彼は呉渉礼《ごしょうれい》(程子の弟子の呉師礼《ごしれい》の書き誤り)あての手紙で介甫《かいほ》(王安石)の学を論じていますが(『二程全書』巻一)、それによると、『わたしのためにも、このことを介甫に余さず伝えてほしい。(ここで論争を尽くすことは)彼にプラスにならないにしても、わたしには必ずプラスになるものがあるのだから』とあります。これは何と従容《しょうよう》と落ちついた態度でありましょう。かつて先生も誰かに与えた手紙の中で、この言葉を引用しておられますが(『陽明文録』巻一「汪石潭内翰に答えるの書」)、願わくば朋友たちもみなこのようであってほしいものです」と。

この節の議論は実に実に正当です。どうか全ての同志たちにもれなくこれをつげ、各自がまず自己の是非を論じても、朱・陸の是非を論ずることのないようにしてほしい。言説の上で人を謗《そし》るのは、誹謗《ひぼう》としては罪が浅い。しかし、自分がその身に実践することもできないくせに、いたずらに浅薄な知識をふりまわし、かまびすしく（他人の論難に）日を送るようなのは、これは（謗らるべき）身をもって謗るものである点で、誹謗としてその罪は深いのです。

いま、およそ天下のわたしを論難する言説についていえば、かりそめにもそこから得られるものがあるかぎり、それはすべてわたしを切磋琢磨《せっさたくま》するものであるのだから、わたしにとっては、鞭撻にもなり、内省して徳を修める機会にもなるのです。昔の人が「自分の短所を攻めてくれる人は、自分の師だ」（『荀子』修身篇）といっていますが、師である以上どうして憎んだりできましょう。

貴翰にいう、「程子の語に、『（生をこそ性という。）人が生まれてまだ静であるそれ以前のところは（性として）説きようがない。（何かを）性と説けば、その途端にそれは性の真相からかけはなれる』（『二程全書』巻一）とあるのを、ある人が『なぜ説きようがなく、なぜ性でなくなるのか』と質問したのに対し、朱子は『説きようがないというのは、（生まれて静であるような生命の動きのないところには）性として指摘できるものがまだ存在しないからであり、性でなくなるというのは、(生命が動きだしたあとは)いやでも気質がまじっているからだ』と答えています。両先生の言はどちらも、もう一つはっきりせず、書を読んでいてもこの個所にくるとどうしても迷ってしまいます。どうかご教示下さい」と。

「生をこそ性という」というときの「生」とは「気」のことで、だから(程子が同じところでいうように)気は即ち性でもあります。気がそのまま性なら、人が生まれて静である以前のところは(性として)説きようがないわけだし、また気をとりあげてこれが性だといってしまうと、それも気だけにかたよってしまい、性の本源からはずれます。いま、孟子の性善は、性の本源について述べたことですが、しかし性が善であるとされる発端は、具体としての気をとおしてはじめて発現されるのですから、気がなければ、何もわからぬわけです。惻隠《そくいん》・羞悪《しゅうお》・辞譲・是非などの四端《したん》の情も、つまり気のはたらきであり、だから程子も「性のみを論じて気を論じなければ不完全だし、気だけを論じて性を論じなければ全体が明らかにならない」(同上、巻七)と述べているのですが、これは学ぶ者が性か気のいずれかにかたよりがちであるために、こう説くほかなかったのです。

もし人が、*自性《じしょう》をはっきりと見てとったなら、(程子もいうように)「気はすなわち性、性はすなわち気」で、性・気はもともと一つのものであると、悟るでしょう。

〈人が生まれてまだ静〉『礼記』楽記篇の「人が生まれてまだ静である、それが天性である」による。
〈自性〉ここの意味はもちろん「自己の性」ということだが、「自性」はもともと仏教語で、ここはその響きが強い。この前後の原文は「見得自性明白」だが、ここの「見」は禅の「見性」に近い。つまり、訳文のように、自己が自己の性を見てとるという主客関係の入り込む余地は実はここになく、自己の本来的な性を正しく発現するという響きが強い。それが、後文の「性がすなわち気」となって論理化されるのである。

陸原静に答えるの書

貴翰にいう、「功夫のはじめ、心が時として静謐《せいひつ》でないのを覚えます。妄心は、もとより動きますが、*照心すらが動きます。心が不断に動くため、一刻たりとも停止の時がありません」と。

それは作意的に静謐を求めるから、（その作意に繋縛《けいばく》されて）ますます静謐でなくなるのです。そもそも妄心は動きそのものだが、照心は（それ自体としては）動くものではありません。ただ、不断に照《うつ》すことによって、常に動でもあれば、常に静でもあるのです。だから「天地は恒久でやむことがない」（『易経』恒卦、彖伝《たん》）のです。照心はもとより照《かがや》いていますが、妄心もやはり照《かがや》いています。「それが*弐《ふた》つに異別されない、だから物を生じて息《や》むことがない」（『中庸』）といいますが、（異別されることによって）一刻の間断でも生ずれば、それは「息《や》む」ことで、「至誠、息《や》むことのない」（『中庸』）学とは無縁になります。

〈照心〉普通、仏教では妄心の対語は真心であって照心ではない。しかし「真心は霊知寂照を心とし、妄心は六塵縁影を心とする」（『註心賦』巻一）とあるように、一般に真心とは、その虚明霊覚において、日月のように照《かがや》き、鏡のように万変を照《うつ》すとされ、妄心は対象にふりまわされて生ずる迷執とされる。この真心のイメージを或いは照心ととらえたのであろうか。ただし、明末の袁中道《えんちゅうどう》に次の発言がある。「妄心は物（対象）に因《よ》って有るものであって、本来的に有るというものではない。照心は妄（が有ること）に因って有るものであり、これもやはり本来的に有るというものではない。だから、『妄もなく照もなく、惟《た》だ一《いっ》なる真心のみ』という」（『珂雪斎外集』巻一二）と。これによれば、照心も妄心も相対的なもので、それは真心を本体とした場合の、発現の二局面にすぎないということになる。なお『容台別集』巻四に「唯、動心を滅ぼし、照心を滅ぼさず」云々の『玄門定観経』の句を引いているが、未見である。この照・妄の議論の根拠についてご指教がえられれば幸いである。

〈弐つに異別されない〉原語は「不弐」。『中庸』のここは、天地の道は不弐すなわち唯一不変のものであることを否定形で述べたものだが、ここでは文字どおり、照と妄とを二別しないという意味で引用している。因みに、同じく陸原静あての第二書では、あとに見られるように、「妄と照とを固定的にとらえるのは、『弐つ』にするもので、つまりこれは『息む』ことだ」と、ここの部分を説明しなおしている。

貴翰にいう、「良知にも（意念のように）起こるということがありますか」と。

これは或いは（わたしの説明を）詳しく聴かなかったのかもしれません。良知とは、心の本体で、前にいうところの、常に照《うつ》すものです。心の本体である以上、起こったり起こらなかったりすることはありません。妄念がはたらいている時でも、良知は存在しつづけているのですが、ただ人がその存在に気づかぬため、時として見失われているにすぎません。また、混迷の極にある時でも、良知は清明でありつづけているのですが、ただ人がそれを察知せぬため、時として遮蔽されたままになっているのです。

このように、時として見失われることがあっても、その本体が存在しないということがない、だから人はこれの保持につとめるのみです。また、時に遮蔽されたままのことがあっても、その本体が清明でない時はないのだから、人はこれを明察するのみです。

良知に起こるということがあるなどといえば、それは時として存在しないことがあるということになり、これは本体の説明として正しくありません。

〔貴翰*にいう、「前日の『精一』の論は、聖人の道の功夫でしょうか」と。〕

「精一」の精は、理の側からいったもので、「精神」の精は気の側からいったものです。理とは気の条理であり、気とは理の運用です*。条理がなかったら運用はだめになるし、運用がなかったら、そのいわゆる条理というものも知る手がかりを失います。(「精一」が)精*ならば(「精神」も)精であり、精ならば明であり、精ならば一であり、精ならば神であり、精ならば誠である。一ならば精であり、一ならば明であり、一ならば神であり、一ならば誠である。本来これらは別々のものではありません。ただ、後世の儒者と、養生家の説とが、(理と気の)それぞれ一辺に偏ってしまっているため、どちらも本来性が十全に発揮されえないのです。前日の精一の論は、貴君が精神を養う方に力点をおかれているのを見て、述べずにいられなかったのですが、聖人の道の功夫も、しかし*このことをおいて外にあるのではありません。

〈〔貴翰にいう…と〕〉この一句は、全集本にはない。佐藤一斎によれば、王本にこれがあるという。この一句は、あった方がいい。なお、ここで、「聖人の道の功夫」といっているのは、神仙家の養生の功夫との対比でいうものである。なおここの「前日の精一の論」というのは、どの論を指すか、さだかでない。〈理の運用〉「運用」というのは変通自在のはたらきをいう。万変万様の事物・現象は、それ自体がすべて理の妙用だというのである。事物・現象は気の個別のありようでもあるが、このありようがかくあるその筋道が理だ、というこの理気相即の立場は、明代にほぼ共通のもので、気の奥一層に「然る所以《ゆえん》」の理を想定した宋学の理観とは微妙に違う。現在のわが心のありようを、理の発現として即時に認取しようという心即理の立場は、この理気相即の立場を、わが主体に一気に凝集させたものともいえる。

〈精ならば…誠である〉ここの「精」「明」「一」「誠」「神」は、それぞれ緊張をはらんだ概念である。「精」「一」は「精一」の議論ですでに見たとおりである。「明」「誠」は『中庸』に「性」をめぐって述べられるときの語で、これについてはすでに「欧陽崇一に答えるの書」の中で見たとおりである。「明」はまた、「顧東橋に答えるの書」でも見た「虚霊明覚」また上巻第七九条の「心の霊明」の明でもあり、これは心の本体ときりはなせない。「神」は「精神」の神だが、朱子などが心のはたらきをしばしば「神妙不測」というあの霊妙な心のはたらきであり、また上巻第九六条の「心の神明」つまり心の不可思議をいうときの神でもある。陽明にとっては、これらはすべて心に帰一するいわば心の総局面であり、それぞれに強いイメージをもったこれらの語を、ここで心において一気に一つのものととらえなおすのである。

〈このことをおいて〉陽明は別に「陸元（原）静に与えるの書」（『全書』巻五所収）の中で、養生家に傾きがちの原静に忠告し、精神をむだに労《つか》れさせないようにといっている。しかし、ここでは、精神（気）を精一（理）を貫流させて説きなおしていることから推して、ここの「このこと」というのは「精神を養うこと」と考えてよさそうである。

貴翰にいう、「元神*・元気・元精には、それぞれ必ず、寄宿しまた発生する場所があります。また真陰*なる精と真陽なる気とがあり云々」と。

そもそも良知は一つです。その作用が霊妙であることから神といい、現象としてさまざまに流動することから気といい、放散しないことから精というだけで、決してその形象やありかを特定することはできません。

また真陰なる精は、*真陽なる気の母であり、一方、真陽なる気は、真陰なる精の父に他なりません。「陰は陽に根柢し、陽は陰に根柢し」（周濂渓『太極図説』）ており、決して二つのものではないのです。

もしわたしの良知の説がはっきりすれば、これらの問題はすべていわずして分明となりましょう。さもないと、貴翰にいうところの、*三関・七返・九還の類など、疑問にはてしがありません。

〈元神・元気・元精〉いずれも道家の語で、人間の生命の根源というもの。上巻第五八条にも見える。

〈真陰なる…気〉「真」は道家の術語の一つだが、ここは道家のカテゴリー分けを、ストレートにもち出したものだろう。

〈真陽なる気の母…〉「父・母」は上巻第八三条に「沖漠《ちゅうばく》無朕《むちん》は一の父、万象森然は精の母」といういい方でもでてくるが、「父」も「母」も、そのあり方そのものあるいはあり方をきめるものをいう意味だろう。

〈三関・七返・九還〉いずれも道家の術語で、三関は神・気・心などを天・地・人の三つのカテゴリーに分ける考え方、七返・九還は煉丹術の方法。

又（陸原静に答えるの書）

貴翰にいう、「良知は心の本体であり、いわゆる『性善』（の性）であり、『未発の中』であり、『寂然として不動』の体であり、『廓然《からり》として大いなる公』（既出）なるものであります。これはどうして常人にはそのまま発現できず、必ず学ばねばならぬのでしょうか。『中』や『寂』や『公』は、すでに心の体についていわれたもので、良知がこれです。いま、これを心に考察してみるに、知の方はまことに良なのに、中・寂・大いなる公となると、さっぱりです。いったい良知は本体やその用の外に超然とあるものなのでしょうか」と。

性は善でないことがなく、だから、知は良でないことがありません。良知は、そのまま未発の中であり、廓然として大いなる公であり、寂然として不動の本体であり、人は誰しもがひとしなみに具有するものです。ただ人はどうしても物欲（一九六ページ注参照）に昏《くら》まされ蔽《おお》われてしまうので、学ぶことによってその昏蔽《こんぺい》を消去する以外にないのです。

とはいえ、良知はその本来的あり方において、もともと（学ぶか否かによってそれ自体の上に何かが）加えられたり減らされたりすることなどいっさいないものです。

知は良でないことがないというのに、中・寂・大公が全うされえないというのは、要するに昏蔽が完全に消去されきっていないため、良知が十全に発現されずにいるだけのことです。本体といえば良知本来の体であり、用といえば良知自体の用なのであり、良知が本体や用（前出）の外に超然とあるなどということが、どうしてありえましょう。

貴翰にいう、「周濂渓《しゅうれんけい》は『静を主とする』（既出）といい、程明道は『動にも定であり、静にも定である』（既出）といい、先生は『定なるものが心の本体だ』（上巻第四二条）といわれます。この場合、この『静』なり『定』は、決して『覩《み》ず聞かず』（『中庸』）『思うなく為《な》すなし』（『易経』繋辞上伝）ということではなく、理を不断に明知し、理の存在を不断に自覚し、不断に理に依拠することで、明らかにこれは『動』であり、『已発《いはつ》』です。それをなぜ『静』といい『本体』というのでしょうか。あるいはこの『静』『定』は、心の動静をつらぬいてあるものなんでしょうか」と。

理は（それ自体としては）「動」のないものなのです。不断に理を明知し、自覚し、依拠する、これがつまり「覩《み》ず聞かず」「思うなく為《な》すなき」状態に他なりません。つまり、覩ない聞かない、思わない為《し》ないというのは、枯木死灰（の寂滅）をいうのではなく、見・聞・思・為（などのはたらき）が理と一つになったことをいうのです。そしてこの場合、見・聞・思・為が（それ自体自律的に）機能することは決してありません。これこそが、（機能する点で）動でありつつ（理に一つという点で）不動ということ、いわゆる「動にも定、静にも定」ということで、まさに「体用は源を一つにする」（前出）ということでもあるのです。

貴翰にいう、「心における『未発』の本体とは、『已発』以前にあるものですか、それとも、『已発』のなかにありつつその発動をつかさどっているものですか、或いは、前後、内外（の時間的空間的位相）にかかわりなく、渾然一体としてあるものでしょうか。

また、心の動静という場合、動と静とは、事が生起しているかいないかという面でいい分けるのか、或いは、『寂然として動かぬ』か『感応してすべてに通ずる』（前出）かという面で区別するのか、或いは一方が理に循《したが》い一方が欲に従っているという面から区分するのでしょうか。

この場合、まず、理に循うのを静とし、欲に従うのを動とすれば、いうところの『動中に静あり、静中に動あり』（周濂渓『通書』中の朱註）や『動極まって静、静極まって動』（周濂渓『太極図説』）などの語は（理・欲が二律背反のものであるかぎり）矛盾したものになります。また、生起した事柄に感応してはたらくのを動といい、事なきうちに寂然としているのを静とするなら、いわゆる『動であって無動、静であって無静』の語が矛盾します。

さらに、最初の『未発』の状態が『已発』以前にあり、その静の状態から動が生ずるのだとしますと、(『至誠は息《や》むことがない』(『中庸』)どころか)『至誠』に息む時があることになり、聖人も当惑せざるをえません。また『未発』が『已発』のうちにあるというとすると、いったいでは、未発・已発ともに『静を主とする』のやら、未発が静で已発が動なのやら、未発・已発にはともに動も静もないのか、ともに動も静もあるのか、そこのところがわかりません。どうかご教示下さい」と。

「未発の中」がとりもなおさず良知であり、それは、前後・内外なく渾然一体としたものです。いま、事が生起しているのといないのとを、動・静によっていい分けるのは構わないが、良知自体は、事が生起しているいないによって分けられるものではない。寂然と感通とを動静によっていい分けるのはいいが、良知は、寂然と感通の二つに分けられるものではない。いったい動・静というのは、時々の局面《アスペクト》をいうのであり、心の本体じしんには、本来、動静の区分はないのです。

理は動きのないもので、動けばその動きが欲ということになります。理に循《したが》うかぎり、万事万変の事例にさまざまに対応しようとも、(理自体は)動くことがない。欲に従えば、心を枯木にして念を一つに集中しようとも、それは静ではない。「動中に静あり、静中に動あり」とはここをいうのであり、ここに疑問の余地はありません。

生起した事柄に感応するのを動というのはもちろんかまわないが、しかしこの場合、寂然たるものの上に何かが加増されるのではない。事なきうちに寂然としているのを静というのはかまわないとして、しかしこの場合にも、感応のはたらきが減少したというのでもありません。「動であって無動、静であって無静」という言葉にも、やはり何の疑問もないのです。

また、前後・内外の別なく渾然一体としているのだから、当然、至誠に息《や》む時があるのではないことも、もはや説明に及びますまい。

つぎに、「未発」は「已発」のうちにあるのですが、かといって已発のうちのどこかに、何か未発というものが異物のように存在しているのではない。一方、已発も未発のうちにあるのですが、かといって未発のうちに已発が異物のように存在しているのでもないのです。ここにはたしかに動・静があるのですが、しかし未発・已発は決して動・静によって分けられません。

およそ古人の言説をみるには、その真意をくみとって本旨をつかみとることが肝心です。もし、字句の表面上のあやにひっかかってしまうと、たとえば「(周の人民は旱魃《かんばつ》のために)一人だに生存しない」(『詩経』大雅、雲漢篇)の詩句からすれば、まるで周には生き残った民が皆無だということになりましょう。同じように周濂渓の「静極まって動」の語も、よくよく考えないと真意をはきちがえてしまう。思うにこの語は、「太極が動いて陽を生じ、静にして陰を生ず」(周濂渓

『太極図説』）という語に関連していわれたものです。

太極の生生の理は、万物生成のなかで瞬時としてやむことなくその妙用を及ぼすと同時に、その本体はそのなかにあって常住不変です。この場合、太極の生生というのは、他ならぬ陰陽の生生をいうのであり、それが生生変化して妙用のやむことのないのを、動というのです。そして、その動く局面を「陽が生ずる」というのであって、（太極が）動いてから陽が生ずるということではないのです。一方、その生生のうちに常住不変の本体は存しており、その常住不変性を静というのです。そしてその静なる局面を「陰生ず」というのであって、（太極が）静かになってから陰が生ずるというのでもありません。

もし、静かになってから陰が生じ、動いてから陽が生ずるとすれば、これは、陰陽や動静を全く別々のものに截然《せつぜん》と分けてしまうことになります。

陰陽は同じく一つの気です。一つの気が屈伸することによって陰になりまた陽になるのです。動静も同じ一つの理です。一つの理が隠顕することによって動にも静にもなるのです。たとえば、春夏は陽であり動であるといえますが、しかしそこには必ず陰と静とが伏在しているし、秋冬を陰とし静としても、そこに陽や動がないということはないのです。

春夏は春夏なりに生生変化してやまず、秋冬は秋冬として生生変化してやまないのだから、これはすべて陽であり動であるといえます。と同時に、春夏には春夏としての一定の体があり、秋冬には秋冬の一定の体があるのだから、これはともに陰であり静であるということができます。元*・会・運・世・歳・月・日・時から刻・秒・忽《こつ》・微《び》に至る、あらゆる時間の流れ、あらゆる瞬間において、ひとしくそれはいえることで、いわゆる「動静に端《はじめ》なく、陰陽に始めなし」（『二程全書』巻四六）とはここのところをいいます。

ここは、知道の士の黙識すべきところで、とても言語で説明しつくせるところではありません。いたずらに字句に拘泥して、あれこれ敷衍するのは、いわゆる「心*が法華《おきよう》に転《ふりまわ》される」というものでこれでは「法華《おきよう》を転《よ》む」ことにはなりません。

〈元・会・運・世…〉一元は十二会、一会は三十運、一運は十二世、一世は三十歳など、邵康節の『皇極経世書』に見える、時間の単位。

〈「心が法華に転され…」〉『六祖《ろくそ》壇経《だんきよう》』機縁第七にもとづく。既成の経典観念や伝統的な教学思想に拘泥して、真の自己を自由に発揮できないことをいう。

貴翰にいう、「実際の場で心を観察してみますと、喜怒や憂懼《ゆうく》の感情が生じたとき、かりにそれが興奮の極に達したとしても、わが心の良知が一たび覚醒すれば、それらの感情はたちまちのうちに霧消します。ただ、初発の時点でそれをとめるか、半ばまできて制するか、或いは悔いを残すところまでいきつくか、などのちがいがあるだけです。

とすれば、良知じしんは、常に平安無事の地におさまりかえっていて、喜怒や憂懼の外にあるように思われますが、これはどうしたことでしょうか」と。

ここがわかれば、前述の「未発の中」が、「寂然として不動」の本体であると同時に、しかも発して節に中《あた》る「和」であるとか「感応してついに(万事万変に)通ずる」とかの妙用を含むということが明らかになりましょう。ただ、良知が常に平安無事の地にあるといういい方は、正しくありません。良知は、喜怒や憂懼にまきこまれたりはしないが、しかし、その喜怒憂懼は良知の外にあるのではないからです。

貴翰にいう、「先生はさきに、良知を照心といわれましたが、わたくしの思うに、良知は心の本体であるのに対し、照心は、人の功夫がはたらいた心で、これこそ(『中庸』にいう)『(観《み》えないところにも)戒め慎み(聞こえないところにも)恐れ懼《つつし》む』(あの慎独の)心であり、これは心的作用に属しましょう。にもかかわらず、この戒慎・恐懼をとどのつまり良知であるとされるのは、どういうわけですか」と。

戒め慎み、恐れ懼《つつし》むことができるもの、それが良知です。

貴翰にいう、「先生はまた、『照心は動くものではない』といわれましたが、そのように静であるのは、それが理に循《したが》っているという面からいわれたことではないでしょうか。また、『妄心もまた照《かがや》く』というのは、良知がそこ（妄心）にも不断にありつづけ、不断にそこに明《かがや》いているからでしょうか。そして、（動いたとしてもその）視聴言動が節度にかなっている場合はすべて天理（の発現）であるという観点からそういわれるのでしょうか。

いま、妄心といいながら、その妄心について照ということができるなら、照心の場合は妄ということになります。妄というのは（間断して）息《や》むものです。であるのに、妄における照の側面だけに着目して、それを『至誠は息むことがない』というところに論をもっていかれるのは、どうも納得できません。重ねてのご教示をお願いします」と。

照心は動くものではないというのは、おのずからなる本体の明覚（前出）を発現しつつ、しかも（それ自体としては）動くことがない、からです。動くものがあれば、それがとりもなおさず妄です。一方、妄心も照というのは、おのずからなる本体の明覚は、そこにも間断なく存在しつづけておるからで、ただ、そこに動くものがある（だから妄心といわれる）というだけのことです。動くものがなければ、それはそのまま照（心）です。

いったい、妄とか照とか（のカテゴリー）が（固定的に）あるのではなく、といって、妄がそのまま照であったり、照がそのまま妄であるのでもありません。しかし、照心を照、妄心を妄として（固定して）しまうと、これは妄と照とが（それぞれカテゴリーを別にして）あるということになります。このように妄と照とがあるというのは、「弐《ふた》つ」にするもので、「弐つ」になれば（その断絶によって）「息《や》む」ことになります。一方、妄もなく照もないとすれば、これは（カテゴリーを）「弐つ」にしないことであり、「弐つ」にしなければ、「息む」こともないのです。

〈「弐つ」にしなければ…ない〉『中庸』*に、「至誠は息むことなし。天地の道は弐《じ》たらざれば、物を生ずること測りしれず」とあるのをふまえての発言である。

貴翰にいう、「生を養うには、心を清らかにし欲を寡《すくな》くすることが肝要と存じます。この、心を清くし欲を寡くすることが全うされたら、聖人たるの功夫もきわまったといえます。

いま、欲を寡くすれば、心はおのずから清らかになりますが、といって心を清くするというのは、世事を棄てさって、独居のうちに静謐を求めるということではありません。それは、ただ、この心を天理に純一し、人欲の私が微塵だにないようにすることにほかなりません。

ところでこの場合、その功夫をしようとして、人欲の生ずるごとにそれを克服していくとしても、病根の方がそのままであるかぎり、あっちで撲滅してもこっちで発生するということになりかねません。

かといって、もろもろの欲がまだ萌《きざ》さない前にこれを剝ぎとり洗いつくそうと思っても、どこに力を入れるべきか手がかりもなく、いたずらに心をうちさわがすばかりで、清くするどころではありません。それに、欲がまだ萌さない前に、それを探し出し、とり除こうとするのは、いわば、部屋に上げる癖を犬につけておきながら、それを追い払う（『二程全書』巻三）ようなもので、（その自己矛盾のゆえに）いっそうできない相談です」と。

必ずこの心を天理に純一にし、人欲の私は微塵すらもなくそうとする、これが聖人たるの功夫です。さて、この心を必ず天理に純一にし、微塵すらも人欲の私をなくそうとするからには、まだ萌さない前にも防ぎ、まさに萌そうとする際にも克服するというのでなければ、それは果たされません。

まだ萌さない前にも防ぎ、萌しかけの際にも克服するという、これこそがまさしく『中庸』にいう「戒慎・恐懼」であり、『大学』の「致知格物」の功夫であり、これをおいてほかに、功夫はないのです。

そもそも、こっちで撲滅したらあっちで発生するとか、部屋に上げる癖をつけておいてそれを追い払ったりするというのは、自私自利や我執などにその禍根があるのであって、決して克服や洗除のおかげでそうなったものではありません。

いま、生を養うには、心を清らかにし欲を寡くすることが肝要だといわれますが、この、生を養うというこれ（作為的な自己意識）が、とりもなおさず自私自利や我執の病根になっているのです。この病根がそこに潜伏している以上、こっちで撲滅すればあっちで生ずるとか、犬を部屋に上げておいて追い払うなどの患《わずら》いが生ずるのは、あたりまえのことです。

貴翰にいう、「仏家が、『善を思わず悪を思わぬその時にこそ本来面目があらわになる』（『六祖壇経』行由第一）というのに対し、わが儒は、功夫によって物事の一つ一つを正していこうとする点で、相違しています。いま、わたくしが、その『善を思わず悪を思わぬ時』にむけて、知を致す功夫をするとすれば、（知を致そうとする）その時点でもはやそれは善を思う方に傾いているのです。善悪を思わず、心の良知が清静自在であるのを望むとすれば、ちょうど眠りから醒《さ》めた時しかありません。これは孟子の『暁《あ》けがたの（清澄な）気』（『孟子』告子上）にぴったり通ずるものですが、残念ながら、この状態は長く続かず、ほんの暫くもせぬうちに、たちまち思慮が生じます。しかしそれでも、もし功夫を長く重ねたとしたら、その眠りから醒めたばかりで思念も起こらぬという状態を、いつも持続させておれるようになるのでしょうか。

わたくしはいま、静謐を求めようと思えば思うほど静謐でなくなり、思念を起こすまいとすればするほど思念がわいてきます。どのようにしたら、この心において、前念はすぐに滅び後念は生じず（二三〇ページ注参照）、良知ひとりが顕現して、『造物主と遊ぶ』（『荘子』天下篇）というふうにできるのでしょうか」と。

善を思わず悪を思わぬ時にこそ本来面目があらわになるというのは、仏家が、まだ本来面目を識《し》らないもののために設けた方便の語であり、本来面目とは、とりもなおさずわが聖門にいうところの良知に他なりません。

いま、良知が明白に認得されている以上、右のことはもはや説くにあたりません。

一つ一つの物について格《ただ》していくというのは致知の功夫ですが、これはとりもなおさず仏家のいう「常に惺惺《せいせい》」*であって、かの本来面目を常に存するというものでもあり、功夫のあらましはほぼ共通しています。ただ仏家*には、自私自利の心があるため、ここで違ってきます。

いま、善悪を思わない、そして心の良知が清静自在であるような境地を求めると、（その求めるという）それこそが自私自利かつ我執の心ということになり、だからこそ、善を思わず悪を思わぬ時にむけて、知を致す功夫をすると、その時点でもはや善を思う方に傾くという不都合が生ずるのです。

孟子が「暁《あ》けがたの気」を説いたのも、良心を失った人のために、良心の萌《も》えでるところを指し示し、それを彼に培養させてやろうと思った、それ以外の何ものでもないのです。いま、良知をはっきりと理解し、それを発揮する功夫を常におこなっている以上、もはや「暁けがたの気」を云々する必要は全くありません。

　さもないと、せっかく兎をつかまえながらその兎を囲っておくことを知らず、あい変わらず木株を見張りつづけて、さきの兎を逃がしてしまう（『韓非子』五蠹《ごと》篇）ようなことになります。

　静謐を求めようとし、思念が生じないようにしようとする、これもまさに自私自利や我執の病であり、だから、ますます思念が生じ、ますます静謐でなくなったりもするのです。

　良知はただ一つのもので、良知において善悪はおのずと明らかにされるのです。それ以外に何の善や悪を思うことがありましょう。

　良知はその本来的あり方において、もともと静謐です。にもかかわらず更にもう一つの静謐を求めようとしたり、或いは良知は、それ自体もともと生生やまぬものなのに、かえって思念の生じないのを求めたりするのは、ただに聖門致知の功夫にもとるだけでなく、仏家の学でさえ、これほどに我執むきだしではないのです。

　何よりもこの一念の良知こそ、あらゆるものに貫きわたり、始めもなく終りもないもので、これがほかならぬ、*前念滅びず後念生ぜず、というものです。であるのに、いま逆に、前念が滅び後念が生じないように求めるのは、仏氏のいわゆる「*種性を断滅する」もので、枯木死灰の列に入るものです。

〈常に惺惺〉「惺惺」は「醒醒」とも書き、はっきり目がさめていること。無とか空とかを主体の覚醒の中にとりこんだ語で、禅の常套語。瑞巌《ずいがん》の故事が有名（『無門関』第一二）。

〈仏家には、自私自利…〉儒家が仏家を難ずるときの常套句の一つ。前にも述べたような、公なる天理に生きるのでなく、むしろ自己の一心に万法を見ようとする、そのいわば自己一元の悟りの在り方を、儒家の側からこういう。

〈前念滅びず後念生ぜず〉『六祖壇経』機縁第七に「前念不生は即心、後念不滅は即仏」とある。つまり不生不滅が即心即仏ということだという。ここは、これをふまえた議論であろう。仏教の慣用句で、念の生滅による間断のない、常住不変の本体をさす。

〈種性を断滅する〉ただ「断滅」とも「断見」ともいい、仏教の常套語。あとの「枯木死灰」も同じで、寂滅というカテゴリーにはまりこんで不滅の法を見失うこと。

貴翰にいう、「仏家にはまた*『常に念頭《こころ》を提す』という語がありますが、これは、孟子のいわゆる『必ずこととしてつとめよ』、或いは先生の『良知を致す』の説と同じものでしょうか。それはまた、『常に惺惺』たること、（理を）常に銘記し、常に覚知し、常に保持することでもありましょうか。この念頭《こころ》が提《はりつ》めているときには、何か物事が生起しても、必ずその対応は道にかなったものになるでしょうが、ただ残念なことに、念頭が提されているときは多くなく、むしろ放逸にしている方が多いため、功夫は中断しがちです。いったい、念頭《おもい》が放逸にわたるのは、多くは私欲や客気*がはたらくことからそうなるのです。そこで突如として一喝を加えて念頭《こころ》を提《はりつ》めるのですが、その場合、その放逸から提《はりつめ》に移る間の心の乱れは、ほとんど自覚されぬままに終わります。いま、日に精に日に明らかに、常に念頭を提して放逸にわたらぬようにしようとするには、どういう方法がありましょうか。ただこの、常に提して放逸にさせないことが、功夫の全てなのでしょうか、それとも、常に提し放逸にさせないそのところに、さらに何らかの内省や自己克服の功夫が加えられるべきなのでしょうか。

思うに、たとえ常に提して放逸にしないといっても、戒慎・恐懼や克己・治身の功夫を加えなかったら、恐らく私欲は克服されません。かといって、それらの功夫を加えることは、これはまた『善を思う』ということでもありますから、(不思善・不思悪であるところの)自己の本来面目とは隔壁をまぬかれません。どうしたらいいのでしょうか」と。

戒慎・恐懼や克己・治身が、つまり常に提《はりつ》めて放逸にわたらないための功夫であり、これが「必ずこととしてつとめる」ことでもあるのであって、決して別々のものではありません。

この段の質問は、最初の部分ではすでにご自分でもはっきりと正しく述べておられるのですが、末尾の方になると迷いにおちいって、述べておられることも本筋をはずれています。本来面目と隔壁をまぬかれないという疑いにいたっては、これはまるきり自私自利・我執の病であり、この病さえ除去したら、その疑いも自然となくなります。

〈常に念頭を提す〉念頭は念のことだが、前念・後念の念ではなく、ここでは思念も含めて、いっそ心そのものととってもよい。提するというのは、一応はりつめるとしたが、これは心を張りつめた状態におくこと、つまり心をある一点に凝集するのではなく、その動き全体においてそのままある高みに持することで、換言すれば、惺惺にすることである。

〈客気〉自己本来のものでなく、外に影響されて派生するもの。驕慢《きょうまん》とか名誉心など。私欲と余り変わらない。

貴翰にいう、「『気質のすぐれた人は、それを明らかにし尽くしたとき、渣滓《かす》も融化してしまう』（『二程全書』巻一二）といわれますが、どのようにするのを『明らかにし尽くす』といい、どのようにすれば融化することができるのですか」と。

良知は本来おのずから明らかなものです。ただ気質のすぐれない人は、（私欲）の渣滓《かす》も多く、（良知を）蔽うものも厚いから、その澄みきった明るさをあらわにすることができないのに対し、気質のすぐれた人は、かすもともと少なく、蔽うものも多くないため、知を致す功夫を加えれば、良知はおのずと清明にかがやき、少しばかりのかすも、湯に浮ぶ雪片のようなもので、全く障蔽にならないのです。

ここはそれほどわかりにくいところではないのに、貴君が疑問をもつにいたったのは、多分、「明らかにする」というこの「明」の字の意味をはっきりつかんでおらず、或いは、結論を少しせっかちに求めすぎた、からでしょう。

さきに「善に明らかにする」（『中庸』）ことについて、直接お話ししたことがありますが、この「明」は（『中庸』の）「明らかであれば、誠となる」というときの「明」（で心の本体の澄明なありようをいうもの）です。（『中庸』の）「善に明らかにする」について後儒が（例えば、朱子が物の理を明らかにすると）解したような、（心の本体を忘れた）浅い意味の言葉ではありません。

貴翰にいう、「聡明叡智が気質に属し、仁義礼智が性に属し、喜怒哀楽が情に属するというのは、ほんとうでしょうか。また、私欲と客気はいったい一つのものですか、別のものですか。古《いにしえ》の、張子房・董仲舒《とうちゅうじょ》・黄叔度・諸葛孔明《しょかつこうめい》・文中子・韓愈《かんゆ》・范仲淹《はんちゅうえん》ら英才の諸人士が、徳業も著明であるのは、良知から発したものであるのに、この人たちを道を求めた人士といえないのは、どういう理由によるのでしょうか。

もし、それはただ生来の気質の善によるにすぎない、といってしまうと、かの『生れながらに知り安んじて行なう』(前出)人も、『学んで知り困苦して勉《つと》める』人に比べて大差ないことになりませんか。わたくしが思いますに、この諸人士が道について偏向があったというのははいいとして、全く求めるところがなかったというのは、恐らく後儒が記誦訓詁を尊崇するあまりにおちいった錯誤ではないでしょうか。どうでしょうか」と。

性は一つのものです。仁義礼智は性の性(つまり本質)であり、聡明叡智は性の質(つまり実質としての気質にかかわるもの)であり、喜怒哀楽は性の(発動としての)情であり、私欲・客気は性に対する障蔽です。(気)質には清濁があるから、情の過不及や障蔽の深浅が生ずるのです。また私欲と客気は一つの病気における二種類の症状にすぎず、これは二つ別々のものではありません。

張・董・諸葛・韓・范らの諸公は、みな生来の気質がすぐれていたため、自然と道に暗合することも多かったわけです。だから、この諸公について、学を知り道をきわめた人として全面的に評価することはできないまでも、その学はそれほど道に違《たが》うところはなかったのです。だからかりにこの諸公が学を知り道をきわめたなら、たちまち(殷の名宰相の)伊尹《いいん》・傅説《ふえつ》、(周の成王を輔佐した)周公・召公らの賢人に匹敵したであろうことは疑う余地がありません。文中子の場合は、学を知らぬどころの話ではなく、その編著の大半が門徒の手になるものであるため、若干首肯できぬところがあるとしても、その大筋は実に目を見はるべきものがあります。ただ残念ながら、今を去ること余りに遠い昔で、確実な証拠も失われてしまっているため、その学によってきわめられたところが後世に曖昧のままです。

そもそも良知は道に他なりません。良知が人の心にそなわっているのは、決して聖賢にかぎられたことでなく、常人もひとしなみに同じなのであり、もし物欲にひきまわされ蔽われることがなく、ただ良知のままに思惟し行動していけば、その軌跡がそのまま道となるのです。

ただ、常人は、物欲にひきまわされ蔽われることが多く、良知にしたがうことができないのに対し、先ほどの諸公らの場合は、生来の気質がすでに清明であり、おのずと物欲にひっぱられ蔽われることも少ないため、良知の発揮されることも自然多くなり、道にもほぼ合致しえたのです。

学ぶ者は、良知にしたがうことを学ぶのみで、それでこそ学を知るというものです。この、学を知るとは、良知にしたがうことを学ぶ、ということを知ること、それにつきます。諸公の場合は、まだ良知について功夫をもっぱらにすることを知らず、そのため或いは多岐にふみ迷い、風影にまどわされ、(良知)についたかと思えば離れたりで一貫しなかったわけですが、もしそれさえ知りえたら、うたがいなく聖人たりえたでしょう。

後儒は、この諸公が要するにそのすぐれた気質にもたれかかっていただけだとし、だから「行なって著《あき》らかでなく、習って察《つまび》らかでない」(『孟子』尽心上)のを免れなかったと考えたのですが、これはそれなりに一応の論旨はとおっているといえます。ただしこの場合、後儒のいうところの「著《あき》らか」「察《つまび》らか」とは、聞見(二四三ページ注参照)の域にとらわれ、よからぬ旧習になずみ、形影の模倣に終始する類《たぐい》のもので、決して聖門のいわゆる「著・察」ではありません。自分がそのように蒙昧《もうまい》であるのに、人にだけ昭明を求めるなど、全くとんでもないことです。

つぎに、いわゆる「生れながらに知り安んじて行なう」ですが、ここの知と行の二字は、功夫の面から説かれたもので、知行の本体についていえば、それはそのまま良知良能なのだから、(この観点からいえば)「困苦して勉める」人といえども、すべて(その本体においては)「生れながらに知り安んじて行なう」人だということができます。ここの知・行の二字は、精察を要しましょう。

貴翰にいう、「昔、周濂渓は程明道に対し、常に、孔子と顔回の楽しむところをたずね求めさせた(『二程全書』巻四〇)といわれますが、いったい、この楽しみというのは、(喜・怒・哀・楽など)七情の楽しみと同じ次元のものでしょうか。もしそうだとすれば、それは常人でもその欲するままになしとげて楽しみとしうるもので、特に聖賢にかぎったことではありません。

もし、これと別に、真の楽しみなるものがあったとしたら、聖賢が非常に大きな憂い怒り驚き懼れなどに当面した時にでも、その楽しみは存在しつづけたでしょうか。いったい君子の心というものは、常に『戒慎・恐懼』のうちにあるもので、これはまた『終身(自己の不全であることを)憂える』(『孟子』離婁下)ことでもありますから、どうしてここを楽しむことができましょう。わたくしは平素から煩悶することばかり多く、いまだかつて真の楽しみの風趣を味わったことがありません。何とかしてその風趣を尋ねあてたいのですが」と。

楽とは心の本体についていうことで、七情の楽とは同じではないが、しかし七情の楽の外にあるのでもないのです。聖賢には別に真の楽があるとしても、それは常人にもひとしくあるもので、ただ常人の場合は自分にそれがあることを知らず、かえってみずから多くの憂苦を求め、迷いを加えているにすぎません。

しかし、実はその憂苦・迷いの中にもその楽は存在しつづけており、一念よく明悟して「身に反《かえり》みて誠」(『孟子』尽心上)であったなら、(その後句に「楽しみこれより大なるはなし」とあるように)そこにそれはあるのです。

わたしが貴君と論じているのは、実にこのことに他ならないのですが、にもかかわらず、なおどのようにしたら(真の楽が)えられるかと考えるのは、「驢《ろ》に騎《の》って驢を覓《もと》める」(自己に仏性があるのにそれを他に求めることをいう禅家の常套語）のそしりを免れますまい。

貴翰にいう、『『大学』では、心に好楽・忿懥《いかり》・憂患・恐懼《おそれ》があることによってその正がえられない、としていますが、程明道は、聖人は、『情があらゆる事に応じてはたらきながら、しかも（特定された）情がない』（『二程全書』巻四一）といっています。いわゆる（好楽などの感情があるの）あり方については、すでに『伝習録』（当時は現在の上巻だけあった）の中でマラリヤの例（上巻第七七条）によって精細に明らかにされたことですが、程子のようないい方をしますと、聖人の情は心に生ずるのでなく物事について生ずることになりかねません。これはどういうことでしょうか。

いま、物事に感応して情が生起するのなら、その都度にその情の是非をたしかめ正すこともできましょうが、しかし、事に感応しないうちは、情があるといってもそのありようはさだかでありません。といっても（マラリヤ説のごとく）病根はあるとされるのですから、この有無の判然としないところに、いったいどのように（良）知を致し（きわめ）たらいいのでしょうか。

といって、学んで情をなくすことに務めれば、その禍いは軽い場合でも儒を出て仏に入ることになってしまい、これではいいはずがありません。どうしたものでしょうか」と。

聖人の致知の功夫は、（前にも述べたように）「至誠息《や》むなし」（『中庸』）にあり、その良知の本体は、皎々《こうこう》と明鏡のごとくに微塵の翳《かげ》りもなく、外物に対しては、その物のあるがままの形をあらわして、しかも明鏡自体には何らの痕跡も残さない、これがいわゆる「情があらゆる事に応じてはたらき、しかも(特定された)情はない」というものです。

仏家に「住《じゅう》するところなく、しかもその心を生ず」（『金剛経』の語。禅家が好んで用いる）という言葉がありますが、これは必ずしも非とするにあたらない。明鏡が対象に対する場合、美に対しては美に、醜に対しては醜となるというふうに、映すもののすべてがそのものの真相である、これがつまり「その心を生ず」にあたります。一方、美に対しては美、醜に対しては醜でありつつ、ひとたび対象が去ればそこには何も残らない、これがつまり「住するところがない」にあたります。

マラリヤの喩えについては、すでに精細に述べたことだから、ここの質問もそれによって解き明かすことができましょう。マラリヤにかかった人は、瘧《おこり》の発作がでない時にも病根は潜伏しているのだから、発作がおこらないからといって服薬治療の手をぬくことは絶対にできません。もし発作がおこるまで、服薬治療の手をうたないとしたら、それは手おくれというものです。致知の功夫も、事があるとかないとかによって断続されるものでないこと、この発作のおこるおこらぬにかかわらぬのと同じです。

貴君のここの疑問は、前半後半それぞれ別々のことのようにみえて、実はそれらはすべて、自私自利や我執などの病から出るもので、この病根さえ剔《えぐ》りとれば、疑問はおのずと氷解霧消し、問答するにも及ばないのです。

以上、陸原静に答えた書翰が発表されると、これを読んだ人は、みな、原静がよく問うべきを問い、先生のお答えもまた核心を示すものであって、おかげでこれまでうかがい知りようもなかったところを知ることができた、と喜んだ。

先生がいわれるに、「原静の質問は、もっぱら観念上の理解を求めることにおちいっていたため、やむをえず、節を区切って説明した。もし、良知をとくと信じ、良知に功夫がなされたなら、千万の経典であろうと適合しないものはなく、いかなる異端いかなる曲学であろうと、ことごとく破砕できるのだから、なにもこのように、一節一節を分けて説くこともないのです。仏家に『*人を撲《う》つに塊《いしころ》を逐《お》う』という喩えがあります。いま、石ころを投げつけられて、その相手を撲てば、相手をしとめることもできるが、投げられた石ころばかり追っかけていたら、投石がやむこともないわけです」と。

同席していた諸友は、これを聞き、はっと悟るところがあった。

この(良知の)学は、みずからに求めることを貴ぶもので、知識によって達せられるものではないのだ。

〈「人を撲つに塊を逐う」〉『大般若経』第五六九巻に「塊で犬を擲《う》つに、犬は塊を逐い、塊ついにやまず。獅子を擲つに、獅子は人を逐い、塊おのずからやむ」とあるのにもとづくか。これは禅家の常套語の一つともなっている。

欧陽崇一*に答えるの書

崇一よりの来書にいう、「先生は、徳性の良知は、聞見*によって明らかにされない、『多く聞いてその善いものを択《えら》んでこれに従い、多く見てこれを識《し》る』（『論語』述而篇）というのは、（本末でいえば）末であるところの見聞にそれを求めるもので、すでに第二義に堕《お》ちている、といわれました。私の思うに、たしかに良知は見聞によって得られるものではありませんが、しかし学ぶ者の知というものは見聞によらないでは啓発されえません。見聞に拘泥するのはもちろん正しくないとしても、見聞もまた良知のはたらきです。いま、第二義に堕つといわれるのは、多分、見聞だけを学とするもののためにいわれたことでしょう。

もし、その良知を致し（きわめ）つつ、それを見聞（から得られた経典上の知識）によって確かなものにしたなら、知行合一の功夫ということになりませんか」と。

良知は見聞によって得られないが、見聞はまさに良知のはたらきです。だから、良知は見聞に左右されないとしても、また見聞を離れることもありません。孔子も「わたしに知があろうか、ありはしない」(『論語』子罕篇)といっているように、良知の外に、知はないのです。だから良知を致す(発揮する)ことこそが学問にとっての根幹であり、これが聖人の教えの第一義のところです。だから、(道を)末である見聞のみに求めるのは、その根幹を失却したものである点で、第二義に堕ちるのです。

近年、同志のうちで良知を致すの説があることを知らぬものは一人もないが、にもかかわらず、その功夫になお錯誤が多いのは、まさにここのところを欠落させているからです。

およそ学問功夫は、なによりもその主意(原語のまま。上巻第二六条注参照)と根幹となるところが正しくなくてはならない。もしその主意や根幹が、もっぱら良知を発揮することにあったら、どれほど見聞が多かろうと、そのすべては良知を発揮する功夫となりえます。この場合には、日常に見聞し応対することがらが、いかに千差万別であっても、そのいっさいが良知の運用でないものはなく、これらの見聞や応対行為がなくては、良知の発揮されようもない、つまり(良知を発揮することと見聞とは)完全に一つのことなのです。

が、もし、良知を致しつつ、それを見聞によって確かなものにする、といういい方をしてしまうと、語意の上で、どうも両者を二つに分けているようなひびきとなります。これは、末なる見聞のみに道を求めるのとは、いささか違いますが、まだ「精・一」の本旨をとらえていないということでは、両者に違いはありません。

「多く聞いてその善いものを択んでこれに従い、多く見てこれを識る」についていえば、択ぶという上にまた識るという以上、そこには疑いもなく良知がはたらいているのだが、ただし、その意図するところが、もし、もっぱら多聞多見を求めることにあり、その多聞多見について択び或いは識ることをめざすとしたら、これはもはや根幹を失ったものであります。

ここのところさえ、貴君が摑《つか》みとられれば、もはや明明白白、このたびの質問も、まさにこの(聖人の)学について、新たに光を与えるものといえます。そしてそれは同学の士に裨益《ひえき》するところ極めて甚大であるのですが、しかし、先程のように、語意を曖昧にしておくと、毛筋ほどの誤差が千里の距《へだ》たりの類になりますから、ここはよくよく精察しないといけません。

〈欧陽崇一〉（一四九六〜一五五四）姓は欧陽、名は徳、字は崇一、号は南野。江西省泰和の人。正徳十一年（一五一六）頃に陽明の門に参じていたが、当時門人の中で最年少であったといわれる。陽明年譜によると、この手紙は、嘉靖五年（一五二六）、陽明五十五歳の時のものである。

〈聞見〉「聞見」は原語のまま、あとの「見聞」も同じ。強いて訳せば、外来の知識ということになろうが、それだけでは尽くせない。もとは禅から出る概念で、たとえば『伝心法要』の「この本源清浄心は、常に自ら円明で徧《あまね》く照らすが、世人は(この内なる光を)悟らず、ただ見聞覚知を心とみなしてそれに遮蔽され、清明の本体を見失っている」などというように、内なる本体にかかわらぬ第二義の知識である。しかしその一方、この知識はそれ自体が「見聞」すなわち肉体の五官のはたらきであるから、これを存在ごと否定することはできない(つまりここの「聞見」は知識だけでなく知覚のはたらきの意味を含む)。だから『伝心法要』も右のあとに「見聞覚知のはたらく場に本心を認めよ。しかし本心は見聞覚知に属さず、といって見聞覚知を離れるのでもない。要は見聞覚知によって見解を立てたり、見聞覚知について思念をめぐらせたり、と同時にまた見聞覚知を離れて心を求めたり、それを捨てて法にとびついたりせぬことだ」とくり返し論ずる。ここの崇一と陽明の論議は、禅家の右の本体と見聞のいわば悟道上の死活の問題を根柢に継承しつつ、それを「理」の世界の中で解き明かそうというのである。

貴翰にいう、「先生は先に、『繫辞伝に、何を思い何を慮《おもんぱか》ることがあろう、というのは、思うところ慮るところ、ただ天理をおいてなく、これ以外に何も思い慮るものはないということで、決して思いや慮りじたいがないというのではない』とか、『心の本体はすなわち天理であり、これ以上さらに何の思い慮るものがあろう』とか、『学ぶ者は功夫に際し、千思万慮するとも、それはあくまでも自己の本体にたちかえることを志向するものであり、決して私意によって算段や思索をくりひろげることではない』とか、或いは『算段や思索は、つまり自私用智に他ならない』（「周道通に啓問するの書」）といわれました。

思うに、学ぶ者の病弊は、空なり寂なりに執着していっさいの思為を無にしようとするか、さもなければ、算段や思索に惑溺するかのいずれかです。わたくしは辛《かのと》と壬《みずのえ》の両年には、前者の病《やまい》にとりつかれ、最近はまた後者の病にとりつかれてしまいましたが、しかし、思索もいわば良知の発用であるのだから、とすると、私意による算段とはどこで区別されるのでしょうか。多分わたくしは、賊を自分の子と見誤る（『楞厳経《りょうごんきょう》』巻二）の類で、どこかで間違えていると思うのですが」と。

「思うことは道に深く通ずることで、深く通ずるとは聖となること」（『書経』洪範篇）とか、或いは「心は器官として思うというはたらきをし、この思うというはたらきによって道がえられる」（『孟子』告子上）とかいわれるように、思うということは、決しておろそかにされてはなりません。

ただ、空寂になずむのも算段や思索に流れるのも、ともに自私用智に他ならず、良知を喪失していることに変りはありません。

良知は天理が昭明霊覚*であるところをいうのだから、つまり良知は天理そのものでもあります。一方、思いは良知の発用であるから、良知の発用としての思いは、その思うところ天理にあらざるはないわけです。この良知の発用による思いは、それ自体として清明にすっきりとしており、それは良知によってもよく自覚されうることです。また、私意の算段による思いの方は、それ自体雑然と乱れており、これも良知みずからによってよく弁別できることです。とにかく、思いにおける是非正邪は、良知みずからによってはっきりと自覚されることなのだから、もし賊をわが子と誤認するとしたら、それは良知の学にくらいからであり、また良知について体認することを知らぬからだ、というほかないのです。

〈昭明霊覚〉この四字はすべて禅家が心の本来のあり方をいう時の語である。昭明は『信心銘』や『心銘』などにいう「虚明」でもあり、鏡のような澄明さをいう。霊覚は『血脈論』に「……覚とは霊覚で、機に応じ物に対して、揚眉瞬目し、運手動足するものが、すべて自己の霊覚の性に他ならぬ。性は心であり、心は仏であり……」などとあるような、心の霊妙なはたらきをいう。心即理の立場に立つ陽明にとって、心はそのまま理である、その理のありようやはたらきが良知だというのだが、そのありようやはたらきをさらにそっくりそのまま理といいかえるここの論脈には、宋学以来の理にまつわる静的なイメージを、払拭《ふっしょく》して、動静一如の新しいイメージでとらえかえそうとする意欲が感じとられる。

貴翰にまたいう、「先生は、『学をおさめるには、終身ただ一事につとめるのみで、応対すべき事柄があろうとなかろうと、ただ這一件《このこと》(既出)につとめるのみなのだ。もし、たとえ(なすべき)事柄を放置しようとも、まず身心の培養につとめるべきだ、というと、これはかえって、(事柄に対する対応と身心に対する培養とを)二つに分けてしまうものだ』といわれました(「周道通に啓問するの書」)。

わたくしが思うに、精力が衰弱して(なすべき)事柄をなし終えるに至らない、という自覚は、良知によるもので、その結果、事柄をなしとげられなくとも、しばらく身心の培養につとめようとするのは、(それなりに)良知をはたらかせることです。それがどうして二つに分けることになるのでしょうか。

かりに事態が急で、それをなしとげざるをえない情況となれば、たとえ精力が衰えていようと、できるかぎり鼓舞しまた奮起もするでしょうから、それによって志を堅持し気力をひきたてていくことは、十分可能なことです。しかし、この場合、言動についに気力が尽き、事が終わるや困憊《こんぱい》のあまり息も絶えんばかりということになると、これはほとんど気力を暴発するにひとしくなります。

ここのところの軽重緩急は、もとより良知によって明らかになることではありますが、しかし、軍勢に迫られた時には、とても精力のいかんを顧みているいとまはないし、反対に精力がうちひしがれている時には、事勢を顧みている余裕もないわけです。こういう時はどうしたらいいのでしょうか」と。

事が放置されることになるとしても、むしろ培養につとめないわけにいかないというのは、初学の人にこう説くかぎり、無益ではないが、しかし、これを二つの事柄とみなしてしまうと、やはり病弊となります。孟子が「必ずこととしてつとめよ」（『孟子』公孫丑上）といっているのは、君子の学は終身ただ「義を集積する」（同上）の一事につきるということです。ここで義《ぎ》とは宜《ぎ》であり（中国語で義と宜は同音）、心がその宜《よろ》しきを得るのを義といい、良知をよく発揮することができれば、心はその宜しきを得るのです。だから義を集積するとは、要するに良知を発揮することです。

君子が万事万変に対処する場合は、（理として）当然すすむべきときにはすすみ、止《とど》まるべきには止まり、生きるべきには生き、死ぬべきに死ぬのですが、その適非の判断は、良知を発揮することによって自己の充足を求めるという、この一点からなされるものです。

だから、君子は、「自己の当面するところに即して最もよく行ない」（『中庸』）、「思弁もそのところ離脱をしない」（『論語』憲問篇）のです。すべて、「力の及ばないところに考えをめぐらせ、知のかなわぬところに無理を強いる」（欧陽修『秋声賦』）のは、およそ良知を発揮することとは無縁です。とはいえ、「その筋骨を労し、その身を窮乏の底におとし、行なう結果も意図にそぐわぬような困苦のうちにあって、心を発憤させ本性を堅忍にして、できないことも可能にしていく」（『孟子』告子下）のもまた、良知を発揮してこそのことに他なりません。とすれば、事を放置することになっても、むしろまず心身の培養につとめないわけにいかない、というのは、あらかじめ功利の心をはたらかせて、成行きの成否や自分にとっての都合を計り、好悪や取捨の弁別を加えることでもあります。このゆえ、事をなしとげるということと培養とがそれぞれ別のことがらになるのです。

これはまさに自己を内と外とに分断する考え方で、つまり自私用智（二〇二ページ注参照）に他ならない。そしてこれはさらに（告子の）「義を（自己の）外に（あると）する」（『孟子』告子上）ものであるとともに「心に納得のゆかぬことを、気力で押し通そうとしてはならない」（『孟子』公孫丑上）とするものでもあり、これはとても、良知を発揮して自己の充足を求める功夫、どころではありません。

つぎに、貴君のいわれる、鼓舞奮起するとか、事が終われば困憊の極に達するとか、また事勢に迫られるとか精力がうちひしがれているとかのことは、すべて（事と培養とを）二つにみなすということからおこることです。

およそ、学問の功夫にあっては、（内外を）一につらぬけば誠*であるが、二つに分かれては偽*《ぎ》となるのであり、右のことがらも、結局、良知を発揮しようとする意において、ひたすらなる誠に欠けるものがあるからです。

『大学』に「その意を誠にするとは、悪臭を悪《にく》むがごとく、好《よ》き色を好むがごとくにする、これを自己充足という」とあるが、いったい、悪臭を悪《にく》み、好《よ》き色を好むのに、鼓舞奮起しなくてはならないような人が、いるのだろうか。そしてそのことが終わると困憊の極に達したり、あるいは事勢に迫られねばそうしなかったり、そのことに精力が困憊したりすることが、いったいあるのでしょうか。ここを考えれば、その病弊のよって来たるところも明らかになりましょう。

〈誠・偽〉ここの「誠」は日本語のまごころとは違って、天地本来のあり方（天理）に、おのずからに一致することである。そのとき内から流出するものは外の事柄の上に正しく発現して、そのままそれが天理にそった誠のあり方ともなる。一方、「偽」はニセではなく、人偏《にんべん》に為とつくられるように人間の作為、たとえば前出の自私用智などによる行為事例をさす。このとき外にあらわれた行為は内なる本来的自己と無縁であり、内外は二分されたまま偽りに終わるとされる。

貴翰にまたいう、「人情は測りがたく、策略や詐術が百出横行しています。いま、疑わないことをたてまえにしてそれらに立ち向かったところで、結局は欺《あざむ》かれるだけです。さればといって、覚《さと》くあろうとすれば、『(詐《いつわ》られぬかと)臆測し、(信じてもらえないのではないかと)気配りする』(『論語』憲問篇)ことにならざるをえません。いま、詐られぬかと臆測するのは、これも一つの詐りに他ならず、信じてもらえないのではないかと気配りする、これも一つの不信です。といって、人に欺かれるのもまた、覚《さと》くあることに反します。臆測もせず、気配りもせず、しかも常に『先んじて覚《さと》る』（同上）ためには、ただ良知の透徹澄明によるほかありますまい。とわかっていても、ともすれば、覚るよりは、詐りや不信の方にいってしまうのは、どうしたことでしょうか」と。

臆測もせず気配りもせず、しかも先んじて覚る云々と孔子がいったのは、当時の人がもっぱら詐りを臆測し、相手の不信に気を配ることに汲々《きゆうきゆう》として、かえってみずから詐りや不信に陥っていたり、或いはまた、そうでない場合でも、良知を発揮する功夫を知らず、つねづね人に欺かれることが多かったから、それでこのようにいわれたのであって、決してこのことに心を集中させて、人の詐りと不信とをあらかじめ覚らせようとしたのではありません。

もしこのことに心を集中するだけだとしたら、それこそ後世の猜疑《さいぎ》心の強い陰険刻薄な人と同じで、むしろその一念によって、たちまち堯・舜の道からはずれることになります。

臆測や気配りをすて、それで人に欺かれたとしても、それによって善を失ったことにはならないが、しかし、よく良知を発揮することによって、おのずからに覚る方がより「賢明である」（同上）わけで、貴君が、「ただ良知の澄明透徹による」といわれたのは、その意味で正しいといえます。しかしこれは、貴君の智恵によって観念的に悟られたことで、多分実地の経験をふまえたことではありますまい。

思うに、良知が人の心にあるのは、万古にわたり宇宙をつらぬいて、ひとしく例外なきことです。（この良知によって、人は）「慮らずして知り」（『孟子』尽心上）、「易きにあって常に険を知り」（『易経』繫辞下伝）、「学ばずしてでき」（『孟子』尽心上）、「簡にあって常に阻を知る」（『易経』繫辞下伝）のであり、さらにまた、「天に先んじて行なって、天に違《たが》わない。天にすら違わないのに、まして人や鬼神に違うわけがない」（『易経』乾《けん》卦、文言《ぶんげん》伝）ということになるのです。

そもそも、貴君のいう、覚くあるよりは詐りや不信に流れやすいというのは、これは、人（の詐り）を臆測する以前に自分に偽るところがあるか、人（の信・不信）に気を配る以前に自分を信ずることができないでいるかのどちらかです。さもなければ、先んじて覚りたいと常にねがっていながら、どうしてもそれができないでいるかです。しかし、先んじて覚りたいというこの心があること、これが臆測や気配りを生むもとであり、これによって良知はもはや十分に蔽われてしまうのです。だから、覚《さと》くあるよりは詐りや不信に流れてしまうのです。

君子の学は、自己の充実をはかるものです。それは、決して人に欺かれぬように思慮するものではなく、あくまで自己の良知を欺かぬようにするのみです。それは決して人に信じられるか否かを思慮するものではなく、あくまで自己の良知を信ずること、それのみです。それはいまだかつて、人の詐りや不信をあらかじめ覚ろうとするものではなく、あくまで自己の良知をみずから覚ろうとのみつとめるものです。（良知を）欺かなければ、良知に偽るところがなく、誠となり、

「誠であれば明」（『中庸』）となります。みずから（良知を）信ずれば、良知に惑うところがなく、明となり、「明であれば誠」（同上）となります。

このように明・誠があい生じることによって、良知は常覚常照たりえ、常覚常照であれば、明鏡をつねに壁に懸けておくようなもので、前にやってきたものは、遁《のが》れようもなくありのままの自己を映し出されることになる。

どうしてか。いつわらずして誠であれば、当然いつわりを容《い》れる余地がなく、もしいつわるところがあれば、たちまち覚るし、また、みずから信じて明らかであれば、不信の入りこむ余地がなく、もしいささかの不信があれば、たちまち覚るからです。

これが、「易きにあって険を知り、簡にあって阻を知る」ことであり、子思のいう「至誠は神のごとくであり、事のなりゆきを前もって知ることができる」（『中庸』）ということでもあります。しかし、ここで、子思が「神のごとく」といい、また「前もって知ることができる」というのは、（誠のありように）二つの段階を想定しているようで、よくありません。これは多分、誠をめざして功夫した場合の効果をいうのであり、おそらく、覚くありえぬ人のために説かれたものでしょう。

もし、至誠についていうならば、至誠の霊妙なはたらきをそのまま神というのだから、神のごとし、という必要はないし、至誠であれば、知ろうとしなくとも知らぬことがないのだから、前もって、知るなどという必要もないのです。

羅整庵小宰に答えるの書*

頓首して啓上いたします。

先日はお手紙を拝受し『大学』についてご教示を賜わりながら、出帆まぎわのこととて、ご返事申しあげることができず失礼しましたが、今朝からは船の生活もやや落ちついてきましたので、再びお手紙をとり出して拝読させていただきました。

江西に到着してしまうと、おそらくまた多事にまぎれることになりましょうから、いまのうちにざっとご返事申し上げ、ご指教をねがう次第です。

〈羅整庵〉名は欽順《きんじゅん》、字は允升《いんしょう》。陽明より七歳年長（一四六五〜一五四七）。陽明が「心」に力点をおいたのに対し、「性」に力点をおいて理を模索した。後世そのため、朱子学者のカテゴリーに入れられているが、実はこういうカテゴリー分けは余り意味がない。というのは、彼の理は、理気相即のものである点で、まさしく明代的であり、その点では陽明と基盤を共通にすることはあれ、決して朱子と共通になりえないからである。陽明は、この人との論争に相当なエネルギーを傾注しており、またそれだけの思想の骨格をもった人でもある。主著は『困知記』で、その中に陽明批判の書が収められている。

ご教示によると、「道を理解することはもとより難事だけれど、道を体得することはさらに何より至難のことだ。道はまことに明かしがたく、学は絶対に探求をおろそかにすることが許されない。自己の理解の範囲に安んじ、それをそのまま究極の則《レクス》としてしまってはなりますまい」とのことでありました。どうしてこのようなお言葉がいただけたものか、何とも有難いことに存じます。

おっしゃるまでもなく、わたしは、みずからを究極の則としてこれに安んずるどころではなく、まさに天下の有道の士について道を究明したいと念願するのであります。

にもかかわらず、この数年来、わたしの説を聞いて、非難嘲笑するもの、誹謗するもの、それどころか論議批評にも及ばぬと無視するものなど、ひきもきりませんが、そのうちの誰がいったい、わたしを教導しようとしてくれたでしょうか。誰がわたしを教導し、くり返し説得し、わたしが正論につかぬとしてそれを恐れ悲しんでくれたでしょうか。まことに天下のうちに貴殿ほど、わたしを愛することかくばかりに深く切なる方は、ありません。実にこれ以上の感激はない次第です。

さて、孔子ほどの人でも、自分に「徳が修められず、学が磨かれないのを憂患してはばからなかった」（『論語』述而篇）のですが、しかるに世の学人たちは、少しばかり訓詁の学を習いおぼえると、たちまち学を知ったと思いこみ、講学*によって求めることなど考えようともしません。実に悲しむべきことです。

そもそも道は、体得することなしには理解することができず、だから、道を理解してから体得の功夫をはじめるというのでは、決してないのです。また、道は学ぶことなしに明らかにすることができず、学を講ずることをおいて、その外にいわゆる道を明かすことがあるのでも決してありません。

しかるに、世の学を講ずるものに二種あり、一は心身によって講ずるもの、一は口耳によって講ずるものが、それです。

口耳によって講ずるものとは、見聞に勝手な臆測を加えて、影や響きを実体と思いこみそれを追いかけまわすものです。心身によって講ずるものとは、「行なって著《あき》らか、習って察《つまび》らか」（『孟子』尽心上）で、真に「これを己れに有《も》つ」（『孟子』尽心下）ものです。ここがわかれば孔門の学の真髄もわかりましょう。

〈講学〉「功夫」と同じく、方法上の術語。いままでは何とか訳語をつけてきたが、ここになると、むしろ訳さない方がよいと思われるので、敢て原語のまま用いる。意味は、書を読み、それを自己に吟味し、かつ同学の士と討論し、師に質問することなどによって、道をきわめるための学を研磨することをいう。

正確には「学を講ずる」と動詞形によむべきだが、ここは便宜的に名詞形にとった。

ご教示によると、わたしが、（朱子によって改編された）『大学』を古本の旧に戻したのは、「学問をするには道はただ内に求められるべきであるのに、程・朱の格物の説はこれを外に求めがちであるから、そこで朱子が章を分け伝え補ったのを、廃した」ものだとしておられますが、とてもそんなものではありません。

第一、学に内外（の境界）などあるものですか。ただ、『大学』古本こそが孔門相伝の旧本であるのに、朱子が脱誤があるのではないかと疑って改正補輯《ほしゆう》してしまった。それを、わたしはもともと脱誤はなかったとする立場から、すべて旧のままにかえしたにすぎません。孔子を過信しているといわれればそれはそうかもしれませんが、決して朱子にことさらに異をたてて、その分章や補伝を廃したというのではありません。

そもそも学は、自己の心に実得することを第一義とします。もし自分の心におしあててみて誤りだと思ったら、たとえ孔子の言であろうとも、それを是としたりはしない。まして孔子にも及ばぬものの言についてはなおさらのことです。一方、自分の心におしあててみて正しいと思ったら、たとえそれが凡庸の人の言であったとしても、それによってそれを非としたりはしない。ましてそれが孔子の言ならいうまでもないことです。

この旧本はすでに数千年にわたって伝えられてきたもので、いまその文章を読んでみれば、明白にその意は通じるし、功夫について論じられていることも、簡易でとっつきやすいものです。であるのに、この段はどこそこであの段はどこそこになければならぬとか、ここがどのように欠落しているの、あそこはこのように誤記だとか、いったい何の根拠によってそのような断定を加え、挙句には改編補輯までしてしまったのでしょうか。(これをこのまま容認するのは)結局、朱子に背くことを重視するあまりに、孔子に叛くことは軽視してしまうというものではありませんか。

ご教示によると、「学問が、もし外に求めることによっては絶対に達成されず、自己への内観や内省こそが大切だとするならば、正心・誠意の四字だけでそのすべてが尽くされるわけで、初学のはじめに格物などの功夫に苦労する必要は、全くない」とのことです。

実におっしゃるとおりです。実際、その要所をあげるなら、修身の二字でそれはいい尽くされ、その上に正心をつけ加える必要などさらにありません。そして、もし正心を挙げるならやはりその二字で十分であって、その上さらに誠意をつけ加える必要はなく、また誠意を挙げるならその二字で十分で、致知や格物に言及する必要も全くないのです。

功夫はいかにも詳密ですが、これを要約すれば、つまりは一つに帰するのみであって、聖学が精一の学であるゆえんもここにあり、このことは特に心に銘記されねばなりません。

そもそも、*理に内外(の境界)はなく、性に内外はない。だから当然学にも内外はないのです。講習討論でも内に関連しないためしはないし、内観内省が外ときりはなして行なわれるものでもありません。

いったい、「学は外に求めることによってのみ達成される」というのは、性が自己の外にあるとするもので、これこそ「義を外にする」(前出)ものであり、用智(二〇二ページ注参照)であります。また、内観内省は内に求めるものだときめてしまうと、これは性が自己の内のみにあるとするもので、これは*我執であり自私であります。これはみな、性に内外(の境界)がないことをわきまえぬものです。

だから、「(人が)理義を精察して極妙の域に達すれば大きなはたらきを発揮することができ、そのはたらきを正しくして身を安んずるのは、徳を崇《たか》めるためだ」(『易経』繋辞下伝)とか、「(誠は)性の徳で、内外の道を合するものだ」(『中庸』)などというのであり、ここから格物の学の何たるかが明らかになりましょう。

格物というのは、『大学』における実践で、最初から最後まで、初学から聖人に至るまで、ただこの功夫あるのみであり、決して初学のはじめにかぎられたことではないのです。

そもそも、正心・誠意・致知・格物などはすべて身を修めるためのもので、中でも格物は、修錬のいかんがありのままに現れる場でもあります。

以上のように、格物とは、心にある物《こと》を格《ただ》し、意とされた物《こと》を格《ただ》し、知としてはたらいた物《こと》を格《ただ》すことであり、一方、正心とは、その物《こと》についての心を正すこと、誠意とは、その物《こと》についての意を誠にすること、致知とは、その物《こと》についての（良）知を発揮することなのであり、ここには内外彼此《ひし》の区分は全くありません。

また、理は一なるものです。理として凝結している側面からは性といい、その凝結が（一身の）主宰者としてはたらく側面から心といい、その主宰において（個別の事例に即して）発動される側面からは意といい、発動されたものの明覚である側面を知といい、その明覚において感応する側面を物《こと》というにすぎません。

だから、物《こと》に即していえば格《ただ》すということになり、知に即していえば致す（発揮する）ということになり、意に即していえば誠にするということになり、心に即していえば正すということになります。

ここで正すとはそれら（物・知・意・心など）を正しくすることであり、誠にするとはそれらを誠にすることであり、致すとはそれらを致すことであり、格《ただ》すとはこれらを格すことであり、そのすべてが、いわゆる「理を窮めて性を尽くす」（『易経』説卦伝）ことに帰するのです。

天下に性をおいて外に理は存在せず、性をおいて外に物《こと》は存在しません。

およそ学が明らかでないのは、すべて、世の儒者が理や物を自己の外にあるものとみなすことに起因しており、しかも彼らはかかる「義外」の説はすでに早く孟子によって論破されたものであることに気づかぬまま、無自覚にもその誤謬を踏襲してはばからない。それというのも、一見正しそうに見えるため、なかなかはっきりさせにくいからでもありますが、それだけにここのところは、ぜひとも省察されなければなりません。

およそ貴殿がわたしの格物の説に疑いをもたれるのは、一つにはわたしが内のみを是として外を非としているものと決めてかかっておられること、また一つには、もっぱら内観内省だけにつとめて講習討論を無視していると決めてかかっておられること、一つには、問題をひたすら大綱や本源に集約して項目の詳細は省略していると決めてかかっておられること、また一つには、枯木死灰の虚寂に一面的に惑溺して社会や歴史のありようを学ぼうとしないと決めてかかっておられること、などによります。

もしこれらが事実だとしたら、わたしは聖門に罪を犯し、朱子に罪を犯しているばかりでなく、邪説によって民を惑わし、道に叛き正理を乱すものでもあるから、誰に誅罰《ちゅうばつ》を加えられようと甘受するほかなく、まして相手が貴殿のごとき正直《せいちょく》の士であれば、申し開きのしようもないことなのです。また、もしそれが事実なら、訓詁の学にいささかでも通じ先哲の序論なりとも聞いた人なら、誰もがわたしの非を見ぬくことができるはずで、まして高明なる貴殿はいうにもおよばぬことでしょう。

ところが、およそわたしのいう格物は、朱子*の九ヵ条の中に、すべて包羅統括されるものであり、ただ、実践する際の要所をしぼることによって、功夫のつとめ方に違いを生じているだけのことで、実にそれはいわゆる毛筋ほどの誤差にすぎないのです。とはいえ、その誤差もやがては千里の距たりとなるのですから、ここはどうしても解明しないわけにはいきません。

〈理に内外はなく…〉程明道『定性書』の語。自己に具有された理と事物の理とは、一貫したものだということだが、陽明は、内なる心の理がそのまま外の事象の上に発現されるという立場からこういう。

〈我執〉原語は「有我」。我執・自私は、すでにくりかえし述べたように、いわゆるエゴイズムではなく、人間を含めて天地自然に貫流する天理から、自己をきりはなして、自己一身の原理にとらわれて生きることをいう。

〈朱子の九ヵ条〉格物致知について、程子が九ヵ条にわたって述べたものを、朱子がその『大学或問』の中に入れ、この九ヵ条こそは、格物致知がどこにどのように功夫さるべきかを説いたものだとした、それを指す。

孟子が楊朱や墨子の思想を論破して、それはいきつくところ父や君(の存在理由)を否定してしまうものだとしました。そのお二人も彼らの時代にあってはそれなりに賢者だったのですが、もし彼らが孟子と同時代に生をうけたとしたら、必ずしも不賢の扱いはうけなかったかもしれません。

墨子の兼愛主義は過度に仁を行なうものであり、楊子の自己中心主義は過度に義を行なうものではあるが、つまりはそれだけのことで、決して理を滅ぼし人倫を乱し、天下を惑乱させるというほどのものではありません。

しかしその末流になると弊害はさけられず、それは孟子が禽獣夷狄になぞらえねばならぬほどで、いわゆる「学術によって天下後世を殺す」（陸象山「曾宅之に与えるの書」）までになったのです。

今世の学術の弊害は、楊・墨流にならえば、いったい仁を過度に学ぶものというべきか、義を過度に学ぶものというべきか、或いは、不仁不義を過度に学ぶものというべきでしょうか。いったいそれはまた、どれほどまでに「洪水猛獣」的なのでありましょうか。

孟子は「自分は弁は好まないが、ただやむをえずせざるをえない」（『孟子』滕文公下）といっていますが、孟子の時代には、楊・墨の学が天下を覆い、天下の楊・墨に対する尊信ぶりは、今日の朱子に対する崇拝に決して劣らぬものがありました。しかもその中にあって独り孟子だけが（その非を）叫びつづけていたわけですが、思えば何と胸の痛むことでありましょう。

また韓愈も、「仏教や老荘の害は、楊・墨のそれよりはるかに甚だしい。自分はとても孟子の賢に及ばぬのに、孟子が（道の）破壊される以前にすら救いきれなかったものを、わたしは破壊されてしまった後に、完全にもとにかえそうというのだから、これは余りに自己の力量をかえりみないものだ。恐らくわたしは、身の危険を免れえないまま、死に至らざるをえないだろう」(「孟尚書に与えるの書」)と述懐しています。

ああ、このわたしこそ、その力量をかえりみないものの最たるもので、まさしく身の危険を免れずして死に至るにちがいありません。

いったい、衆人が嘻々《きき》として生を愉しんでいる中に、自分一人だけが涙を流して世を憂え、或いは世を挙げて安逸にはしっている時、自分一人だけが頭を悩ませ額にしわよせてそれを憂えるなどというのは、およそ狂人でないとすれば、必ず大きな苦悩を内に秘めた人でなければならず、天下の至仁の人でないかぎり、誰がこれを理解しえましょうか。

わたしが*朱子晩年定論を作ったのは、思うにまた、実にやむにやまれぬものがあったのです。中に収められたもの全てが、果たして朱子晩年のものかどうかについては、まだ検討の余地はありますが、かりに全てがそうとかぎらぬとしても、やはりそのほとんどは晩年のものと断定していいでしょう。ただし、これを作った意図は、何とかしてその学説との共通点を細部にわたって検討し、それによって正学を明らかにしたいと強く念願したところにあります。わたしの場合、朱子の学説には平素から、神霊に対するような敬信を抱いているので、少しでもこれと背馳《はいち》することがあればとてもそれに堪えきれず、そのためやむにやまれずこれを作ったのです。

「自分を知ってくれる人は、心に憂いがあるようだと理解してくれるが、知ってくれない人は、君は何が欲しいのだという」(『詩経』王風、黍離《しょり》篇)といいますが、朱子と齟齬《そご》することを実に堪えがたく思う、これこそがわたしの本心に他ならぬのです。にもかかわらず、いまこれと齟齬せざるをえないのは、道とは本来このよう(に妥協を許さぬ厳正)なものであり、もし「直《ただ》さなかったら、道はあらわれない」(『孟子』滕文公上)からなのです。

貴殿がいわれる朱子と異なる点については、わたしは決してそれをかくしだていたしません。そもそも道は、天下の公道であります。学は天下の公学であります。朱子が私《わたくし》できるものでもなければ、孔子が私《わたくし》できるものでもなく、天下に公なるものである以上、公の立場に立っていう以外にありません。

だから、ある人の言が正しいものであれば、自分の見解と異なろうとも、それは自分にプラスになるし、その言が非であれば、かりに自分と同意見でも、それは自分にとってマイナスでしかないのです。そして、自分にプラスになれば、当然それを喜ぶし、自分にマイナスになれば、当然それをにくむでしょう。

とすれば、わたしの今日の所論が、たとえ或いは朱子と異なろうとも、朱子がそれを喜ばないとはかぎらないのです。「君子の過ちは日蝕や月蝕のように衆人の目にかくしだてされず、それがあらたまると人はみなふり仰ぐ」が「小人が過ちをおかすと、必ずうわべをかざる」(『論語』

子張篇）といわれます。わたしは不肖の人間にはちがいありませんが、しかし小人の心をもって朱子に対しようとはもとより考えません。

貴殿が、数百言をもって縷々《るる》ご教示下さったのは、わたしの格物の説が十分にご理解いただけていないからのように思われますが、もしただわたしの説をご理解下さったなら、これら数百言は、わたしの弁明を待つまでもなく釈然と氷解するでありましょう。だから、今はこれ以上言辞を並べたて煩瑣《はんさ》をますことは避けたいと存じます。それに、わたしの所説は、やはり親しくお目にかかって申し上げるのでなければ、とても紙筆によって明かすことができません。

ああ、貴殿がご教導ご啓発下さったことは、実に懇切にわたるもので、わたしを愛して下さることかくのごとき人は、貴殿をおいてほかにありません。

わたしはまことに愚鈍ではありますが、貴殿のご厚意は実に身にしみて有難く存じます。とはいえ、自分の心中にこれこそ正しいと思うものがありながらそれをあっさりと捨てて、しばらくでも貴殿に従おうというわけではありません。これは、貴殿のご厚情に背こうとのことではなく、むしろまさにそれに報いたいと思うからに他なりません。

秋の終りには東へ帰りますが、ぜひ一度お目にかかって、ご教示を得たいと存じます。どうかその節はくれぐれもよろしくお願いいたします。

〈朱子晩年定論〉陽明は朱子の晩年の書翰から、自分の学説に近いもの三十四篇をとり、これが実は朱子の定論であるとして、刊行した。これに対し羅整庵が、中には必ずしも晩年のものでないものがあると論《ろん》駁《ばく》した。ここはそれに答えているのである。
〈天下に公なるもの〉公についてはこのあとの「聶文蔚に答える（その一）」の注参照。

*聶文蔚《じようぶんい》に答える（その一）

この春には遠路はるばるお立ち寄り下さった上、懇切なご教示も賜わり、まことにこれにすぐる喜びはありません。あの頃は、すでにそれ以前から、二、三の同志と、どこか閑静な地を求めてしばらく滞在し、そこでいささか私見も開陳して切磋の機会をえたいと計画していたのを、公事や世事にしばられて、どうしても果たすことができずにいた折でもありましたから、貴君がお発《た》ちになったあとはことのほか鬱々《うつうつ》とたのしまず、何かを失ったように空虚な日々でした。

ところが思いがけず、このたびは貴翰に接するをえ、縷々《るる》たる千余言を賜わり、実に心のはれるものがあります。

中には過分のお褒めもいただいていますが、これはわたしを激励せんとのご厚情によるとともに、いっそう身に深く規戒鞭撻を加えて聖賢の域にのぞましめようとのお志と有難く拝察いたします。

またあわせて欧陽崇一君にも懇篤なるお言葉を託していただき、ご交誼の深厚なること、ただただ感激し恐縮するほかありません。果たしてわたしがこれにお応えできるものやら、何よりそれを懼れるものです。

とはいえ、わたしも、決して自己を鞭励もせず、いたずらに恐懼辞譲のみするものではありません。


さて、貴君が「子思・孟子は、期せずして千年の後に周濂渓《しゅうれんけい》・程子らの理解にめぐりあえたが、ここよりしてみると、天下のすべての人に信じられるよりは、むしろただ一人でも真に信じてくれる人がいた方がいい。道はもともと自在であり、学も自在なのだから、天下のすべての人に信じられても別に多すぎないと同時に、かりに一人にしか信じてもらえないとしても、決して少ないとはいえない」といわれるのは、これこそ「人に認められなくとも、不平に思わない」（『易経』乾卦、文言伝）という（潜める竜の）境地であり、世の浅薄かつ軽佻《けいちょう》な人たちなどの、到底うかがい知れるところではありません。

ただわたしについていえば、わたしの（新説を世に問うその）おもむきは、どうしてもやむにやまれぬものがそこにあるだけのことで、人に信じてもらえるか否かの思案は、およそ問題の外のことです。

そもそも、人は天地の心にあたり、天地万物はもともと自己と一体《ひとつながり》のものであります。だから生民の窮乏困苦は、そのままわが身に切なる疾痛に他ならず、この疾痛を感じないものは是非*の心をもたぬものです。ここで是非の心とは、「慮《おもんぱか》らずして知り、学ばずして能《あた》う」（『孟子』尽心上）ところのいわゆる良知であります。

良知が人の心に具在することは、聖愚の別なく、天下古今に例外のないところです。世の君子は、ただその良知を発揮することにさえつとめれば、その是非（の判断）は自然と万人普遍*のものとなり、好悪《こうお》は万人に共通となり、人と己れの差別もなくなり、国はあたかも家とみなされ、かくて天地万物は一体とみなされます。これでは天下に治平をもたらすまいとする方が、無理というものでしょう。

古《いにしえ》の人が、人の善をみれば自分がしたよりも喜び、悪を見れば自分がしたよりも悲しみ（『大学』をふまえていう）、民の飢え苦しみを自分の飢え苦しみとし（『孟子』離婁下参照）、一人でもところをえないものがあれば、「自分がそれを溝の中に突き落としたかのように」（同上、万章上）責任を感じたりしたのは、天下の信をえようと意図的にしたことでは決してなく、ただその良知を発揮することによって自己の充実を求めようとつとめる、その心から自然に流露したものに他なりません。

また、堯・舜や夏・殷・周三代の聖王の、「どの言も民の信じないものはなかった」(『中庸』)のはその言が良知の発揮によったからであり、「どの行ないも民の喜ばないものがなかった」(同上)のは、その行ないが良知の発揮によったからであり、この故にその民は和楽自足して「これを殺すことがあっても(聖王を)怨《うら》みとせず、利することがあっても(聖王の)功労とはせず」(『孟子』尽心上)、その治は「未開の蛮族にまで及び、およそ生きとし生けるものはこれを尊びこれに親しまないものはなかった」(『中庸』)のですが、これもまたすべて良知をひとしくしたからであります。

ああ、聖人の天下を治めること、何と簡にして易であることでしょう。

であるのに、後世になると良知の学は不明となり、天下の人々は各々その私智をはたらかせて、互いに角《つの》をつきあい、この結果、人の心は各自てんでにばらばらとなり、低俗で偏頗《へんぱ》な見解や狡猾で陰険な術が、数かぎりなく出現するに至りました。外面では仁義の名をかりつつ、内面では自私自利をはたし、言辞をかざって世におもねり、行なうところをいつわって栄誉を求め、人の善は掩《おお》いかくしてひそかに自分の長所としてとりこみ、人の私《わたくし》をあばいて自己を直なるもののように見せかけ、忿《いか》りにかられて勝ちを争いながら、義にしたがってしたことのようにいいふらし、陰険なやり方で倒しておきながら、悪をにくんでしたことのようにいい、賢人や有能の士をねたみ斥《しりぞ》けながら、自分では是非を明らかにしたようにいい、自分一個の情欲をほしいままにしながら、なお自分では万人と好悪を同じくしているようにいうなど、人はそれぞれにしのぎをけずって傷つけあい、肉親どうしですら、互いに対立して勝ち敗《ま》けを争って、自他をへだてあいせめぎあうのであるから、ましていわんやこの広大なる天下、衆多なる民物が、どうして一体とみなされることができましょうか。とすれば、紛々として世が麻のごとくに乱れ、禍乱が果てしなくつづくことなど、むしろ当然というべきかもしれません。

ところがここに、わたしはまことに天の霊佑《れいゆう》によって、はからずも良知の学を知るに及び、これによらぬかぎり天下に治平はありえないと確信するに至りました。そこで、常に民のこのような堕落に思いをはせては、深くこれに心を痛め、身の不肖を忘れて、この学によってこれを救済しようと思うものですが、これは身のほどをわきまえぬことといわざるをえません。それかあらぬか、天下の人は、わたしのこのありさまを見て、こもごもに非難嘲笑をまじえて排斥を加え、心神喪失の狂人に見たてるようにさえなりました。ああ、しかしそれが何だというのでしょう。この身の疾痛がこれほどに切迫しているこのとき、人の非難嘲笑をかえりみている暇《いとま》がどこにありましょう。

人は、その父子兄弟が深淵《しんえん》に墜《お》ちて溺れるのを見れば、必ずや、声のあらんかぎりに叫び立て、はだしになってまろぶがごとく、崖をつたい降りて助け上げようとするでしょう。もしこのとき、たまたまその傍でたがいに礼をかわし談笑をまじえていた人士が、これを目撃したとしたら、或いはこのありさまを評して、このように威儀をうち棄てて叫びまろぶのは、きっと心神喪失の狂人だろうというかもしれません。このように、溺れる人の傍で礼をかわし談笑をまじえながら救おうともしないのは、まさしく路傍の人たるゆえんであり、骨肉の親情のあるものの到底できることではありません。

しかし、すでに「惻隠《あわれみ》の心のないのは人ではない」(『孟子』公孫丑上)といわれているではありませんか。

いま、父子兄弟の愛あるものにあっては、心痛のあまり息も絶えんばかりに狂奔し、はいずってでもこれを救出しようとしないものはなく、しかも自分が溺死する危険すらかえりみないのですから、まして狂人の何のと譏《そし》られることなど、さらにはまた、人が信じてくれるか否かなど、なんで顧慮するいとまがありましょう。

ああ、今の人が、わたしを見なして、心神喪失の狂人という、それがどうだというのでしょう。天下の人の心は、すべて自分の心であります。天下に狂気を病む人があるかぎり、どうしてわたし一人がそれを免れることができましょう。天下に心神を喪失する人があるかぎり、どうしてわたし一人がそれを免れることができましょう。

昔＊、孔子はその在世の当時、或いは阿諛《あゆ》するものだと評され、奸佞《かんねい》の人だと譏《そし》られ、なにが賢者なものかと難じられ、礼を知らぬ奴だと非難され、東家の丘《きゅう》よと侮られ、嫉《ねた》みのあまり排斥され、憎悪のあまり殺されそうになるなど、実にさまざまな目にあいました。

門番やモッコかつぎなど(『論語』憲問篇に登場する隠者たち)は、ともに当時の賢人でありましたが、それでも孔子を評するや、「できないと知りながらやっている人ですな」とか、「俗っぽいね、コチコチでのびがない。自分のことをわかってもらえないなら、執着しないでさっさと身をひけばいいのに」(『論語』憲問篇)といったものです。

また、弟子の子路は、孔子から、すでに道に近づいたとみなされていたほどの人ですが、それでもなお、孔子が(南子に)会ったことに疑問をもち(『論語』雍也篇)、或いは(公山《こうざん》や肸肹《ひっきつ》のもとに)赴こうとするのを喜ばず(同上、陽貨篇)、はてには(孔子が名分を正すのを第一義としたのに対して)「先生は迂遠ですよ」(同上、子路篇)とさえいったのを見れば、当時、孔子を信じなかったものは決して十のうちの二、三にはとどまらなかったでしょう。

にもかかわらず、孔子は、汲々《きゆうきゆう》として休むことなく、まるで迷子になった子供をさがして歩くように、席の暖まるいとまがなかったのですが、これがどうしていったい、人に理解され信じられたいと希《ねが》ってのことなどでありましょう。

思うに、その天地万物を一体とする仁の心が、もはや疾痛に切迫されて、やめようと思っても、もはや自分自身にやむにやまれぬものがあったからで、であるが故に、「わたしはこの人間の仲間とともにするのでなくて、誰とともにするというのか」(『論語』微子篇)とか、「わが身を清くしようとして人としての大倫を乱す（ことはできぬ）」（同上）とか、「（世を捨てるのは）思い切りのいいことだが、しかしそれはむつかしいことではない」（同上、憲問篇）などといったりしたのです。

ああ、これ誠に天地万物を一体とするものでなくて、誰がよくこの夫子《ふうし》の心を知ることができましょうか。

かの「世に認められなくとも、不平に思わず」（『易経』乾卦、文言伝）、「天を楽しみ命を知る」（同上、繋辞上伝）ものこそが、「どんな境遇にあっても自得しないことがない」（『中庸』）のであり、かくてこそ「道はあまねく行なわれて悖《もと》ることがない」（同上）のであります。わたしごとき不肖がどうして僭越《せんえつ》にも孔子の道を自己の任と考えたりしましょう。ただ、この心が、いささかにせよ身の疾痛を自覚してしまった以上、四方に彷徨《ほうこう》して、援助してくれる人を求め、ともに学を講じあってこの病痛を去る以外にないのです。

いまもし、まことに豪毅かつ英邁な同志をうることができ、力をあわせ、ともどもに良知の学を天下に明らかにし、天下の人々にその良知を発揮することを自覚させ、人々があいともにその生活を安んじつつ、自私自利の病弊を棄て去り、人を妬《ねた》み人に勝つことしか思わぬ悪習を一掃するようにしむけ、そしてそこに大同*が実現したならば、わたしの狂病などは、きれいさっぱりと癒《なお》ってしまい、心神喪失の患いからも永久に解放されるにちがいありません。これはなんと欣快なことではありませんか。

ああ、いま、まことに豪毅かつ英邁な同志を求めようと欲するならば、貴君のような人をさしおいて、誰にそれを望むことができましょう。貴君の才能と志操こそは、実に天下の溺者を救うに足るものです。

いま、良知が自己に具在していて、外に求めるまでもないと知ったからには、それに依拠してすすんでいくだけであり、そうすれば黄河の水を切っておとして海に注ぐようなもので、それを禦《ふせ》ぐことなど誰にもできません。

貴君は「一人でも信じてくれればそれでよい」といわれましたが、誰にそれを委ねようとしてそれほどにご謙遜なさるのでしょうか。

ここ会稽《かいけい》の地は、昔から山水の勝地で知られ、深林渓谷、足を踏み入れるところすべて名勝であり、寒暑に晴雨に、どの時として快適でないときはなく、閑居飽食のうちに、世俗の騒音にわずらわされもせず、良き朋友が四方から集まり、道義は日に新たにされ、まことに悠々として自得の趣きがあります。この天地の間にあって、この楽しみにすぐるものがまたとありましょうか。

孔子は「天を怨まず、人をとがめず、ただ身近なことを学んで、道に達するのみ」（『論語』憲問篇）といっていますが、わたしは二、三の同志とともに、この語を課題としたいと念願するばかりで、これ以上に世上の何かを望む余裕などさらさらありません。

以上、世の弊風に膚《はだ》を切られるような痛みを禁じえず、憂患のはれぬまま、いささか開陳に及んだ次第であります。

実は、気管を病む上ひどい暑さで、お手紙をしたためるだけの気力もないのですが、お使いの方が遠路来られてより、ご滞在も一ヵ月をすぎ、いよいよお発ちとなって筆を執ったものです。それが思わずかような長文となってしまいましたが、交わりの深さの故にか、縷々《るる》としてここに至るもなお、まだまだ意を尽くしえないのを覚えざるをえません。

〈聶文蔚〉聶豹《じょうひょう》（一四八七～一五六三）字は文蔚、号は双江。江西省永豊の人。初めて陽明に逢ったのは、嘉靖五年（一五二六）、陽明五十五歳のときで、別れたあとに書翰を送った、それに対する陽明の返書がここの第一書である。彼は陽明の門人ではなかったが、陽明の没後四年経って、それを悔やみ、銭緒山・王竜渓の立ちあいのもとに、陽明を祀って、門人と称するに至った。

〈是非の心〉『孟子』公孫丑上の四端（惻隠・羞悪・辞譲・是非）の心の一つだが、このすぐあとの叙述からも明らかなように、陽明はこれをほとんど良知と同列にみなしている。つまり、これは一般にいう知的判断能力ではなく、人の本来的あり方をきめる、最も本源的かつ先験的な判別能力をいう。

〈万人普遍のものとなり〉「万人普遍」は、かりにこう訳したが、原語は「公」の一字である。これは前に注記した「私」の反対概念で、「天理の公」ともいわれるように、天理の普遍性を示す語でもある。こういった公概念は宋学以降に特徴的だが、人の本来的あり方はそれ自体天地の理と貫流しあうものという前提があるから、自己の本来的あり方を正しく発揮することが、そのまま天地普遍の理に生きることになる、そういうあり方を「公」という。だからここで、「万人普遍」と訳したとしても、それは単なる普遍性ではなく、そういう、本来あるべき正しいあり方に即している、という意味あいを含むのである。

〈昔、孔子は…さまざまな目にあいました〉阿諛（諂）は『論語』の八佾篇、奸佞《かんねい》は憲問篇、賢者云々は子張篇、礼云々は八佾篇にそれぞれ見える。また嫉みや憎悪云々のことは、『史記』孔子世家に見える。「東家の丘《きゅう》」とは、孔子の隣人が孔子のことをよく知らず、東隣りの丘（孔子の名）なら知っていたという『孔子家語』にある故事。

〈大同〉『礼記』礼運篇に見られる一種のユートピアをいうが、陽明のここでは、万物一体の仁が実現した社会として想定されていること、明らかである。

聶文蔚に答える（その二）

貴翰を拝受し、貴君の学問が近来とみに進捗《しんちょく》しているのを見、これにすぎる喜びはありません。ただ、数回注意深く読んで、まだ一、二の不明確なところがあるように思いましたが、結局これは良知を発揮する功夫がまだ完全に熟していないということで、熟しさえすれば、自然これも氷解いたしましょう。

これは譬《たと》えば馬車を駆るのに、すでに都心の大道に出たようなもので、たまたま斜めや横に走ったとしても、それは馬の調教が不十分か、馬具が整っていないかどちらかであるにすぎず、もはや大道の上にある以上、欺《だま》されたって傍道《わきみち》や横丁にはいることはありえません。近年、海内《かいだい》の同志にあって、この地所にまで到りえた人はまだ多くを見ず、それだけに喜びはひとしおなのです。これはまたこの聖道にとっての慶《よろこ》びでもありましょう。

わたしには以前から気管に故障が多く暑気に弱いという持病があるのですが、最近炎熱の地へ参ったせいか、たちまち再発してしまいました。とはいえ、聖明なる天子がご照覧の上、責務もはなはだ重いものがあるので、とてもおいそれと辞退することはできません。地方の軍務は繁忙をきわめ、病身を車輿《しゃよ》に横たえながら任に当たったのですが、いまは幸いに平定もおわりましたので、つぶさに文書にして、帰宅療養を願い出たところです。林間にあっていささかでも清涼を味わうことがかなえば、或いは全快するものと思います。

使者がお帰りになるとのことなので、枕の上で大急ぎでしたためますので、とてもわたしの慕念は充たされますまい。なお、別にまた、陳惟濬《いしゅん》君あての手紙も託しますので、どうか貴君よりお渡し下さいますよう。

*〈病身を車輿に…〉この手紙は陽明が没するほぼ一ヵ月前にしたためられたものと推定される。陽明は前年五十六歳のとき、広西の思恩・田州の辺地討伐を命ぜられ、炎熱の地を転戦していたため、このころ、病状はひどく悪化しており、結局これがいのちとりとなった。

〈陳惟濬〉陳九川《ちんきゅうせん》。下巻第一条注参照。

さて、貴君のおたずねのおもむきにつき、草々ながら一、二お答えいたします。

近年、山中に来て学を講ずる（従軍以前、会稽山中にいた頃のことをさすのだろう）ものの多くは、何かというと「忘《おこた》るな、助《せ》くな」（『孟子』公孫丑上）の功夫を非常に難しいもののように口にします。そこでその理由を問うてみると、「少＊しでも意図的にしようとするとそれは助《せ》くことになり、かといって意図をすてるとそれは忘《おこた》ることになってしまう、だから非常に難しいのです」と答えます。さらにわたしが、「忘《おこた》るというのは何を忘り、助《せ》くというのは何を助くことなのか」と問うと、黙然と答えがなく、逆にここを質問してきます。

わたしはそこでこう説いたものです。

自分は近ごろ学を講ずる時には、（『孟子』の右の句のすぐ後につづく）「必ずこととしてつとめよ」の方を第一義にして、「忘《おこた》るな、助《せ》くな」の方は全く説かない。いま、「必ずこととしてつとめる」というのは、（この句のすぐ前にあるように）不断に「義を集積する」ようにつとめることと、これに尽きる。この、必ずこととしてつとめる功夫が常時なされている中で、或いは時として中断される場合があれば、それがつまり忘《おこた》ることなんだから、そこで「忘《おこた》るな」の命題も即座に必要になる。また逆に、その功夫の中で、或いは時としてより早く効果を求める気持がはたらくこともあろう、それがとりもなおさず助《せ》くことなんだから、「助《せ》くな」の命題がどうしても必要になる。ただしこの場合、功夫の主眼はあくまで、必ずこととしてつとめることの上にあり、忘《おこた》るな助《せ》くなの方は、要するにその過程において、奮起と自覚をうながすものであるにすぎない。かりに功夫が、もともと不断に持続するものであるかぎり、その上さらに忘《おこた》るなの命題をもち出す必要もないし、もともと速効を期待しないものであるかぎり、その上さらに助《せ》くなの命題をもち出す必要もない。この功夫は、実にかように明白かつ簡易であり、このようにのびやかに自在なものである。であるのに、いま、必ずこととしてつとめることに功夫をむけないどころか、逆に、忘《おこた》るな助《せ》くなの命題だけをきりとってきて、空しく宙にこれにとりすがっているのは、まさにこれは、鍋で飯を炊くのに、米も水も入れずにいきなりたきぎに火をつけるようなもので、いったいこれで何が炊きあがるものやら、恐らく火が炊きごろに燃えあがる前に、鍋の方が先に破裂してしまうのがおちだろう云々と。

思うに近来、忘《おこた》るな助《せ》くなの功夫ばかりに浮身をやつしている人の病弊とは、実にこのようなものであります。

終日、中空に「忘《おこた》るな」を求め、中空に「助《せ》くな」を求めて、あてどなくさまようばかりで、確実に手にするものは全くなにもありません。つまるところその功夫は、要するに空寂の境にはまりこむだけで、学んだ結果は一人の痴人ができあがるのみ、ささいなことに出くわしただけで、たちまちまごつきとりみだし、それをとりさばくことなど、思いもよりません。

このように、あたら有志の士を、労苦のうちに繫縛《けいばく》し、その一生を空費させるのは、すべてその学術によって誤らせるものであるだけに、何とも痛ましいかぎりです。

前にも述べたように、ここで義を集積するといえば、この必ずこととしてつとめることは、あくまで「義を集積する」ことですが、ここで義を集積するというのは、それは徹頭徹尾、良知を発揮することに他なりません。

義を集積するというい方では、その要所はすぐにはわかりませんが、良知を発揮するといえば、そのままでたちどころに功夫すべき実地があらわにされます。

そこでわたしはもっぱら良知の発揮を説くのですが、時につけ事にふれてその良知を発揮するのは、しかもそのまま物《こと》を格《ただ》すことでもあるのです。そして、誠実にその良知を発揮するのが「意を誠にする」ことで、このように誠実に良知が発揮されたならば、そこにはいささかの作為や我執もない、すなわち「心を正す」ことでもあります。いま、誠実に良知を発揮したならば、おのずと「忘《おこた》る」こともないし、いささかの作為や我執もないなら、「助《せ》く」こともないのですから、格物・致知・誠意・正心を説けば、その上に「忘・助」を説く必要は全くないわけです。

孟子がこの「忘・助」を説いたのは、告子の病弊を癒やさんがためのかりの療法であるにすぎません。告子には心に強制を加える傾向があり、これはつまり「助」の病であるから、孟子はこの同じ個所でことさらに(苗木をひっぱって生育を早めようとする)「助長」の害を説いたのです。

この告子の「助長」は、彼が義を（心の）外にあるものとしたことによるもので、つまりは自己の心に義を集積する、それが「必ずこととしてつとめる」の功夫でもある、ということを知らなかったことによるのです。

もし、時々刻々に自己の心に義を集積すれば、良知の本体は洞然と明白になり、おのずからに是は是とされ非は非とされて、微塵も齟齬《そご》をきたすことはないのです。まして、（『孟子』のこの個所で告子のいうところの）「言説が理解できないからといってそれを心に求めるな、心に合点がいかぬからといってそれを気にするな」という暴論が入りこむ余地は、さらにありません。

孟子の（ここの）「義を集積」し「（正）気を養う」の説は、もとより後世の学に貢献するところ大きいものがありますが、しかし、これはあくまで病に対する対症療法の域をでず、その論ずるところのあらましを、『大学』の格物・致知・誠意・正心の功夫に比べれば、『大学』が精一かつ簡易をきわめ、形而上、形而下を貫いて、万世に誤りがないのに対して、到底及ぶべくもありません。

聖賢が学を論ずるのは、日々時々の事例に即してのことが多く、その発言も相手によってさまざまだけれども、その功夫の要所はといえば、すべてぴたりと一つに合致し、天地の間には本来、ただこの性、ただこの理、ただこの良知、ただ此一件事《このこと》（二〇五ページ注参照）がある、というように帰着します。

だから、古人が学を論じたことについて功夫を説く場合には、なにも諸説をまぜあわせて辻褄をあわせなくとも、自然に一つに貫通するのです。少しでも辻褄をあわせて説こうとすれば、まさにそれによって自己の功夫は曖昧模糊となるのです。

近来、集義の功夫を説く人で、その功夫は良知の発揮がこの上に加わらないかぎり全うされないという人があります。しかしこれは、その人が義を集積する功夫に徹しきっていないことを示すもので、それに徹しきれていない、まさにそのことによって、良知の発揮云々という自意識になやまされることになるのです。またある人は良知発揮の功夫は、「忘・助」がこの上に加わらないかぎり貫徹されえないといいます。しかしこれも、その人が良知発揮の功夫に徹しきっていないことを示すもので、まさにそのことによって、「忘《おこた》るな、助《せ》くな」のかけ声にふりまわされることになるのです。

結局、これらは、文義の上の解釈だけにとらわれ、辻褄あわせに終始して、ちっとも自己の実際の功夫によって体得証験しようとしないもので、だから、論ずることが精緻《せいち》になるにつれて、ますますわけがわからなくなるのです。

貴君の所論は、道の最も根本的なところに対しては、すでに十全の理解がとどいていますが、ただ、致知・窮理および忘・助などの所説になると、時として辻褄あわせがないでもなく、このため遺憾ながら、「都心の大道にあって時として横や斜めに走る」ことになるのですが、しかしこれも前述のように、功夫さえ熟しきったならば、おのずと釈然とするにちがいありません。

〈「少しでも意図的に……」〉この意図的（意を著《つ》く）云々は、もともと禅の発想で、成仏なら成仏という意に執着すると、その仏という固定観念に繋縛されて、本来無一物であるところの自己の自在な姿（それが仏）が失われるとする。ここでは、良知を発揮しようとするその意に執着する、そのことが、本来、不学不慮つまりやむにやまれず発露されるべきはずの良知に、不自然を強要することになるというのである。

ところで貴君は、「致知の説は、これを親に事《つか》え兄に従うということのうちに求めれば、どう行なうべきかがわかる」とおっしゃっていますが、ここのところこそ、近来の貴君の功夫がいかに深くまた篤実なものであるかを最もよく示すものです。ただし、これはご自分が実行される分には、確かに得るところがおありでしょうが、しかし、これを一つの定説として人におしつけるとなると、薬にあわせて病気をつくりあげることになりかねず、ここはどうしても一言しないわけにはいきません。

思うに、良知とは、何よりも天理が自然霊妙に発現したもので、*真誠《まこと》の惻怛《こころ》こそがその本体なのです。

だから、この良知の真誠《まこと》の惻怛《こころ》を発揮して親に事《つか》えれば、それがそのまま孝であり、これを発揮して兄に従えば、それが悌であり、これを発揮して君に事えれば、それが忠であり、それは一なる良知、一なる真誠《まこと》の惻怛《こころ》であるのみなのです。

もし兄に従う良知において、その真誠《まこと》の惻怛《こころ》が発揮しえなかったら、それはとりもなおさず、親に事える良知においても、その真誠《まこと》の惻怛《こころ》が発揮できないということを意味します。同じように、君に事える良知において、その真誠《まこと》の惻怛《こころ》が発揮できなかったら、それはとりもなおさず、兄に従う良知においても、その真誠《まこと》の惻怛《こころ》が発揮できないということを意味するのです。

だから、君に事えるという良知が発揮できれば、兄に従うという良知も立派に発揮できるのであり、それができれば、親に事えるという良知だって発揮しきれるのであって、君に事えるという良知が発揮できないからといって、親に事える良知をまず拡充しようとするなどは、これまた本源を逸脱して末節に拘泥するものというべきです。

良知は、何よりも、それが動きとして発現する、まさにその場に当下《とうげ》具足《ぐそく》＊のもので、何ら外に求めたり外からもってきたりする要のないものです。

しかしながら、その発現のありようには、（時・処・位に応じて）軽重なり厚薄なりの差異があるのであって（それらは軽なら軽、重なら重なりに良知を十全に発現していて）、そこに増減を加える余地は微塵《みじん》もない、そしてこれこそが、いわゆる天然おのずからにあるところの「中」であります。そこに増減の余地のない軽重厚薄の別がありつつ、しかもこれは本来ただ一つのものであり、ただ一つのものでありながら、しかもそこに増減の余地のない軽重厚薄の差があるのです。

もし、そこに増減の余地や、また借用の要があったりすれば、それはもはや、真誠惻怛の本体でもなんでもない。

これこそが、良知の霊妙なはたらきであり、このゆえに良知には定体がなく、窮尽することもないのです。そして、「大きいことについていえば、天下の何ものをもってしてもこれを載せきれず、小さいことについていえば、天下の何ものをもってしてもこれ以上に分かちえない」（『中庸』）ということになるのです。

孟子が「堯・舜の道は、孝悌に尽きる」（『孟子』告子下）といったのは、これは孝悌が、人の良知の最も深く発現したものであり、他念の介入の余地のないものであることから、ずばりこれによって人に覚醒をうながしたに他ならない。そしてそれによって、君に事《つか》え、友に相《あい》対し、民を仁《めぐ》み、物を愛するなど、およそ動静語黙のすべてについて、その親に事え兄に従う（孝悌の）真誠惻怛ただ一念の良知を発揮させ、なすことおのずからに道の体現であるというふうにさせようとしたのです。

なるほど、天下のことは、千変万化して窮尽することがないけれども、しかしこの、親に事え兄に従う真誠惻怛ただ一念の良知をさえ発揮して、それらに対応したならば、いささかの遺漏、いささかの欠落もないのであり、まさしくこれは、ただ一なるこの良知があるからに他ならぬのです。

親に事え兄に従うというこの一念の良知の外に、さらに発揮すべき何の良知もない、だから「堯・舜の道は、孝悌につきる」といわれるのです。だから、良知の学は「これ精、これ一」(前出)なのであり、「これを四海におけば、すべてが準拠し、これを後世にほどこせば、人はこれを行なってやむことがない」(『礼記』祭義篇)のでもあります。

貴君は、親に事え兄に従うこととの中に、いわゆる良知の学を求めたいといっておられますが、ご自分が功夫し実得することとしてこのようにいわれるのはよいし、また逆に、良知の真誠《まこと》の惻怛《こころ》を発揮して、親に事え兄に従うの道を尽くしたい、といわれても、それもよいでしょう。

程明道が、「仁を行なうのは、孝悌からはじまる。孝悌は仁のうちの一つであるから、これを、仁を行なう場合の根本となるものというのはいいが、そのまま仁の根本としてしまうのはよくない」(『二程全書』巻一九)といっていますが、これは正しいのです。

〈真誠の惻怛〉「惻怛」はかりに「こころ」とよんだが、実は、痛み哀《かな》しむ心である。しかしこれは、『礼記』問喪篇に、「親に初めて死なれた時は、惻怛の心、疾痛の意が、腎を傷《やぶ》り、肺肝を焦がして、(喪礼として飲むべき)飲物すら咽《のど》にとおらない」とあるように、いわば人間の極限の心情でもあり、その点で普通の悲しみをこえる。ここで、陽明は、良知が、幸なり忠なりの感情の深奥の根源に、泉のほとばしりわくような発動としてあるといいたい、そのイメージをこの語に託し、さらにそれに「真誠」という形容詞まで冠した。人間がその本来的あり方において、やむにやまれずほとばしらせる真底ぎりぎりの心情、とでも訳すべきか。
〈当下具足〉もとは禅語で、自己が即今即仏であることをいうが、ここでは、前記の深奥からのほとばしりのあるがままを、そっくりずばり良知だというのである。当下とは現在即今、具足とは十全にそなわっていること。

つぎに、(『論語』憲問篇の)「臆測せず、気配りせず、しかもあらかじめ覚《さと》くある」(二五〇ページ参照)について、貴君は、「誠でさえあれば、どんな身辺の雑事や瑣事《さじ》であっても、すべて良知のはたらきでないものはない」と述べておられますが、これは実に全く善言です。

なお、若干、辻褄あわせのところがあるとは、すでに前述したことですが、惟濬《いしゅん》君の言説にも正しいものがあるのだから、貴君の方は惟濬君の言をとることによってはじめて完全になり、惟濬君の方は貴君の言をとることによってはじめて明晰になるわけです。そうしないと、お二人とも、それぞれ一辺に偏ることを免れえないでしょう。

舜が、卑近な言葉にも心をとめ(『中庸』)、樵夫《きこり》らにも意見を求めた(『詩経』大雅、板篇)のは、そうすべきだと決められたからそうしたというのではなく、その良知の、美玉の光明のような、さえぎりようのない発現としてそれはそうあったのであり、だからそれを「大いなる知」(『中庸』）ともいったのです。もし彼に、ほんのわずかでも作意や我執があったなら、その知はたちまち小となったでしょう。講学の中にも、おのずから取捨し弁別すべきものがありましょうが、この（広大無辺の）心地《こころ》に着実に功夫をはたらかせるには、かえってこの（舜の）よう（に自然と謙虚であるよう）でなくてはなりません。

つぎに、「心を尽くす」（『孟子』尽心上）についての三節は、わたしも前に、生れながらに知る、学んで知る、困《くるし》んで知るの三に分けて、疑問の余地もなく明白にしたことです（上巻第六条、中巻「顧東橋に答えるの書」）。

思うに、「心を尽くし、性を知り、天を知る」ものは、必ずしも「心を存し、性を養い、天に事《つか》える」ことや「殀《わかじに》や寿《ながいき》によって（心を）弐《たが》えず、身を修めて（天命を）俟《ま》つ」ことなどを口に説く必要はありません。というのは、「心を存し性を養い」「身を修めて俟つ」などの功夫はともに心を尽くし、性を知り、天を知ることの中に包含されているからです。

また、「心を存し、性を養い、天に事える」ものは、まだ心を尽くし、天を知る境地にまでは到りえていないとしても、しかしそこにはすでに、尽心・知天の境地に到るための功夫がなされているのですから、この上に更に「殀寿によって弐《たが》えず、身を修めて俟つ」などを口に説く必要は全くありません。というのは、それらの功夫は、すでに心を存することなどのうちに包含されているのですから。

これを路を行歩することに譬えてみると、心を尽くし天を知る人は、年齢・精力ともに壮健で、数千里を走って往復しても平気な人です。心を存し天に事える人は、まだ幼齢のため、庭先でよちよち歩きを稽古しているものです。一方、殀寿によって弐《たが》えず云々の人は、まだむつきの中の赤ん坊で、壁などにつかまってようやくつたい歩きをおぼえたばかりのものです。

いま、すでに数千里を走って往復できるなら、その上庭先で歩く稽古などする必要もなく、そんなことは当然できることです。また、すでに庭先を歩くことができるなら、その上壁などにつかまってつたい歩きを学ぶ必要もなく、それも当然できることなのです。しかし、つたい歩きを学ぶのは、庭先を歩く稽古の始まりであり、庭先を歩く稽古は、走って数千里を往復することを学ぶための基礎になるものです。

これらはもともと一つのことがらなのですが、その功夫における難易には、非常な違いがあります。

心や性や天も、一つのものです。だから、それを知る功夫においてもそれは一つのものですが、しかし上述の三者の人品力量にはおのずと等級があり、その段階をとびこえることは到底できません。

貴君の論を細心にみてみると、なにか、心を尽くし天を知る人は、存心や修身などの功夫を廃《や》めてしまっているため、それがかえって心を尽くし天を知るための障害となっている、と案じておられるように見うけられます。

これは、聖人でもその功夫に間断があるのではないかとわざわざ聖人のために案じながら、そのくせ自分の功夫が切実でないことを自分のために案じようとはしない、というものではありますまいか。

わたしどもはその功夫において、まず、殀や寿によって弐《たが》えず身を修めて俟つということに心志を集中すべきで、これこそ、尽心・知天の功夫の始まりに他なりません。それはまさに、つたい歩きを学ぶのが、千里を走ることを学ぶ始まりであるのと同じです。いったいわたしどもは、まずつたい歩きのできぬことを心にかけるべきで、それもできぬうちに、どうしてはやばやと、千里を走ることができぬのを案じることがありましょう。ましていわんや、千里を走る人に対して、つたい歩きを忘れないかと案ずるなど、実に論外でありましょう。

貴君の識見は、はるかに人の及ぶべくもないものですが、にもかかわらずこのように論じられるのは、旧来の文義解釈の習弊からぬけだせないでいるからでしょう。そのため、以上の(致知と臆測云々と、心を尽くす云々の)三つの問題を書きつらね、それぞれに解釈を加えて分析し或いは綜合しつつ、意味がすっぱり通るようにと、多くの意見をさしはさまれたわけですが、しかし、かえってそれによって、功夫が散漫になり一貫性を欠くことになってしまったのです。

近来、中空に「忘《おこた》るな助《せ》くな」を求めるのも、これと全く同じ病弊で、これは最もよく人を誤らせるものですから、どうしても洗い除かねばなりません。

さて、最後に「徳性を尊び、問学に道《よ》る」(『中庸』)についてのお説は、全く妥当でよく的を得ており、疑問の余地がありません。これは、貴君のいままでの着実な功夫があってはじめていえることと存じます。

これは元来、それほど奇矯《ききょう》でわかりにくい道理というわけでないのに、人によって或いは意見が異なるのは、良知になおかすかな陰翳《いんえい》がのこっているからで、その陰翳さえ除去してしまえば、おのずから洞然と明白になります。

さて、一旦は手紙を書き終わって、病床《ベッド》を軒端《のきばた》に移したのですが、たまたま病状よろしきをえましたので、重ねて筆を執って、この返書をものした次第です。

貴君の学はすでに大きなところを得ておられて、以上のようなことは、やがてみずから氷解もされましょうから、本来はこのようにこまごましく説明にあたることもなかったのですが、親愛のご厚誼をもって、千里の遠きに人をお遣わし下さり、懇切なるご質問にも接しましたので、貴意を空しくするに忍びず、またみずからもやまれぬものがあって、かくはこのように書き綴る羽目となりました。

ただ、愚直なあまり書かずもがなのことをやたらにくどくどしく綴ってしまい、申し訳ないかぎりですが、どうかご信愛に免じてご寛恕《かんじょ》のほど、お願いする次第です。惟濬君と、*謙之《けんし》（鄒守益《すうしゅえき》）・崇一両君のところへも、おのおの一通ずつを転写してお届けいただけましたら、親愛の慶びこれにすぐるはありません。

以上、南大吉が記録した。

〈謙之〉鄒守益。下巻第七条注参照。

*訓蒙の大意を*教読の劉伯頌らに示す

古《いにしえ》に教えといえば、人倫を教えることであったが、後世、記誦・修辞の学が起こってより、先王の教えは亡びた。

今日、児童を教えるには、まさに、孝悌・忠信・礼義・廉恥をもっぱらにすべきで、それを育成涵養する方法としては、彼らを詩歌に導いてその志意《スピリット》を発露させ、礼を習わせてその威儀を正させ、読書をすすめてその知性を啓発するのがよい。

いま人は、つねづね、詩歌・礼儀は現代の要請に応えるものでないとしているが、これはすべて末世の鄙俗《ひぞく》な風習に染まったものの見解であって、かれらには到底、古人が教えを立てた本意など理解できるものではない。

おおよそ、児童というものは、遊戯を楽しみ拘束をきらい、いわば草木の新芽が萌えでるときのようなもので、自由にのびやかにしてやれば、すくすくと四方にのびるが、くじいたり押しまげたりすれば、なえ衰えてしまう。

いま、児童を教える場合、必ず、その志向するところを鼓舞してやり、心に愉悦をもたらしてやれば、彼らは放っておいてもみずからの力で伸びていく。これは譬えれば、慈雨や春風が草木をうるおすようなもので、草木はそれによって例外なく萌芽発育をはじめ、自然のうちに日に月に生育をとげるのである。反対に、氷霜にいためつけられたりしたら、生意はしぼみおとろえ、日に日に枯れてしまうであろう。

だから、およそ彼らを詩歌に導くのは、決して単にその志意を発露させるにとどまらず、彼らの跳びはね叫び上げたい衝動を吟詠に託させ、内部に抑制され鬱結《うっけつ》したものをメロディにのせて発散させてやることにもなる。

また、礼を習わせるのは、単にその威儀を正すことだけにとどまらず、その進退応接の動作によって血液の循環を活潑にし、また拝礼の動作の伸びかがみによっては筋骨を丈夫にすることにもつながる。

さらに、読書をすすめるのも、単に知性を啓発するだけにはとどまらない。それは書に沈潜することによって心を持存させ、声をはりあげて朗誦することによってその心情を外に明らかにさせることにもつながるのである。

これらはすべて、かれらの志意にしたがって導き、その性情を正しくのばし、鄙《いや》しい考えや低俗な感情を消散させ、荒けずりで粗野な態度を無言のうちに感化させるもので、かくして、かれらは日に日に礼儀になじんで、それに抵抗を感じなくなり、「中和」の状態を獲得してしかもそれを意識しないようになる。これこそが先王立教の深微なる本旨なのである。

近世の童蒙《こども》の訓育をみると、毎日ただ、句読のきりかたや科挙の模擬作文を課し、いたずらに動作をしばるばかりで礼儀に導くことを知らず、知識の聡明を求めるばかりで、善を心に養うことを知らず、鞭で打ったり縄で縛ったり、まるで囚人を扱うようにするから、かれらは学舎を監獄のように思ってなかなか行こうとせず、先生が仇敵のように思えて、会うことさえいやがる。そこでかれらは、先生の目を逃れて陰で遊興心を満足させ、嘘をつきごまかして、ひそかにその低俗な意図をほしいままにし、挙句に、その性情は日に浅薄卑俗となって堕落するばかりとなる。

これでは、人を悪に追いたてながら、しかもそれに善をなすよう求めるようなもので、そんなことがどうしてできよう。

およそわたしが教えようとする本意は、実に以上の点にある。世俗はそれを察せず、このやり方は迂遠だというだろうと思う。しかしいまは、当地を去る日も近いので、特に念入りに教師である諸君に告げるものである。

わたしの意とするところをよく体して、永く教訓とし、決して世俗の言に流されておいそれと原則を改廃したりしないように。どうか「童蒙《こども》が(童蒙の側からのみずからの求めによって)正しさを養う」(『易経』蒙《もう》卦、彖《たん》伝)の道を達成されるよう、念願してやみません。

〈訓蒙〉児童教育のこと。
〈教読〉教師のこと。

教約

毎日早朝に、生徒たちの朝礼が終わったら、教師は生徒の一人一人に順次につぎのことを尋ねる。

家にあって、親を愛し年長を敬う心に怠りがなく、真摯《しんし》な気持でそれができていたかどうか、温凊《おんせい》・定省(前出)など(孝養)のつとめに欠けることなく、実践できていたかどうか、往来での年長者に対する礼節をいい加減にすることなく、謹み深く行えたかどうか、いっさいの言行や心づかいにいつわりやまがったところがなく、よく「忠信《まごころ》がありかつ篤敬《まじめ》」（『論語』衛霊公篇）でありえたかどうか、などである。

児童たちにはそれぞれ真実ありのままに答えることを義務づけ、右について欠陥があれば改めさせ、なければいっそうそれにつとめさせる。

教師はまた、児童たちの答えに対し、場合ごと事例ごとに誨諭《かいゆ》や啓蒙を加え、それが終わったら退いて席につかせ、学習をはじめさせる。

およそ詩歌を吟詠させるには、姿勢を正し精神を落ちつかせ、その音声を清朗にし、韻律《メロディ》を正確にととのえさせねばならない。いやしくも、噪《はしや》いで動きまわったり、だらけておしゃべりにふけったり、或いはおじおじと畏縮《いしゆく》したりすることがないようにしなくてはならない。このようなことを続けていると、やがて精神はのびやかになり気分も平安になる。

また、詩を吟詠する練習のたびごとに、生徒の数をしらべ、これを四班に分け、毎日一班ずつ輪番で吟詠させ、他はみな席につかせ、姿勢を正して静粛に耳を傾けさせる。五日目ごとに四班全員に本学舎でこもごもに吟詠させ、一日と十五日には各学舎が合同して、書院で斉唱するようにさせる。

およそ礼を習うには、心を清澄にし意念を厳粛にし、儀法に正しくのっとり、進退挙動に節度をもたせねばならない。いやしくも、おこたって怠惰に流れたり、いじけて恥ずかしがったり、粗忽《そこつ》にして粗野にわたったりしてはならず、態度はゆったりと落ちつき、しかも緩慢ではなく、謹直でありながら、しかもぎこちなくないようにすべきである。これを久しく続けると、礼にかなった立居振舞《たちいふるまい》にも習熟し、徳性も堅固になる。

児童の組分けは詩を吟詠する場合に準じ、一日おきに一班ずつ輪番で礼を習わせ、他はみな席につかせ、姿勢を正し静粛に見学させる。礼を習う日には、科挙の模擬作文を免ずる。十日目ごとに四班全員が本学舎でこもごもに礼を習い、一日と十五日には各学舎が合同して、書院でそろって習う。

およそ読書を教えるには、いたずらに多読させるのでなく、精読を貴ばせる。生徒の資質をよく見、二百字を覚える力がある者には、百字を教えるにとどめる。精神力量にいつも余裕があるようにすれば、児童も厭《いや》がったり難儀に思うことがないだけでなく、自分で覚える喜びを味わうことになる。

暗誦の際には、精神をそれに集中させ、口で朗誦したことは心に刻み、一字一句についてその意味をくり返し確かめ、音声には起伏をつけて棒読みにならぬようにさせ、その心情がのびやかで屈託のないようにしむけてやる。これを久しく続ければ、やがて書物に示された理義が心身をひたし、日に日に聡明となる。

毎日の授業は、まず徳行をふりかえって考え、次に書物を見ないで朗誦し、次に礼を習うかまたは模擬作文をつくるかし、次にまた暗誦をくり返してそれの意味を考察し、次に詩を詠ずる。およそ礼を習い詩を吟詠するなどのことは、すべて児童の心を常に勉学にふりむけさせ、学習を愉しんで飽くことのないようにし、悪事に及ぶいとまがないようにさせるためのものである。このことが理解されれば、教える者はそれをどう施すべきかが明らかとなるだろう。

しかしながらこれはその大略にすぎず、まさにこれが生き生きとして「霊妙かつ明白なものになるか否かは、一《いっ》に実施する人にかかわる」（『易経』繫辞上伝）ものであろう。

伝習録　下巻

正徳十年（一五一五）、*九川《わたくし》は初めて先生に（南京の）竜江でお会いした。折から先生は、*湛甘泉《たんかんせん》先生と格物の説について論をかわしておられたが、甘泉先生の方は（朱子の）旧説を守ってゆずろうとされなかった。先生が、「それは理を（心の）外に求めるものだ」と批判されると、甘泉先生は、「物の理に格《いた》（りそれを窮《きわ》め）るのが、（心の）外に理を求めることだというのは、まるで心というものを小さく限定してしまうものだ」と応酬された。わたくしはその応酬を聞き、旧説が正しいとされたことに深い安堵《あんど》を覚えた。

先生はこのほか、（『孟子』の）「心を尽くす（ものはその性を知る、云々）」のくだりについても論を展開された（上巻第六条参照）が、どういうわけか、これには最後まで疑問を感じなかった。

その後、（官を罷免されて）家にいたとき、格物について改めて質問を書き送ったところ、先生のお答えは、「自分で実地に功夫してみること、それができれば、やがては自分でわかることです」というものであった。わたくしはそこで、山中で『大学』の旧本（上巻冒頭の注参照）を抄写し、それを読むうちに、やがて朱子の格物説は間違っているのではないかと感ずるようになった。しかしその一方、先生が「意のあるところが物だ」といわれるその「物」が何を意味するのか、これはどうしてもわからなかった。

同じく正徳十四年、都（へ行って）の帰りに、再び先生に洪都《こうと》（江西省南昌）でお会いした。当時、先生は軍務に多忙であったが、余暇をみては教授して下さった。その初め、まず、「このところ、きみはどんなことに功夫が及んでいるのかね」とのお尋ねがあり、わたくしは次のようにお答えした。

〈九川〉陳九川（一四九四〜一五六二）字《あざな》は惟濬《いしゅん》、号は明水。江西省臨川の人。正徳九年頃に入門。同十二年に時の正徳帝に諫言《かんげん》していれられず、五日間毎日五十杖の罰を受け罷官され、四年後、次の嘉靖帝即位と同時に官に復した。ここの記述はその間のことである。

〈湛甘泉〉湛若水（一四六六〜一五六〇）字は元明。甘泉は号。陽明より六歳年長。広東省増城の人。「随処に天理を体認する」をその学のテーゼとし、陽明とその学を競った。理を心におく点では、陽明と同じサークル内にあるが、陽明学が心からやむにやまれずほとばしりでるものを即時に理としたのに対し、甘泉学は、その格物説からも察せられるように、措定された定理を心中に発現するという、理についての制約をもっている。この理における創造的エネルギーの欠如によって、甘泉は、明代思想史上の主座を陽明にあけわたすことになった。

〈先生は軍務に多忙〉この二年前から陽明は、提督として江西・福建などの農民暴動の鎮圧に出動していたが、この年（陽明四十八歳）には、江西省の王族宸濠《しんごう》の反乱鎮圧のため、その根拠地の南昌を攻略し、宸濠を捕虜にした。これはその時のことである。

一「近来わたくしは、明徳を明らかにする功夫は、意を誠にするの一事に尽きる、ということを身をもって悟りました。そして、明徳を天下に明らかにすることからだんだん根源に推しすすんでいって、意を誠にするというところに至れば、もはやそれ以上進みようはないのだから、さらにその先に（『大学』にいうように）格物や致知の功夫を設定するのはおかしいのではないかと、疑問をもちました。しかし、そののちまた、みずからの体験から、意が誠であるか偽《ぎ》（前出。二四九ページ、およびその注参照）であるかは、何よりもそれをまず知るか否かにかかっている、と悟りました。その証拠に、顔回も『不善があればそれを知らぬことがなく、知った以上は二度と行なわなかった』（『易経』繋辞下伝）とたたえられており、これによってわたくしも、からりと疑いをはらしたわけです。しかし、（致知の問題はこれでいいとして）これだけでは格物の功夫は依然として片がつきません。

そこでまた考えて、わが心が霊明であるかぎり、意の善悪がわからぬはずはない。わからぬというのは要するに物欲（一九六ページ注参照）に蔽《おお》われているということなのだから、物欲を格《ただ》していきさえすれば、顔回のように『知らぬことがない』ようになれる、と結論するに至りました。ところがそうなると功夫の方向《ヴェクトル》が（誠意は内むきに格物は外むきに、それぞれ）逆になって、意を誠にすることと結びつきません。或る時これを希顔《きがん》に質問しますと、先生が『格物致知は意を誠にするための功夫』とおっしゃっている、あれは実にすばらしい、との答えです。そこで、どうしてそれが意を誠にする功夫なのか、と重ねて尋ねると、もう一歩よく考えて自分で悟るほかない、というのです。とどのつまり、わたくしはいまだにそこが悟れずじまいです。先生、どうかここについてご教示をお願いします」と。

すると先生は、「残念なことをしたなあ。ここは一言で悟れるところだ。きみの挙げた顔回のことで全ては尽くされているのだ。要はただ、身・心・意・知・物が一つであることを理解しさえすれば、すむことだ」といわれた。

わたくしが、なおも、「物は外にあるのに、どうして身・心・意・知と同じなのですか」とつっこむと、先生のお答えは、

「耳目口鼻四肢は身であるが、心のはたらきなしに視たり聴いたり喋《しゃべ》ったり動いたりはできない。がその一方、心が視聴言動を求めても、耳目口鼻四肢がなかったら、それもできない。つまり、心がなければ身もないし、身がなければ心もないのだ。ただ、それが実体として存在している面

から身といい、その全体を主宰している面から心といい、心が発動しているそのはたらきについて意といい、意のはたらきが霊明である面を知といい、意のはたらきの及んだところを物《こと》というだけであって、もとは全て一つのものなのだ。意は決して中空にたゆたっているものではなく、あくまでもある物事に即してはたらくものであるから、だから、意を誠にしようとすれば、意の及んでいるその物事に即してそれを格《ただ》すということになる。もし(その物事についての)人欲をはらい去って天理に帰するならば、その物事についての良知も、何ら蔽われるところなく発揮されることができる。これが、ほかでもない、意を誠にする功夫なのだ」というものであった。わたくしは、実にここではじめて、数年来の疑問をはらすことができた。

九川《わたくし》はまたこう問うた、「甘泉先生も、最近では、『大学』の古本の方を信じてそれを用いておられます。しかし、格物については、『それは道に造《いた》るようなものだ』(『甘泉集』巻七)といわれ、窮理の窮については、『(禽獣を捕えるのに)その巣穴を窮《つきと》めるというときの窮で、つまり身をもってみずからそこに至るということだ。だから物に格《いた》るとは、何よりも、その事について天理を体認するということに他ならない』としておられます。(体認という点で)じょじょに先生のお説と同じものになってきたように思われますが、どうでしょうか」

先生がいわれた、「甘泉はよく功夫につとめたから、このように変わってこられた。以前は、『大学』の『親民』は(朱子のように『新民』に)改める必要がないといっても、彼は信じようとしなかった。が、ここにきて、その格物の論をみると、どうやら接近してきたようだね。ただし、物の字は、彼のように理の字に換える必要はない。もとのまま物の字にしておくこと、それでなくてはだめだ」

のちに或る人が九川《わたくし》に、「この頃は、どうして物の字に疑問をもたなくなったのですか」とたずねたので、『『中庸』に『誠でなければ物はない』とあること、程子が『(廓然《からり》として大いなる公であって)物《こと》が生起すればそのままそれに感応する』(前出)とか『物《こと》はそれぞれ物《こと》としてあるがままにさせる』(『二程全書』巻一六)とか、『胸中に物《こと》がなくなる』(同上、巻二四の『(敬に居《お》れば)心中に物がなくなる』にもとづくか)といっていることなど、すべて古人の常用どおり(物は事)の意味であると分かったからです」と答えた。他日、先生もこの答えは正しいといわれた。

二　九川《わたくし》が問う、「近年、わたくしはいたずらに博識をほこるだけの学にあきたらず、つねづね、静坐によって念慮をなくそうと心がけているのですが、なくすどころか、ますますそれが雑然とわき上がってくる始末です。どうしてでしょうか」

先生がいう、「念慮をどうしてとめることができよう。ただ、それを正すことあるのみだ」

いう、「いったい無念になる時というものが、もともとあるものでしょうか」

先生がいう、「そんな、無念になることなどあるわけがない」

いう、「としますと、にもかかわらず静を問題にするのは、どういうわけですか」

いう、「静であっても動でないということがなく、動であっても静でないということはない。例の戒慎・恐懼も、それ自体念慮なのであり、動と静とを別々のカテゴリーに分けるわけにはいかないのだ」

いう、「では、周濂渓《しゅうれんけい》は、なぜ、『(心を)定めるには中正仁義をもってし、静を主とす』(『太極図説』)といったのでしょうか」

いう、「彼は『無欲だから静だ』ともいっているが、君の引用のその『定める』は、『動にも定まり、静にも定まる』(程明道『定性書』)の『定』で、これはもっぱら(心の)本体についていったものだ。

戒慎・恐懼の念にしても、それ自体が活潑なもので[*]、ここには天の不可思議な生機がやすみなくはたらいている。いわゆる『天の命はやすらかでやむことがない』(『詩経』大雅、維天之命篇)というものである。一瞬でもやむことがあれば、それは死を意味する。そんなものは、本体の念(天理にそってはたらく念)ではなく、私念(恣意にもとづく念)に他ならない」


〈活潑なもの〉原文は「活潑地」。活潑潑地、活鱍鱍地などとも書く。禅では、悟りによって得られた自由自在の境をいう。つまり、ぴちぴちと内から躍動する本来人のすがたである。程子はこれを、魚がぴちぴちと淵《ふち》に躍り、鳶《とび》が空高く上がるなど、生生流動してやまぬ宇宙の生命そのものを形容する語とした。

つまり、天理に即応したときの生命躍如としたさまをいう。陽明は、両者を止揚して、天理が内から躍動したさまととらえている。元来、戒慎・恐懼といえば心を静の極にすることに通じるが、それが天理にそっているものであるかぎり、その静はすでにそれ自体として活潑潑地なものだというのである。

三　また問う、「心を収斂《しゅうれん》させる功夫をしているときでも、目の前でものが見えたり聞こえたりすると、いつもどおりに見たり聞いたりしてしまいます。これは心が一つに集中していないからではないでしょうか」

いう、「どうして、見聞しないように求めねばならぬのか。枯木死灰か、さもなければ口のきけぬ者や目の見えぬ者にでもなろうというのかね。見聞はしても、それに押し流されなければ、それでよい。そしてそれが全てなのだ」

いう、「昔、或る人が、静坐をしている最中に、壁を隔てた隣ではその人の子が書を読んでいた。ところがその人は子供が真面目にやっているかどうかなど、とんと関知しなかった。それを程子がほめて、深く身心を敬《つつし》むものだといったそうですが、これはどうお考えになりますか」

いう、「程伊川は、多分その人を譏《そし》ったのさ」*

〈程伊川は…譏った〉『二程全書』巻四に見える許勃《きょぼつ》の話で、伊川はこれを「このような聖人が今までにいたろうか」と賞めている、その評語を、「そんな聖人などいはしない」の意味にとった。

四　また問う、「静坐の功夫をしているときには、この心が収斂していることを強く実感するのですが、何か事が起こると、それは中断され、あれこれと思念がわいて、その事について考えずにおれません。そして事が終わると、さて前の功夫はどこまでいっていたっけとそこに立ち戻るわけですが、これはどうも(心の)内と外とが分裂しているように思うのですが」

先生がいう、「それは、格物の説に透徹していないからだ。心に元来、内外があるわけがない。たとえば、きみがいまここでこうして講論しているとき、その一方でもう一つ別の心がきみの内面を見まわして監督している、などということがいったいあるのかね。このもっぱら敬《つつし》んで相手の話に耳を傾けている、その心がとりもなおさず、静坐の時の心でもあるのだ。功夫は一つにつらぬかれており、別の思念をおこす余地はない。

人は、個別の事例に即して研鑽（「事上磨錬」）すべきで、功夫がそこにむけられなかったら、何の益もない。もし、静だけを目的に追求していると、それは事が起こったとたんに必ず散乱し、結局なんの成果もえられない。それでは静の功夫自体ももう一つ不十分なものになり、収斂させているらしく見えて、実は放散しているだけに終わるだろう」

のちに、南昌にあって、*于中《うちゆう》や国裳《こくしょう》君らと内・外をめぐって論をかわしたとき、かれらは口をそろえて、物《こと》にはおのずから内外がある、ただ内外ともに同時に並行して功夫し、そこに断絶がないようにすることだ、といった。そこで、そのことを先生に質問した。

先生がいう、「功夫は(心の)本体ときりはなしてあるものではない。本体にはもともと、内外の別はない。ただ近来功夫につとめるものが、(功夫を)内と外とに分けてしまい、本体をも見失うことになってしまった。いまや、功夫のあり方を正しくつかみ、内と外とに分けさせないようにする、これこそが本体の功夫なのだ」

この日、同席のものも、みな悟るところがあった。

〈于中や国裳君〉于中は夏良勝（一四八〇～一五三八）の字。江西省南城の人。夏良勝は、九川とともに正徳帝に諫言を奏上して、同じ憂き目にあった。ただし、佐藤一斎は、于中の姓を王氏、名は未詳としており、その根拠はさだかでない。たぶん、一斎の勘違いであろう。国裳は舒芬《じょふん》（一四八四～一五二七）の字。江西省進賢の人。やはり九川・良勝とともに諫言を上奏して杖罰をうけ罷免された一人。この二人は、九川の先輩にあたるが、同じ江西の出身ということで交際が深かったのだろう。

五　また問う、「陸象山《りくしょうざん》の学は、どうでしょうか」

先生がいう、「周濂渓《しゅうれんけい》・程明道のあとは、まず陸象山だが、しかし彼にはいささか粗《あら》いところがある」

九川がいう、「彼が学を論じているのを読むと、篇々に骨髄を説き、句々に*膏肓《こうこう》を鍼《はり》するごとき感があり、とても粗いようには見えませんが」

先生がいう、「そうだ。彼は自分の心にずっと功夫をつんできた人で、例の、先聖の言辞を模《も》倣《ほう》したり勝手な臆測にふけったり、文字の解釈ばかりに浮身をやつしている連中とは、おのずから違う。

だが、詳細にみてみると、たしかに粗いところがあるのであり、それは（心についての）功夫をつんでいくと、やがて必ず気がつくだろう」

〈膏肓〉「病《やまい》、膏肓に達す」といえば、もう手のつけようがないということで、膏肓は、心臓の下の身体の最深部で、薬効の及ばぬところ。

六　正徳十五年（一五二〇）、虔《けん》州（江西省、贛《かん》県）へ往《い》って再び先生にお目にかかった。
問う、「近ごろ、功夫において、どうやら根本のところをつかんだように思いますが、しかし、おだやかになごみ楽しむ境地となると、なかなかそこまでいきつきません。どうしたものでしょうか」

先生がいう、「きみはまるで、心のどこかに、天理というものが別にあるようにしてこれを求めているが、これぞまさしく、いうところの『理障*』である。学の要諦《ようてい》はここ（を悟ること）にあるのだよ」

いう、「どういうことか、どうかご教示下さい」

いう、「要するに(良)知を致すこと、それに尽きる」

いう、「どのようにして致すのですか」

いう、「きみの、ほらその良知、それが、きみ自身の則《のっと》るべき規準だ。きみの意念の及ぶところについて、それは、是《ぜ》ならば是と知り、非ならば非と知って、いささかの瞞《だま》しも許さない。きみはただ、それ(良知)を誤魔かさず、着実にそれに依拠して行なっていくことだ。そうすれば、善はそこにありのままにあり、悪は消えさる。それのそこのところは、何とおだやかで楽しいことではないか。

ここここそが格物の正念場であり、致知の実際の功夫もここにある。これらの真機にもたれないで、いったいどのように物を格《ただ》していくというのか。

わたしも近年、どうやらこのようにはっきりと体得するに至ったのだが、初めは、やはり、それ(良知)に依拠したままでは何か足りぬところがありはしないかと案じたものだ。しかし、精細にみてみると、いささかの欠陥もない」

〈「理障」〉もとは仏教の語で、理を目的的に追求する、その分別が、悟りの邪魔になるというのである。宋以来、この理障説に対して儒家の側の反論はきびしいものがあり、この時代にも大勢としてそれはそうであり、たとえば前掲の湛甘泉も、「儒者は天理を考察するが仏家はかえって天理を障(礙)とする。聖人の学は至大至公、仏家の学は至私至小」(『甘泉集』巻八)という立場から、陽明が「理障を懼《おそ》るべきこととして、自己の心の知るままに従う」ことを批難している。しかし、理意識を拒否するこの姿勢は、天理一般を否定するのとはちがって、あくまで既成の理観を否定しようとするものである。それは、いわば人間的実存ともいうべきわが心の良知から、旧来の理意識を破ってやむにやまれず奔流するものを、第一義としようというのである。そのかぎりにおいて、それは理の否定どころか、理の創造、理の新生をもたらすものでさえある。陽明がここを、学の要諦とし、それは何よりも良知に則ることに尽きると断ずるのは、このような立場からである。

七　虔州にあって、于中《うちゅう》・*謙之《けんし》の両君らとともに、先生のお側にあったときのこと。

先生いう、「人の胸のうちには、誰しもそれぞれに聖人が宿っている。ただ自分でそうと信じきれないため、みんなそれをみずからの手で葬ってしまっているのだ」

いいながら、于中を顧みて、先生いう、「きみの胸にあるのも、本来、聖人なんだよ」

于中は起ち上がって、「とんでもございません。とてもとてもそれは」(と恐れいる。)

先生いう、「それは、他ならぬきみ自身のものじゃないか。なんで辞退なぞするのかね」

于中またいう、「もう、とんでもないことです」

先生いう、「衆人すべてにそれはあるのだよ。ましてきみはいうまでもない。それを、なんで遠慮するのだろう。第一、遠慮しようとしてできるものではないのに」

于中はそこでやむなく笑って、それをお受けした。

先生また論じて、「良知は、人にあるものなんだ。きみがどうかしたからといって、それを消滅することなどできはしない。たとえば、盗賊にしたって、盗みがいけないくらいのことは自分で知っている。だから、盗賊よばわりされれば、やはり内心大いに恥じているのだ」

于中いう、「ただ物欲に蔽われているだけなのですね。そんなときでも、良知はちゃんと（心の）うちにあり、失われることなどありえないのですね。たとえば、雲が太陽を蔽っても、太陽が金輪際失《な》くなったりはしないように」

先生いう、「于中君のこういう聡明さは、余人の及ぶところではないね」

〈謙之〉鄒守益《すうしゅえき》（一四九一〜一五六二）、字は謙之。東廓《とうかく》先生と称された。江西省安福の人。陽明とは因縁浅からず、まず科挙に第一位で合格した時の試験官が陽明であった。官に就いたが、すぐ翌年、家に戻り、学につとめ、陽明のところに赴いて、やっと眼が開けた。その後、前述の宸濠《しんごう》討伐軍に従い、陽明の側を離れなかった。この話はその討伐の翌年のことで、彼はそのまま陽明のもとにあったのだろう。官にあってはしばしば帝に諫言を上奏して、罰せられた。陽明は彼を深く愛し、曾子が顔回を偲《しの》んで「才能があるのに無いように謙虚にし、充実していても空っぽのようにし、害をうけてもしかえしをしない云々」と述べた（『論語』泰伯篇）故事を彼の身にひきあてるほどであった。王門高弟の一人である。

八　先生がいう、「這些子《このこと》（二〇五ページ注参照）さえ、自分のものにできたら、何をどういおうと、是非や誠偽は、その場で明らかにできる。ここに一致すれば是で、一致しなければ非だ。いわば仏家の説く*心印に近く、まことにこれは、試金石であり、羅針盤である」

〈心印〉禅家の語で、心がぴたりと仏の心と一致すること。

九　先生がいう、「人がもし、この良知の要諦を悟れば、いかに多くの邪念があろうとも、ここにひとたび覚醒することによって、それらはすべて消融する。まことにこれは*一粒の霊丹、よく鉄を変じて金と化すものである」

〈一粒の霊丹…化す〉『聞見後録』に、黄魯直《こうろちょく》が、杜甫《とほ》の詩を評して、「霊丹一粒《いちりゅう》、よく鉄を変じて金と化す」といったとある。この場合は、前人の語を用いて神妙の詩を作ったことをいうが、ここでは文字どおり、俗な鉄が一気に純金となることをいう。霊丹は道家の不老不死の秘薬である。のちに禅語の一つとなり、俗人を悟らせることをいう（『碧巌録』八五則など）。

一〇　崇一《すういつ》がいう、「先生の致知の本旨は、精緻《せいち》をきわめ蘊奥《うんのう》を尽くすもので、とてもここからは離れ去ることができないように思われます」

先生がいう、「いうことは、何ともたやすいことだ。しかし、もう半年功夫につとめたら、どう見えるかな。さらに一年功夫をつづけたら、どう見えるかな。功夫が長くなればなるほど、それが一つに律しきれないものだということを、ますます感ずるようになる。ここのところはとても口で説明できない」

二　先生が九川《わたくし》に問う、「きみが、致知の説について、身をもって知ったことというと、どんなことかね」

九川《わたくし》がいう、「それが一つに律しきれないものだということを自覚しました。以前には、自己を固く守っていながら、そのくせいつも、ぴたりと（良知に）かなうところが得られなかったのですが、そのまさに同じところが、いまはぴたりと（自己の良知に）かなっているのです」

先生がいう、「ここから、体察するのと講説を聴くだけとは違うということが、わかるだろう。わたしが最初、きみに話をした時、きみは安易に流れていて、深みがないように、わたしには見えた。今のきみの達した妙処も、さらに体察を加えて深処にすすむと、日に違っていくことがわかるだろう。ここは窮《きわ》め尽くされることがないのだ」

またいう、「この致知の二字こそ、真に千古聖伝の秘奥《ひおう》であり、ここがわかれば、『百世後の聖人にかけても迷うことがない』（『中庸』）というものである」

三　九川《わたくし》が問うていう、「程伊川が『体と用とは源を一《いつ》にし、顕《あらわ》れたもの（現象）も微《かく》れたもの

（本体）も一《ひと》つながりのもの』（『易伝』序）というところに説き及ぶと、門人たちは、ここに天機（天の不可思議な妙理）が啓示されたと口々にいったそうです（『二程全書』巻三九）。この伝でいえば、先生の致知の説も、大いに天機を啓示するものじゃないですか」

先生いう、「（致知については）聖人がすでにとっくに人々に教示されている。ただ後人によって覆いかくされていたのを、わたしが、あらわに解明したにすぎない。啓示などというべきものではない。これは万人がひとしくみずからに具有するもので、覚《さと》ってしまえば、とくにどうというものでもない。しかし実地に功夫をしていない人に説くと、ほとんど問題にもせず、残念ながらこちらにも相手にも、ともに益がない。一方、実地に功夫につとめながら、しかもその要をつかめていない人に、これを提起して覚醒をうながすと、その人は実にあふれんばかりの力を得る」

一三　またいう、「知ってみるともともと（特定された）知というものはなく、覚ってみるともともと（特定された）覚りというものはない。しかし、知るというはたらきがなければ、人は結局惑溺《わくでき》のうちに滅びる」

一四　先生がいう、「おおよそ、朋友というものは、欠点を指摘したり戒告したりするよりは、むしろ扶《たす》けたり励ましたりすることの方に重点をおかなくてはだめだ」
のちに又、九川《わたくし》を戒めていう、「朋友と学を論じあうときは、自己主張をひかえ、気持をひろくして臨むのがよい」

一五　九川《わたくし》が虔《けん》州で病に臥《ふ》した。先生がいう、「病というこの物はなかなか格《ただ》すに容易でない。ところできみはどんなことに気がつきましたか」
答えていう、「功夫が非常に難しいということです」
先生がいう、「常に快活でいるようにするのが、この場合の功夫だよ」

一六　九川《わたくし》が問う、「みずから省みてみますと、念慮が妄《みだ》りがわしい事に及んだり、或いはいっそ政治むきのことに走ったりした場合、それが極まるほどにますます興味津々《しんしん》として、胸中にまつわり、なかなかたちきれません。気がつくのが早ければ、まだなんとかたちきれますが、おそいとなかなか困難です。それを克服しようとつとめると、かえってややこしくなってますます逆効果になるようです。ただ、何か別のことに念慮を移すと、それをきっかけに、結局、両方が忘却されるというわけです。こういうやり方で、心中をさっぱりときれいにするのは、（寂滅を志向するのとは違って）害がないのではないでしょうか」

先生がいう、「何でそんなふうにしなくてはならないのかね。良知についてさえ功夫を加えれば、それでいいことではないか」

九川《わたくし》がいう、「それが、ちょうどそういうときには、良知がはたらいていないのです」

先生がいう、「ほかならぬ自分自身のこの（胸の）中《うち》にもともと（良知の）功夫はあるのに、何でそれを外に求めたりするのだろう。何よりも、きみのその功夫が中断しているそのゆえに、良知が蔽われてしまうのだ。とはいえ、中断してしまった時には、前の功夫をいま一度継続すれば、それでいい。なんでそんなことをする必要があろう」

九川がいう、「（そういった念慮は）何とも消滅させにくく、（良知で）知ったとしても、なかなかはらいのけきれません」

先生がいう、「勇気をふるうことだ。その勇気は、功夫をつみ重ねるうちに自然と身につくものだ。だから『（浩然の気は）義が集積されるところに生ずる』（『孟子』公孫丑上）というのだ。らくらくと打ち勝てる人、それが大賢なんだ」

一七　九川《わたくし》が問う、「この（良知の）功夫は、むしろ心の上では確かに手ごたえがあるのですが、経《けい》書《しょ》などで実証しようとするとさっぱり通じません」

先生がいう、「心に実証すること、それ以外にない。心にそれが確かめられれば、経書の意味など自然にはっきりします。もし心に通じないまま、もっぱら書物の上だけで解明しようとすると、かえってそこに恣意的な見解が生ずる」

一八　久しく先生の学を聴講していた官吏がいった、「この学はすばらしいけれど、何しろわたくしは、文書や訴訟の事務などに追いまわされて、とても学問をしている暇がありません」

先生がこれを聞いていう、「わたしが、それらの仕事を離れて何もない中空に学を求めよ、と教えたことが、いったいあったかな。きみが官務についている以上、学はその官務に即してすすめられるべきで、それでこそはじめて真の格物といえる。

たとえば、事件を審理する場合、相手の応対が無礼だからといって、腹を立ててはならず、相手の言葉が如才がないからといって、いい気分にのせられたりしてはならない。相手が自分以外の第三者に依頼しているのを根にもって、故意に意地悪をしてはならず、相手の懇願にまけて、意をまげてそれに従ってもならない。自分の仕事が多忙だからといって、勝手に手をぬいてはならず、周囲が讒謗《ざんぼう》をあびせて罪に陥れようとしているからといって、それにまきこまれてはならない。

これらさまざまな思惑《おもわく》は、すべて『私』からでるもので、ただ君自身にしかわからないものであるから、精細に省察を加え自己の陶冶《とうや》につとめねばならない。自分の心にいささかの偏りもなく、それによって是非を枉《ま》げることのないようにと注意をはらう、それこそが格物であり致知である。文書・訴訟事務におけるすべてがそのまま実学*なのであり、それら具体的な事例を離れて学を求めようとするなどは、かえって『空』に執着するものではないか」

〈実学〉仏家の「空」の学ではなく、天理の「実」にもとづき人倫日用に密着した学。

一九　虔州を発《た》つに際し、先生にお別れの詩を献じて、いう、「良知、何ぞ多識をこととせん。受胎のはじめすでにその胚芽あり、好悪ともにこれに従うを聖学とす、外物に拘引されるところなき、これぞ根元」と。

先生いう、「もしこの学を講じてこなかったら、好悪ともこれに従うといっても、何に従うのかはわからなかったろう」

同席していた敷英《ふえい》がいう、「まことにそのとおりです。かつて先生の『大学古本』の序を読みましたが、何が説かれているのかよくわかりませんでした。それが、しばらく聴講するうちに、いまではどうやら大意がわかるようになりました」

二〇　于中・国裳君らとともに先生のお食事のご相伴《しょうばん》をしているとき、先生がいう、「およそ飲食は、何よりもわが身を養うことを主眼とするのだから、食べたものは消化されなくてはならない。

もし、いたずらに腹の中につめこむだけであると、痞病《つかえ》にかかり、とても身体《からだ》の滋養になるどころではない。後世の学者は、ありあまる知識を胸中に滞らせているが、これは食傷の類《たぐい》である」

二 先生がいう、「聖人もやはり『学んで知る』ものであり、衆人もまた『生れながらに知る』ものである」

問う、「それはどういうことですか」

いう、「それは、良知が万人ひとしなみにある、ということだ。ただ聖人は、それを十全に保持して、いささかの障蔽《しょうへい》もない、しかもなお、『兢兢業業《いましめつつしみ》』（『書経』皐陶謨《こうようぼ》篇）かつ『亹亹翼翼《うまずつとめて》』（『詩経』大雅、文王篇）、おのずからやむことがない、つまり『学ぶ』というわけだ。ただその（良知の）天性の持分がゆたかであることによって、これを『生れながらに知り、安んじて行なう』の人という。

衆人にしても、赤ん坊のときから、誰一人としてこの（良）知を具《そな》えていないものはない。ただこの場合は障蔽が多い。とはいえ、その本体としての（良）知は、それ自体なかなか消滅するものではなく、学問や自己陶冶《とうや》につとめるとしても、常にそれを拠《よ》りどころにして行なうのである。ただ何よりも、（天性の持分が少なく）『学んで知る』持分の方が多いことから、これを『学んで知り、利《つと》めて行なう』の人というのである」

〔正中書局本には、ここに「以上、門人陳九川が記録した」とある〕

〈「生れながらに知り…行なう」〉すでに何度も引用された『中庸』の語だが、ここでもはっきりするように、陽明はこの「知」を『中庸』本来の意味をこえて、良知としてとらえている。「学んで知る」というのは、だから、良知をより十全に発揮すべく、講学につとめるということである。

三 *黄以方《こういほう》が問う、「先生の格物致知の説によると、その時その時の個別の物事に即して、その物事を格《ただ》し、その(良)知を致す（発揮する）といわれますが、そうしますと、その知は一部分の知ではあっても、全体の知ではないわけです。どうして『天のように広く、底知れぬ淵《ふち》のように深い』(『中庸』)至聖の境地に至ることができましょうか」

先生がいう、「人の心は天であり淵である。心の本体は、全てをおおって余すところなく、本来これは一つの天である。ただ、私欲に礙《さえぎ》られるために、この天なる本体が見失われてしまう。また心の理は、窮め尽くされることがなく、本来これは一つの淵である。ただ、私欲に塞《ふさ》がれるため、淵なる本体が見失われてしまう。

もし念念に、良知を発揮し、これら礙り塞ぐものを、すっかり全部とりのぞいてしまえば、本体はそのまま、もとの天、もとの淵となっている」

ここで先生は天を指さして、いう、「たとえば、この目の前の天を見よう。『昭昭』の天だろう。

外に出て四方の天を眺めても、やはりそれは『昭昭』の天だ。これはただ、多くの建物やら土塀などに遮られて、天の全体が見えないだけだ。もしそれらの全てを撤去したなら、そこにあるのは、とどのつまり（全体）一つの天なのだ。＊眼前の天は『昭昭』の天で、戸外で見る（ひろびろと遮るもののない）天は『昭昭』の天ではないなどと、区別するわけにはいかない。

ここからも明らかなように、一部分の知はそのまま全体の知であり、全体の知はそのまま一部分の知なのだ。とどのつまり、それは一つの本体なのだ」

以下、門人黄直が記録した。

〈黄以方〉黄直、字は以方、号は卓峯《たくほう》、江西省金谿《きんけい》の人。生卒《せいしゅつ》不明。嘉靖二年（一五二三）に科挙試験を受けたとき、試験官が陽明をひどく誹《そし》った。しかし、黄直は同門の欧陽徳（崇一）とともにそれに屈せず、頑張りぬき、結局合格したというエピソードがあるが、この記述からもわかるように、少なくともその年以前から陽明門下に入門していた。官に就いては帝に諫言を上奏し、激怒にふれて、南海の辺地に流されたこともある。極貧で、妻がはたを織って糊口《ここう》をしのいだが、本人は死ぬまで、悠然と書を読み道を論じていたという。

〈眼前の天は…わけにはいかない〉原文は「不可道眼前天是昭昭之天、外面又不是昭昭之天」。佐藤一斎は「又」を「天」の誤記ではないかと疑っているが、「昭昭」を『中庸』に典拠した語とすれば、この疑いは正当である。すなわち『中庸』に「今夫《そ》れ天は、斯《こ》れ昭昭の多きなり」とあり、漢の鄭玄《じょうげん》が「昭昭」を「小《いささ》か明らかなこと」と解して以来、朱子もこれに従って、例えば「昭昭は小明である。管《くだ》を通して見る（昭昭の）天も天ならば、このように広大なのも天だ」（『朱子語類』巻六四）とし、「これは一処を指しつつ無窮であることに言及するものだ」（『四書集註』）と述べている。元来、昭昭は照照で、鄭玄のこの解釈は誤りなのだが、朱子は右のように、「昭昭之天」を天の一部つまり「かぎられた天」の意味にとっている。陽明がそれをどう解していたか、ここからだけでは判断しにくいが、ここは朱子と同じ意味に解していたとみてほぼ間違いない。因《ちな》みに王竜渓は、孩提《こども》の良知を「昭昭之天」、天下に普遍の良知を「広大之天」に譬え、昭昭の天はそのまま広大の天であり、それを二別するのは見る側のこだわりであって、元来天に大小はない、と述べている（『王竜渓集』巻一六、別曾見台漫語摘略）。

三 「聖賢にも、立派な功績をあげたいという意気込みがないわけではない。ただ、それらは天理に合致したものであり、そのかぎりにおいてそれはそのまま道であるから、功績のための意気込みというういい方は、あたらない」

四 「『発憤して食を忘れる』（『論語』述而篇）、聖人の志とはこのようなもので、まことに果てる時がない。『楽しんで憂いを忘れる』（同上）、聖人の道とはこのようなもので、まことにのびやかである。（朱子が『四書集註』にいうように）志を得ないときと得たときとに分けて考える必要はなかろう」

二五　先生がいう、「わたしの致知は、あくまで、各自の力量に応じてなされる。今日、良知がしかじかのものであるなら、その今日の良知の及びうるところをとことんまできわめていく。あくる日、良知に開悟するところがあれば、その及びうるところをまたとことんまできわめる。このようにしてこそ、はじめて『精一』の功夫（上巻第二六条注参照）といえる。
人に学を講ずる場合にも、やはりその人の力量に応じてなされねばならない。たとえば、樹木の萌芽の時点では、それに適した量の水をかけてやり、芽が成長するにつれてその量をふやし、ひとにぎりの太さからひとかかえの太さにいたるまで、灌水《かんすい》はすべて、その樹の成長の度合に応じてなされる。もし小さな萌芽に、一桶の水をざんぶりとかけたりしたら、芽は水びたしになって、駄目になってしまう」

二六　問う、「知行合一についておたずねします」
先生がいう、「ここは、何故わたしがそれを主張するか、その意図の根本を理解してもらわねばならない。現在、人は学問をするにあたって、何よりも知と行とを二つに分けてしまっている。そのゆえに、ある念慮が生じて、それが不善である場合にも、いやまだ行なうに至っていないからというわけで、その念慮を禁じようとしない。わたしが、いま、この知行合一を説くのは、他でもない。ちょっとでも念慮が動けば、それがとりもなおさず行ないなんだ。そして、その動きに不善があれば、ただちにその不善の念は克服すべきであり、しかもそれは、ほんの一念の不善たりとも胸中に潜《ひそ》ませないほどに、徹底をきわめなくてはならないんだということを、どうしても人にさとってもらいたいからである。

これが、わたしの主張の本意なのだ」

二七　「聖人*に知らないことがないとすれば、それはあくまで天理についてそうだということであり、聖人にできないことがないとすれば、やはりあくまで天理についてそうだというのである。

聖人は本体にいささかの蔽いもないから、当面するそれぞれの(個別的)事例について天理のありかははっきりと見とおされ、そしてそれは余すところなくきわめ尽くされるのである。これは、決して、本体が明らかになることによって、天下のあらゆる事例が精知され、そつなく実行される、ということを意味するのではない。

天下の事物は、文物制度から草木鳥獣の類まで、およそ数にかぎりがない。聖人は、何よりも本体をこそ明らかにするが、天下の全てを知り尽くすことなどどうしてできよう。知る必要がないものは、聖人はわざわざそれを求めようとはしない。知らねばならないことがあれば、聖人は自分からよく人に問うのである。たとえば、孔子が太廟《たいびょう》に入って事あるごとに質問した(『論語』八佾篇《はちいつ》)などが、それである。

先儒は、孔子の右の所行について、『知っていながらしかも問うのは、敬謹の至りである』（『四書集註』に引かれる尹《いん》氏の語）などといっているが、これは間違いである。聖人は、礼楽や文物については、必ずしも知り尽くしていなかった。ただ、彼は一なる天理を知っており、その天理から、さまざまの文物制度がひき出されたのだ。知らなければよく問うたというのも、まさしく天理の発現に他ならない」

〈聖人に知らないことがない〉『中庸』に「聖人にも知らないことがあり……できないことがある」というなど、中国の聖人はヨーロッパの神のような全知全能の超越的存在ではない。朱子も、官名とか礼の規則とか、世事の万般を、聖人だからといって知り尽くせるものではない、ただ、至妙のところを知らず行なえなかったら、それは聖人ではないといっている（『朱子語類』巻六三）。つまり、全知全能性はあくまで天理にかぎられるのである。ただ、その天理における全知全能性が、朱子の場合は、例えば「聖人にはいっさいの善がもれなく備わっている。少しの失陥でもあればそれは聖人とするに不十分だ」（同上、巻一三）といわれるように、万善の完備性としてとらえられている。しかもその善は事事物物の理として窮め尽くされうべきものでもあるから、往々これは世間事物一般上の全知全能性に拡大されやすい。朱子のこういう傾向を、例えば、前出の陽明の高弟の一人、鄒守益の次の問答と比べてみよう。守益が弟子に、『孟子』告子下の「人は皆堯・舜たることができる」の一句を挙げ、ここに学の要諦があるというと、その弟子はそれを、一念の善なるところだと理解する。すると守益は、「一日のうちに、どれだけ善念があろう。それではほとんどの時間が堯・舜でなくなる。ただ、不善のところさえなければ、それが堯・舜だ」といい、なおも不善のところを問題にする弟子に、「その不善のところがわかる、それが堯・舜じゃないか」という（『明儒《みんじゅ》学案』巻一六）のである。これは陽明の聖人観の一つの敷衍《ふえん》であるが、ここでは、聖人は万善の完備態としてではなく、ただ良知が即今に発揮されているか否かの現在一瞬の自己のあり方としてとらえられていることがわかろう。ここの陽明の発言も、表面的には朱子と同じことをいっておりながら、むしろ内実において、鋭く朱子を批判するものであると読みとることができる。

一〇八　問う、「先生はかつて、善悪はあくまで一つのものだ、といわれました。善と悪とは両極端で、氷炭のように相いれぬのに、どうして一つのものといわれるのですか」

先生がいう、「至善なるものが、心の本体である。その本体(すなわち心の本来的なあり方)から、わずかでもずれるところがある、それがとりもなおさず悪なのである。あらかじめ特定の善があり、またそれと相対して特定の悪がある、ということではない。だから、善悪は一つのものなのだ」

直《わたくし》は、先生のこの説を聞くことによって、程明道のいわゆる『善は固《もと》より性だ、悪もまたこれを性といわないわけにはいかない』（『二程全書』巻一）とか、「善悪ともに天理だ、これを悪といおうと、本来的にそれが悪だというのではない。ただ、性本来のあり方からして、過《ゆきすぎ》や不及《ふそく》があるだけだ」（同上、巻二）という語に、疑いの余地がないことを知った。

二九　先生がかつていう、「人が、善を好むこと『好《よ》き色を好むよう』（『大学』）に、悪をにくむこと『悪臭を悪《にく》むよう』（同上）にできさえしたら、それが他ならぬ聖人なのだ」

直《わたくし》は、初めこれを聞いて、何とたやすいことかと思った。が、のちに、この功夫は実際には決して容易でないということがわかっていたとしても、体験的に思い知らされた。かりに、或る念慮において、善を好み悪をにくむことがわかっていたとしても、しかしいつか気づかぬうちに、そこにあれこれと雑《まじ》りこんでくるものがある。わずかでも雑《まじ》るものがあれば、それはもはや、善を好むこと、好《よ》き色を好むような、また、悪をにくむこと、悪臭を悪《にく》むような、そういう心ではなくなる。善をほんとうに好むことができるというのは、善念でないものがないということである。悪をほんとうににくむことができるというのは、どの念も悪を志向しないということである。これでこそ聖人でなくて何であろう。だから、聖人の学とは、ただ一《いつ》なる誠、これに尽きるのである。

三〇　問う、「（『中庸』の）『道を修める云々』について、先生は（朱子とちがって）、『性に率《したが》う、これを道という』の方を聖人の境位とされ、『道を修める、これを教えという』の方を賢人の境位としておられます（上巻第一二八条参照）。この点についてお教え下さい」

先生がいう、「衆人*だって性に率《したが》うものである。ただ、性に率うというと、どうしてもそれは聖人の境位の方により多く見られることだから、『性に率うことを道といい』、これを聖人のこととした。一方、聖人だって道を修めるものである。ただ、道を学び修めるというと、それはやはり賢人の境位の方に多く見られることだから、『道を修めることを教といい』、これを賢人のこととしたのだ」

またいう、「『中庸』の一書は、ほとんどみな、修道について説くものだといってよい。たとえば、この後の方に、君子や顔淵《がんえん》や子路について説かれているのは、みな道をよく修めえた人としてであり、小人や賢知・愚不肖や庶民が説かれるのは、みな道を修めえなかった人としてである。その他、舜や文王・周公・孔子ら至誠至聖の人の類は、たくまずしておのずからに道を修めている聖人の例として、挙げられているのである」

〈衆人だって性に率う〉「性」は、天理が人間の本性として内在したものをいうが、ここでは陽明は、良知に率って行為する、或いは端的に、良知を発揮するというニュアンスで用いている。

三　問う、「儒者も、深夜の十二時頃になると、胸中の思慮はすっかり掃《はら》われて、空空かつ静静、釈氏（禅定《ぜんじょう》）の寂静と同じで、（儒も釈も）両方ともなくなり、こうなればもはや分別のしようがないのではないですか」

先生がいう、「動静はあくまで一つのものだ。深夜の十二時頃の、その空空かつ静静の境というのは、天理自存のすがた以外のなにものでもない。そしてそれは、他でもない、現在こうして物事に対応して（動いて）いる、まさにこの心でもあるのだ。この、現在こうして物事に対応しているい心が、同じく天理に循《したが》うものであるかぎり、これは、とりもなおさず、深夜の十二時に空空かつ静静であるところの、その心に他ならないのだ。だから、動静はあくまで一つなのであり、であるからそれは分別されえない。動静が合一のものであるという、ここがわかれば、釈氏との（のちには『千里の距たりともなる』その最初のいわゆる）『毛筋ほどの違い』も、おのずから明白になろう」

三　同席していた門人の中に、動作をやたらと厳《おごそ》かにするものがいた。

先生がいう、「おごそかも度をすごすと、いきつくところ弊害となる」

いう、「おごそかの度をすごすと、どうして弊害になるのですか」

「人が、姿かたちばかりに気持をふりむけて、もっぱらそこに功夫を集中するようだと、いきおい心の中はお留守にされがちになる」

また、はなはだ率直で奔放なものがあった。

先生がいう、「いまこうして、学を研鑽しあっている時にもかかわらず、その態度に全くひきしまったところが見られないのも、やはり心と事とを二つに分裂させているものだ」

三 或る門人が、その友人の旅立ちを送る文をつくったあとで、先生に問うた。「文章をつくるときには、思いのかぎりをこらすため、書き終わったあとも、二、三日は頭に刻みこまれたままですが、これはどうお考えになりますか」

いう、「文章に思索をめぐらすこと自体に害はないが、ただ書き終わってしまってからも頭からはなれないというのは、文章というものにこりかたまって、心の中に一つの物が付着することで、これはよくない」

また或るものが人を送る詩をつくった。先生がその詩を読み終わって、その人にいう、「およそ文章をつくる場合は、自分が実感できる範囲に即してしなければならない。もしあまりにそれを超えたことをいうと、それは『辞《ことば》をよく修《ととの》えて誠を立《つらぬ》きとおす』（『易経』乾《けん》卦、文言《ぶんげん》伝）ことに反する」

四 「文公（朱子）の格物の説は、何よりも、急所のところを欠落させている。たとえば、『（理を）念慮のきざす*微《かそ》やかなところに省察する』ということは、決して、『書物の上に傍証を求めたり、事例に即して実証したり、討論の場で確かめたりする』ことと、同じ次元で論じられてはならないものである。これでは、ことの軽重はまるでないことになる」
〈「念慮のきざす…確かめたりする」〉朱子はその『大学或問』の中で、格物の方法として、これらを平面的に羅列している。

三五　問う、「(『大学』の)『忿懥《いか》ることがある(と心の正が得られない)』の一条についてお教え下さい」

先生がいう、「(そこに列挙されている)忿懥《いかり》(や恐懼《おそれ》・好楽《よろこび》・憂患《うれい》)などは、とうてい人の心から無くすことのできないものである。ただ(『大学』でそういうのは)あくまで、それにとらわれてはならないということなのである。

およそ人が忿懥《いか》るとき、怒りそのものに、少しでも溺れこむと、その怒りは正当な線をふみはずして、『廓然《からり》と大いなる公』(程明道『定性書』)であるはずの(心の)本体と乖離《かいり》する。だから、『忿懥《いか》ることがあると、その正が得られない』ということになる。いま、怒ったりする場合に、ただ『生起した物《こと》に順《ありのまま》に対応』(同上)し、怒りそのものに溺れこむということが少しもなかったなら、心そのものは廓然《からり》と大公であって、その本体の正は失われることがない。

たとえば、外出の途次に、人が争っているのを目撃した場合、不正な方に対しては、やはり心に怒りを覚えるだろう。しかしそれは、たとえ怒りであっても、心はそのまま(その怒りにおいて)廓然《からり》と澄んでいるのであって、決して感情に惑溺することがない。人に対する怒りがこのようであるかぎり、それこそそれは正を得ているのだ」

三六　「先生は以前、『仏家は現実の諸相《カテゴリー》に執着しないといいながら、実際には諸相にとらわれてしまっている。わが儒の方は、現実の諸相に執着しているかに見えて、実際にはそれにとらわれていない』といわれましたが、ここをご教示下さい」

いう、「仏家は父子の絆《きずな》を（虚妄の現象界に自分をしばりつける）係累として、その関係から逃げだし、君臣の結合を係累として、その関係から逃げだし、夫婦の契《ちぎ》りを係累として、その関係から逃げだすのだが、実はこれらはすべて、君臣・父子・夫婦という（自己意識にみずから執着して）その相《カテゴリー》にとらわれてしまっているもので、だから、逃避が必須にもなる。

わが儒の場合は、*父子の関係にあれば、（その関係そのものに執着しないで）それに仁を還《かえ》し、君臣の関係にあれば、それに義を還し、夫婦であれば、それに別を還すだけであって、何で、父子・君臣・夫婦の相《カテゴリー》にとらわれたりするものか」

〔正中書局本には、ここに「以上、門人黄直が記録した」とある〕

〈父子の関係にあれば、それに仁を還し…〉ここの「還す」は、禅問答で頻用されるパターン。例えば「生死《しょうじ》の輪廻《りんね》に当面したとき、どう対処したらよいか」という問いに、「わたしにその生死を還してくれ」と答えるなど（『伝灯録』巻一九）、ずれかけた問題を本来あるべき原点にふり戻す時の常套《じょうとう》的レトリックである。父子といえば仁である、その父子本来の仁を父子という原点に還してやる、というのがここの文字通りの意味であるが、禅のこのレトリックを運用しながら、父子関係に執着しない立場を、明らかにしようというのである。なお明末の劉宗周《りゅうそうしゅう》にも「……喜怒哀楽に中和《ちゅうか》を還し、父子君臣に仁義を還し……」（『劉子全書』巻八）という発言があるが、これも全く同じ発想に由来するもので、要するに、父子君臣といえば、そこに本来あるべきものは仁義であるということを、ここでもいう。

三七　*黄勉叔《こうべんしゅく》が問う、「心に悪念がないとき、この心はからりとはれわたっていますが、こういうときにも善念を保持していなくてはならないのでしょうか」

先生がいう、「悪念を去ってしまった、それがとりもなおさず善念であり、つまり、心の本体に復したということだ。それは、雲に遮蔽されていた日光が、雲が去ったあと再び四方にふりそそぐようなものだ。

悪念が去ったあとに、さらに善念を保持しようと求めるのは、日光のかがやきの中に、もう一つの灯《あか》りを点じようとするにひとしい」

以下、門人黄修易の記録である。

〈黄勉叔〉察するに黄勉叔は黄修易と同一人物で、修易が名で、勉叔が字であろうが、いまのところそれ以上つけ加える資料を知らない。

三八 「近来の功夫によって、どうやら妄念が生じなくなったように思います。が、ただ、胸の中に黒々と真暗なところ*があり、どのようにして明るく光らせたものかわからないのですが」

先生がいう、「功夫をはじめたばかりなのに、どうして胸の中がおいそれと明るくなろう。たとえば奔流する河の濁水を汲《く》みあげて、甕《かめ》の中に入れたとしよう。その初め、水の動揺は間もなく静まるが、しかし混濁はなかなか消えるものではない。長い時間をかけて、自然に泥が収まり透明を回復して、はじめて水はもとの清らかさにもどるのである。

きみも、ただただ良知について功夫をすすめることだ。ずっと長い間その良知が保たれていたら、やがてまっ暗なところも、自然と明るく光るようになる。いま、せっかちに効験を求めようとするのは、むしろ『助長*』に終わるだけで、功夫は成就しない」

〈黒々と真暗なところ〉原文は「黒窣窣的《こくそつそつ》」。禅の常套語の一つで、例えば『臨済録』に「黒漫漫地《こくまんまんじ》」「黒《こく》没倰地《もっしゅんじ》」などというのと同じ（ここの「的」は「地」と通用）で、一般には悟りを知らない蒙昧《もうまい》の境をいう。ただし禅では、いっそそれをひるがえして明暗などのカテゴリーにすらとらわれない、人間初発の最も本来的なあり方と高次にとらえかえすが、ここでは一般的ないわば、平板で素直な意味で用いられている。

〈「助長」〉『孟子』公孫丑上。苗の成長を助けようと焦《あせ》って、手でそれをひっぱりあげ、挙句に根を枯らしてしまったという故事。

三九　先生がいう、「わたしは(致知は格物にあり、という『大学』のテーゼについて)、良知を致《はっき》するには物《こと》を格《ただ》すということを功夫の眼目にせよ、と人に教えているが、実はこれこそが根本をつかんだ学問なのだ。(この学によって)人は日に日に充実し、日を経るごとに精明になるのを自覚するだろう。

これに対して、世間一般の儒者は、(旧来の朱子の格物説そのまま)事事物物の上に(理を)探究するように教えているが、これは根本を放棄した学問である。壮年期の間は、どうやら外容をととのえて欠陥を露呈せずにすごせるが、年老いて精神が衰えてくると、内部から支えるものもなく、結局は倒れてしまう。

たとえば、根のない樹を水辺に移植すれば、しばらくは生き生きと鮮やかだが、やがて最後には枯れしおれてしまうだろう。それと同じだ」

四〇　問う、「(『論語』の)『道に志し(徳に拠り、仁に依り、芸に遊ぶ)』(述而篇)の一章について、ご教示下さい」

先生がいう、「『道に志す』というこの一句は、そのまま次につづく三句に関連するもので、これだけをきりはなすことはできない。

たとえば、ここのこの家を建てる場合について考えてみよう。まずその場合、『道に志す』というのは、住宅建築の計画を最後までもちつづけ、土地を選んだり資材をあつめたり、土地を測ったり、土台を築いたり、常日頃それにつとめることである。次に『徳に根拠をすえる』というのは、さしずめその計画が全て完成し、依拠すべき家ができ上がったということだ。そして『仁を依りどころにする』といえば、いよいよその家に居を定め、毎日をそこで暮らし、そこから立ち去らないということだろう。さらに『芸に心を遊ばせる』となると、これは建物に色彩を加え、住居を美しくするということだ。ここで、『芸』とは義のことで、理に宜《よろ》しくかなうということでもある（芸・義・宜は中国音でともに「イー」）から、たとえば、詩を朗誦し、書を読み、琴をひき、弓を習うなどの類は、すべて、自己の心をよくととのえ修め、道になじむことをその目的とするのだ。道にも志さないで、『芸』に心を遊ばせるようなのは、それこそ無分別な若造が、住居も建てないうちから、やたらと額画を買ってきて入口を飾ろうとするにひとしい。いったい、それで、その絵はどこに掛けるというのか」

四一　問う、「読書は、心を正しくととのえるという点で、欠かすことができません。ただ読んでいる最中にも、科挙の受験のことが頭にちらつき、そっちの方に心がひっぱられてしまいます。どうしたらそれを免れることができましょうか」

先生がいう、「良知が深切でありさえすれば、科挙の勉強をしようと、それによって心が曇ることもないし、たとえ曇ったとしても、それは容易に自覚できまた克服できる。

たとえば、読書に際し、(科挙めあてに)むりに暗記しようとするのは、心の正しいあり方でないと、良知によって自覚したなら、それをすぐに克服すればよい。同じように、早く効果をあげたいと焦る心が生じたら、それもすぐに克服し、博識をほこり華やかさを競う心が生じたら、それもすぐに克服することだ。

このようにすれば、それこそ、終日聖賢と心を一つに向かいあうというもので、これは天理そのものの心でもある。であれば、どのように書を読もうと、それはすべて心をととのえることになるのだ。なんでそれが妨げになることがあろう」

いう、「せっかくのご教示ですが、残念ながらわたしの資質がなまくらなため、実際この病弊を免れることが容易でありません。窮《ゆきづまる》か通《おもいどおりになる》かは運命的なものだ(白居易『友を喩す詩』など)と聞いていますが、生れつき上智の人ならともかく、わたくしごとき不肖のやからは、名声功利の念にまといつかれて、どうしても心がそこに傾いてしまい、いたずらに自己嫌悪におちいるばかりです。かといって、いっそその念を棄ててしまおうとしても、今度は、親への孝養のためにもなるという気持がはたらき、結局、その名声などの念を捨てきることができません。どうしたらいいのでしょうか」

先生がいう、「このことで、親にかこつけていう人が多いが、その実は、志がないだけのことだ。志がちゃんと立てられれば、良知は、千万の事例の中にあって、あくまで一つのものであるから、（科挙のためのどんな）書を読もうと文を作ろうと、そのことが何でその人をそこなうことになろう。なるとすれば、みずからがその得失の打算にわずらっているにすぎない」

（先生は）そこで慨嘆していう、「この（良知の）学が明らかでないばかりに、ここの（科挙の問題の）ところで、幾人の俊英が挫折したことであろう」

四二　問う、「『生をこれ性という』（『孟子』告子上）という告子の語は正しいものであるのに、孟子はどうしてこれを非としたのですか」

先生がいう、「もとよりそれは性だ。ただ、告子は一面だけを認識していて、*急所のところがつかめていなかった。もし急所がつかめていたら、右のようにいうのは、それもいいだろう。孟子も『*形色は天性だ』（『孟子』尽心上）といっているわけで、これなども『気』の面からいったものだ」

またいう、「およそ人は、いいたいことを口にし、思うままに行なって、これは*わが心性によってすることで、これこそいわゆる『生、これを性という』ものだと、口々にいうが、これはしかし、このままだと間違うことになる。

急所がつかめ、自己の良知によって、話したり行なったりするのでなければ、あるべき姿に落ちつくことはできないのである。とはいえ、この、口で話し身で行なうという、これが他ならぬ良知（のはたらき）そのものでもあり、『気』を除外して、話すことや行なうことが成りたつはずもない（のだから、良知と気すなわち言動、とを二元的にとらえることはできない）。だから、（程明道も）『性のみを論じて気を論じなければ、完全でない。気のみを論じて性を論じなければ明らかにならない』（『二程全書』巻七）とか『気も性であり、性もまた気である』＊という。ただ、この場合も、急所のところを正しくつかむことが、どうしても必要である」

〈急所のところがつかめていなかった〉宋学以来、中国思想は理気世界観を構築した。まず、あらゆる自然界の事象はすべて「気」をその実体とする。が、そこにはおのずから法則的なすじみちがあり、それなしには事象は成り立たない、そのすじみちを「理」とする。理は人間にあっては「性」とよばれ、それは天与のものだが、これによって人間はその人としてのすじみち、すなわち本来あるべき正しいあり方を先験的に内在させることになる。具体的にいえば、人間の肉体、五官のはたらき、それに発する欲望・感情などの「気」のはたらきが正しく天理にのっとってある、いいかえれば、自己の性に正しく発したものであるのが、人間の生の本来あるべきあり方とされる。例えば人間には、先験的に仁・義・礼・智などが賦与されており、それらは「性」のそれぞれ別名とされるが、その仁から惻隠《あわれみ》の情が流露するとしても、もしそれに過不及があると、自分の親を棄てて他人の救済に奔《はし》ったり、逆に妻子ばかり大切にして他人を省みなかったりするわけで、これは本来的あり方からすれば、正しくないとされる。つまり、そこでは「性」は生命現象の一つである情の上に正しく発現されえていないということになる。以下、喜怒哀楽から肉欲に至るまですべて同じである。ここで「急所」というのは、この理気の正しい関係をいうのであり、もしここをはずすと、放縦きままな感情や欲望をそのまま「性」としてしまうことになり、これでは認識は一面的になる、というのである。一方、ここがつかまれれば、生命現象がそれなりのすじみちなしに成り立たず、逆にそのすじみちは生命現象があってはじめて具象化されるということから、「性」と「生」が一体視されることは、当然原理的に正しいわけで、だから「それもいい」というのである。

〈「形色は天性だ」〉「形色」は、漢代・唐代の解釈では、人の態度や容貌とし、それが礼にかなっているのが天性のあり方だとしている。ただし、宋学以降、この「天性」は当然、右の「性」の意味に解されているから、この点でそれ以前の解釈と異なる。因みに朱子は、形を形体、色をそれにともなう固有の容貌・気分・ふんいきなどとし、この形色におのずから理がそなわっている、それが天性だとしている(『朱子語類』巻六〇)。しかし、右のいい方からも明らかなように、朱子にあっては、形色がそのまま天性だというのではない。形色を形色として存在させているいわばその原理的根拠が天性だというのだから、むしろ「形色は天性による」と訓《よ》んだ方が朱子の意には近い。

これに対して陽明は、ずばり、形色即天性と訓《よ》んでいる。これは理気を心において渾一《こんいつ》的にとらえようとする彼の立場をそのまま反映するものである。「『気』の面からいった」というのは、人間でいえば、生命現象(つまり気)そのものをそのまま理の発現として認めようというもので、例えば、陽明門流の一人、羅近渓が、田舎の賤しい農婦でも、赤ん坊を慈《いつく》しんでいる、その自然の情愛が理の発現のすがたであり、このように万人はみな聖人なのだといったりするが、これなどは、陽明学のこのような視座を根柢にするものである。明末になると「形色」はもっと端的に形而下的欲望を指すようになり、思想はいっそう急進するのだが、陽明学はいわばそれらの萌芽をなすものでもある。少なくとも、ここで「形色」は、すでに陽明自身、「気」とイメージしているように、単なる形体やその実質内容という朱子の静的な解釈を破って、より動的な、生命現象一般として、とらえられはじめていることは、ほぼ明らかである。

〈わが心性〉「心性」という言葉は、心即理の渾一的立場を表わすにふさわしい語で、普通に「性」というよりも、はるかに生々《なまなま》しくまた主体的な響きをもつ語であり、以後、明末に至るまで、そういう響きの語として愛用された。

〈「気も性…」〉『二程全書』巻一に、明道は『生、これを性という』が、性はすなわち気、気はすなわち性である、これを生というのだ」といっている。このあとで、明道は、性を河の水に譬《たと》え、清流が海にそそぎこむまでの間、いろいろな濁り方をするが、しかしそれはすべて水である点で変りはなく、その水は本来清いものである、と述べている。この清濁の考え方は、伊川からさらに朱子に至って、精緻《せいち》に理論づけられ、性を先験的な天与の本然の性と、各人が生れつきもっている個人的資質としての気質の性とにわけ、この気質の性を道徳的修養によって純化し、本然の性にたちかえることを、功夫の主眼とした。つまり、さまざまの濁り方はさしずめ個別の気質の性ということになるのだが、しかし、明道の場合、そこまで分析的であるのではない。この性の問題は、いわば、人間の存在理由そのものにかかわる問題であるから、宋学以来、清代に至るまで、中国思想界の大問題であったが、陽明はしかし、これについて正面から体系的に論じていない。これは、心即理の立場からすれば当然のことで、むしろその中に性の問題は消化されていると見るのが正しい。むしろ、陽明のこういう渾一的立場を一旦経ることによって、これ以後、性は本然も気質も統一的に把握されるようになり、清代に入ると、性といえば気質の性以外にないのだ、濁りは要するに外来の土砂、すなわち家庭や社会環境に起因するものだというとらえ方すらでるようになり、悪を自己に内在のものとしてそれの一己内的克服を目ざしてきた宋学以来の性論に、大きな転換を迫る事態すら出来《しゅったい》する。そういう転換の胎動が、ここに実は見てとれるのであり、しきりに「急所」を説く陽明のもどかしさは、まだこれに論理体系を与えることのできない、中国思想界の、この時点における歴史のもどかしさと、とることができる。少なくとも陽明は、ここで、気と性とを統一的に把握する視点を獲得しており、明道が未整理のまま渾然と一つにしていた立場を明らかに高次に止揚している。つまり、ここの明道の語は、もはや陽明の概念によって語られた、陽明自身の言葉に他ならない。いや、本当は、この本文訳においては、明道の言を『…性を論じなければ明らかにならない』までとし、このあと『気も性…』はそれをうけた上で陽明なりに言いかえた陽明自身の語とする方が、或いは正しいかもしれない。

三 またいう、「諸君が功夫をすすめる上で絶対にさけるべきことは、『助長』（三三七ページ注参照）である。だいたい上智の人などはほとんど皆無に近いのであって、まして学ぶ者が、一足とびに聖人の域に入ることなどありえない。

起き上がったり転んだり、進んだり退いたりするのが、功夫にとってむしろ自然なあり方で、このような曲折はあらかじめ避けられないものなのだ。昨日ちゃんと功夫につとめたのに、今日になってもそれが十全に発揮されないというので、何とかむりにでも、その破綻《はたん》のさまをとりつくろおうとしたりするなど、それは無駄なことなのだ。そのようにする、それが『助長』なのであり、そんなことでは、せっかくの前日の功夫まで全部だめにしてしまう。これは決して小さな誤りではない。

たとえば、路を行く人が、もしけつまずいて転んだなら、起き上がってまた歩けばよいことで、転倒しなかったふりをして人を欺く必要はない。

諸君は、常に『世に埋《うず》もれていても悶《うれ》えることなく、自己の正しさが認められなくても悶《うれ》えることのない』（『易経』乾卦、文言伝）そういう心を抱きつづけるべきである。

この良知にもとづき、ねばりづよく実行していき、人に非難嘲笑されようと、誹謗されようと、賞讃されまた侮辱されようと、いっさいそれに動ずることなく、一進一退があればあったでそのまま功夫をつづけていくがよい。何よりもこの良知を発揮すること、ここにこそ自己の存亡をかけていったなら、長い間には必ず、自然と悟るところもあり、世上のどのような事柄にも動かされることがなくなる」

またいう、「人がもし着実に功夫をつんでいたら、人の誹謗や侮辱にあおうと、その一つ一つが益となり、一つ一つが徳を高めるたすけともなる。が、もし功夫をつまなかったら、それはただ魔*でしかなく、結局はそれにふりまわされひき倒されてしまうだろう」

〈魔〉この「魔」は仏教でいう魔羅 Māra のことで、悟りを障《さまた》げる悪鬼である。ただしそれは自己の外にあるものでなく、あくまで自己の内に潜むもので、それが外事に触発されて、妄動するのである。

四四　先生が或る日、*禹穴《うけつ》に行遊された折、田んぼの稲を見て、いう、「どれだけかかったのか知らぬが、よくここまでに生長できたものだ」

傍にいた范兆期《はんちょうき》がいう、「何よりも根があればこそです。学問も、自己の中にちゃんと根を植えつけておけば、伸びるかどうかを案ずることもありますまい」

先生がいう、「人として根のないものはない。良知がそれだ。これこそ天によって植えられた霊根で、みずから生生と息づいてやむことがない。ただ『私』にとらわれ、その根が塞《ふさ》がれ害《そこ》なわれると、その生生は遮断される」

〈禹穴〉浙江省の会稽《かいけい》山の近くにあり、禹が埋葬されたと伝えられる遺跡。第一一五条にもあるように、嘉靖二年（一五二三）以後は、郷里の地で講学する陽明の周りに、弟子たちが軒をつらね、寝る場所もないほどの盛況で、その周辺のこの禹穴などに仮寓する者もあったと伝えられる。ここの行遊も、さぞ多くの弟子たちが参加したと思われ、後出の范兆期（名は引年、号は半野、詳細不明）もその一人であったろう。

四五 ある朋友は、ふだんから怒りっぽく、何かというと人を責めた。
先生がこれを戒めて、いう、「学は、まず、己れを自省することでなくてはならない。もしいたずらに人に責《もと》めるだけだと、人のよくないところばかりが目について、自分の非には気づかないままに終わる。もしよく己れを自省すれば、自分の不十分なところがやたらと目につき、とても人に責《もと》めている暇などありはしない。

舜*が(弟の)象《しょう》の驕慢《きょうまん》を感化できた、その秘訣は、何よりも、象の不正を見ないということにあった。もし舜が、象の邪悪の矯正に熱を入れていたら、いきおい象の不正が目につくことになり、一方象はその驕慢さによって、絶対にその忠告に従わなかったろう。まして感化など、思いも及ばぬことだ」

その友はその言葉に感じ入り、自己の非を悔いた。

先生がいう、「きみは今後、人の是非を論じたてたりしないことだ。およそ、人を批判すべきだと思った時には、(その考え自体を)ただちに一つの大きな『己私』とみなし、除去しなければならない」

〈舜が…感化できた〉象は舜の腹違いの弟で、両親の溺愛をいいことに、舜をないがしろにし、何度も殺そうとさえ計ったが、舜はいつも気づかぬふりをし、帝位についてからはこれを諸侯にとり立てた。『孟子』万章上に詳しい。

四六 「およそ朋友どうしで論難しあうときには、かりにその論難が浅薄かつ粗略で、才をてらい己れを誇示するものであっても、それはすべて病気からくることなんだから、まずその病気に応じた薬を施してやるのが、一番いい。決して、それとばかりに、それに対して軽侮の心をおこしたりしてはならない。『君子は人とともどもに善をなす』(『孟子』公孫丑上)というその心にもとることなんだから」

四七　問う、「朱子の『周易本義』は卜筮《ぼくぜい》を主とし、程子(の『易伝』)は理を主体としていますが、これはどうなんでしょうか」

先生がいう、「(筮竹によって天地人事の万変を見る)卜筮は理(を洞察するもの)であり、理もまた卜筮である。天下の理で、卜筮以上に深遠なものがあるだろうか。ただ後世、卜筮をもっぱら八卦の占いごととして見るようになったため、卜筮がまるでちっぽけな技芸のようにみなされることになった。

しかし、いずくんぞ知らん、現在のこの師友の問答をはじめ、『博く学び、審《つまび》らかに問い、慎んで思い、明らかに弁じ、篤く行なう』(『中庸』)などの類も、すべて卜筮なのである。つまり卜筮とは、迷い疑いに決断を下し、わが心を神明にすること、これに他ならないのである。

易は、天に問うものである。人に疑問があって、自分で信をもちえない、そこでそれを易によって天に問うのである。それは、人の心が多端なものであるのに対し、ただ天には寸分の『偽』(前出)もないからである」

〔正中書局本には、ここに「門人黄修易が記録した」とある〕

四八　*黄勉之《こうべんし》が問う、「『適《き》めることもなく、莫《いな》とすることもない。ただ義に比《した》しむ』（『論語』里仁篇）とありますが、あらゆる事例について、このようであるべきでしょうか」

先生がいう、「もとより、すべての事例についてこうでなくてはならない。が、急所のところをつかまなければなんにもならない。

いまここにいう、『義』とは他ならぬ良知のことだ。良知が急所だということをさとって、はじめて（ある一つに偏って）執着することがなくなる。

たとえば、人から贈り物を受ける場合、その日には受けるべきだが、他日には受けてはならない、というケースがある。また、今日は受けるべきでないが、他日なら受けるべきだ、ということもある。

きみがもし、今日は受けるべきであったというそのことに執着して、あらゆる場合にも例外なく受けとったり、反対に、今日は受けてはならないというそのことに執着して、あらゆる場合にも受けとらなかったら、これがすなわち『適』であり、『莫』であり、つまり、良知の本体ではないのである。どうしてそれを『義』とよぶことができよう」

以下、門人黄省曾《せいそう》の記録である。

〈黄勉之〉黄省曾（一四九〇～一五四〇）、字は勉之、号は五嶽。江蘇省呉県の人。嘉靖二年（一五二三）

以降、陽明が郷里の浙江省余姚《よよう》で学を講じている時に入門した弟子で、その時の問答を『会稽問道録』十巻にまとめており、ここの記録はそこから採録したものといわれる。既出の鄒守益・欧陽崇一や後出の王心斎・王竜渓ら、王門の中でも特に傑出した人士たちと親交が厚かった。

四九　問う、「(『論語』為政篇に『詩三百篇、一言でいえば、思い邪《よこしま》なしの一語につきる』とありますが)『思い邪なし』の一語が、どうしてそのまま(『詩経』の)三百篇すべての内容を包括することができるのでしょうか」

先生がいう、「いやいや、三百篇どころの話ではない。(易・書・詩・礼・楽・春秋の)六経《りくけい》だって、ただこの一言によって、そのすべてを該括できるし、さらには古今の天下の聖賢のあらゆる論議のはしばしに至るまで、すべて『思い邪なし』の一言で該括しおおせる。これ以上の何をいうことがあろう。これこそ、一を知って百に通じる功夫なのだ」

五〇　問う、「(『書経』大禹謨《たいうぼ》の『人心はこれ危うく、道心はこれ微』における)『道心・人心』についてお教え下さい」

先生がいう、「(『中庸』に)『性に率《したが》う、これを道という』それがつまり道心である。そこに少しでも人間の作意がからみつくと、つまりそれが人心である。道心はもともと『無声無臭』(『中庸』）であり、それ故に微妙とされる。人心に依存して行なえば、不穏当なところが多い。それ故に危ういとされる」

五一　問う、「（『論語』雍也篇に）『常人以下のものには、上《うえ》のこと（ここでは形而上界の意味にとっている）を語るべきでない』とありますが、凡愚の人は、たとえかれに（道などの）形而上界のことを説き聞かせても、それでもなかなからだつがあがらないのに、ましてこれに全然説きもしなかったらいったいどうなることやら、果たしてそれでいいものでしょうか」

先生がいう、「聖人は、絶対に説き聞かせないといっているのではない。聖人の心は、人がすべて聖人たりえぬことのないようにそれを心配している。何よりも、人の資質は同じでなく、だから教えを施すにもそれに応じた段階がなくてはならない。常人以下の人に、いきなり性や命について説いてみたって、彼らにはとても省察できない。ゆっくりと彼らを琢磨《たくま》していくほかないのだ」

五二　或る友人が問う、「書を読んでも、記憶に残らないのは、どうしたことでしょうか」

先生がいう、「ただ理解しさえすれば、記憶したか否かは問題でない。しかしその一方、理解することと自体を目的化してしまうと、たちまち第二義に堕《お》ちるのだ。第一には、自己の（心の）本来的あり方を明らかにすべきなのだ。もしむやみと、記憶しようとすれば、理解がとどかなくなり、また、もしむやみと、理解それ自体を目的化してしまうと、自己の本来的あり方を明らかにすることができなくなる」

二三 問う、「(『論語』子罕《しかん》篇に)『(川の流れは昼も夜もやむことがない)すぎゆくものはこうなんだなあ』というのは、自己の心性(第四二条注参照)の活潑潑地《いきいき》(第二条注参照)とした姿をいったものでしょうか」

先生がいう、「そうだ。ただしそれには、不断に良知発揮の功夫をつむことだ。そうしてこそはじめて、活潑潑地《いきいき》となり、川の流れのように(生生流動してやむことがなく)なる。もし一瞬でも間断があれば、天地(が永遠に活潑であること)と相違する。ここが学問の窮極のところであり、聖人はただかくのごとくであったのだ」

二四 問う、「(『論語』衛霊公篇の)『志士仁人(は、生を求めるあまり仁を害するということがなく、むしろ身を殺してでも仁を成就させる)』の章についてお教え下さい」

先生がいう、「世間の人は、みな、この生身《なまみ》のからだや命を何よりも大事なものとみなしている。だから、死ぬべき場合であろうがなかろうが、とにかく、あれこれ手だてを尽くして、何とか生命を全うしようとつとめるだけだ。このため、あたら天理は地に投げすてられ、残酷で非道理な行ないが大手を振ってまかりとおる。

しかし、もし、天理を違《たが》えてしまったならば、人はたちまち禽獣の列に墜《お》ち、たとえこの世に百千年の生をながらえようとも、それはただその百千年を禽獣として生きていたというだけなのだ。

学ぶものは、ここのところをどうしても明白につかみとらねばならない。（暴君の紂《ちゅう》王や桀《けっ》王を諫《いさ》めて殺された）かの比干《ひかん》や竜逢《りゅうほう》も、要するにここを明白につかみとっていたから、それで彼らの仁を立派に成就させることができたのだ」

三五 問う、「（『論語』に）『叔孫《しゅくそん》や武叔《ぶしゅく》が孔子を毀《そし》った』（子張篇）とありますが、大聖人がどうして誹謗をまぬがれなかったのですか」

先生がいう、「誹謗が外からやってくるものであるかぎり、いかに聖人であろうと、まぬがれようがない。

人はただ自らを修めることこそを尊ぶべきである。もし自己がまごうことなく聖賢たりえたなら、たとえ人がどのように毀ろうと、関知するところではあるまい。そんなものは、浮雲が太陽を掩《おお》うようなもので、太陽の光が何でそれによって損なわれたりするものか。

逆に、いかに容貌や態度をうやうやしくまた荘重にしていても、もし内実が堅固でなくまた正《せい》直《ちょく》でなかったら、たとえ一人としていいたてるものがなくとも、彼の内なる悪は、必ずいつかは露呈する。だから孟子も『完全な自己をめざしているのに毀られることがあり、逆に思いもよらぬときに誉《ほ》められることもある』（『孟子』離婁上）といっている。毀誉《きよ》（の判断）が外にあるものであるかぎり、どちらにしても避けようがない。ただいかに自己を修めているか、それだけが問題なのだ」

二五六　*劉君亮《りゅうくんりょう》が、山中で静坐することを希望した。

先生がいう、「きみがもし、世間の諸事を厭《いと》う気持から、静境に入って（道を）求めようとしているとしたら、それはかえって驕慢《きょうまん》で怠惰な気分を養成するだけに終わろう。しかし、もしそうではないとしたら、静境にあって自己を涵養《かんよう》することは、むしろいいことだ」

〈劉君亮〉劉邦采《ほうさい》、字は君亮。号は師泉。江西省安福の人。生卒不明。やはり、嘉靖二年（一五二三）以降に、余姚で入門した一人である。科挙に合格したのは同七年のことであるが、陽明年譜によれば、君亮が山に入ったのは、嘉靖三年のこととあるから、これはその時のことだろう。

二五七　*王汝中《じょちゅう》と省曾《わたくし》が、扇子を手にしたまま、先生のお側にひかえていた。

先生が命じていう、「きみたち、扇子を使いたまえ」

省曾が起《た》ってこたえていう、「とんでもございません」

先生がいう、「聖人の学は、そんな、堅苦しいリゴリスティックなものじゃないよ。道学者ぶるのはよそうじゃないか」

汝中がいう、「*曾皙《そうせき》が（突飛な）志を述べたのを孔子が受け入れた（『論語』先進篇の）、あの一章を見てみると、おっしゃることのおおよそが理解できます」

先生がいう、「そうだ。この章をみてみると、聖人の心だてがいかに寛大で包容性にとんでいたかがわかろう。かりにも師たるものが、弟子たちに志をたずね、子路ら三人の弟子が容《かたち》を正して答えているというのに、曾皙にいたっては、飄飄《ひょうひょう》とどこ吹く風といったふうで、他の三人など眼中にもなく、ひとりで瑟《しつ》をかなではじめたというのだが、まあそれにしても何という狂態であろう。しかも志を述べる段になると、師の問うたことへの答えにもなにもなっておらず、一から十まですっ頓狂である。もしも*程伊川がいあわせたら、さしずめたまりかねて怒鳴りつけるところだ。であるのに、聖人はこれを推奨さえされた。まあ、何という心だてであろう。

だいたい聖人が人を教えるには、相手を一つの鋳型にはめこんだりはしないものだ。相手が『狂者《むこうみず》』（『論語』子路篇）ならその進取の気象を生かして一かどの人物にのばしてやるし、『狷者《かたいじ》』（同上）ならその堅固な性格を生かして一かどの人物に仕立ててやる。人の才能や気性は、どうしたって同じでありえないんだから」

〈王汝中〉第一一五条注参照。

〈曾皙が志を述べた〉子路たちが政治などについて真面目に自分の志を述べている間、瑟を弾いていた曾皙は、質問が自分にまわってくると、瑟の手をやめて、「春の終り、春着もととのったところで、五、六人の青年や六、七人の少年と沂水《ぎすい》で水浴びをし、雨乞いの舞台の下で涼み、歌を唱って帰ってきます」と、その志を述べた。

〈程伊川がいあわせたら〉兄の明道が春風駘蕩《しゅんぷうたいとう》としていたのと正反対に、伊川は秋霜烈日の気象の人として著名で、そのリゴリズムはきびしいものがある。外に雪が一尺あまり降りつもる間、それに気づかずに静坐にふけっていたとか、友人の韓持国と西湖に遊んだ折、韓氏のお供の少年がふざけているのを叱咤《しった》して、韓氏の徳が衰えたのかと嘆くなど、エピソードは多い。

五八　先生が陸元静に語っていう、「元静君、きみは若い（当時、門下で最年少）のに、五経に通じようと意気ごんだり、また志すところも博識にあるようだが、聖人が人に教えるに当たって、一番心配したことは、その人が事を複雑にすることだった。だから彼が話したことは、みな簡易な教えばかりだった。それをこのごろの人のように、博識を好む立場から読みとろうとすると、まるで聖人の教えたことが間違っていたみたいなことになりかねないのだよ」

五九　先生がいう、「孔子は『知らないくせにそれをするということがなく』（『論語』述而篇）、一方、『顔回は自己に不善があればそれを知らぬことがなかった』（『易経』繋辞下伝）とあるが、これこそ聖学における真の血脈正路である」

六〇　*何廷仁《かていじん》・*黄正之《こうせいし》・*李侯璧《りこうへき》および汝中《じょちゅう》と*徳洪《わたくし》らがお側にひかえていた。

先生がみなを見まわしていう、「きみたちの学問はどうももう一つうだつがあがらない。要するにまだ志が立てられていないのだ」

侯璧が起ち、答えていう、「珙《わたくし》も志を立てたいと念じております」

先生がいう、「（志が）立っていないということもなかろうが、ただそれが、聖人たらずんばやまずという志でないだけだ」

答えていう、「その聖人たらずんばやまずという志を立てたいのです」

先生がいう、「きみにほんとうに聖人たらんとする志があれば、良知において尽くされないところはないのだ。良知に、いささかでも別の念慮がとどこおっているなら、それは聖人たらずんばやまずという志とは、およそ無縁である」

洪《わたくし》（銭徳洪）は話のはじめのうちは、まだ心服できないものがあったが、ここまで聴いてきて、おもわず慄然と汗するものを覚えた。

〈何廷仁〉（一四八六～一五五一）字は性之《せいし》、号は善山。江西省雩県《うけん》の人。正徳十三年（一五一八）、陽明が江西の賊の討伐に従事している折に、門下にはせ参じた。

〈黄正之〉黄弘綱《こうこうこう》（一四九二～一五六一）字は正之、号は洛村《らくそん》。江西省雩県の人。何廷仁と同じ頃に入門し、その後陽明が余姚に帰ると、嘉靖五年（一五二六）に王汝中や銭徳洪らとともに、はるばる余姚に移り、以後、陽明の死ぬまで、また死後の三年間もそのまま墓を守って、余姚にあった。

〈李侯璧〉李珙、字は侯璧。生没その他未詳。

〈徳洪〉銭徳洪（一四九六～一五七四）は中巻冒頭に既出。なお、この条以下は、佐藤一斎によれば、閭《りょ》本には「銭徳洪、王畿録す」、また陳本、張本には「銭徳洪録す」とあるという。いずれにせよ、この条が徳洪の記録によることは、確実である。

六一　先生がいう、「良知は万物自然の精霊である。この精霊が、天を生じ地を生じ、鬼神を作り天帝を作り、いっさいがここから出た。まことに（程明道『識仁篇』にいう）『物と相対することのない』（万物それ自体ともいうべき）ものである。人がもし、この良知に復し、完全無欠でありえたなら、おのずと手の舞い足の踏むを忘れるほどに欣喜するだろう。天地間にこれに代わりうるどんな愉悦があろうか」

六二　或る友人が静坐のうちに悟るところあり、急いでやってきてそこのところを先生にただした。

先生が答えていう、「わたしが昔、*滁州《じょ》にいた頃、諸生の大半は頭で理解しようとするばかりで、論議も浅薄に流れ、彼個人の主体的覚醒に何らプラスするところがなかった。わたしはそれに気がついて、彼らに当分の間、静坐をさせ(内省につとめさせ)た。そして、しばらくその様子を窺《うかが》ってみると、大いに当座の効果もあがったかに見えたが、長らくするうちに、だんだん静を喜び動を厭《いと》うようになり、寂滅の境地にめりこんでいく傾向があらわれた。そして時には、玄妙で不可思議な覚《さと》りにとりつかれて、人にそれを衒《てら》おうとするものもでてきた。

そこでそれ以来、わたしはただ良知を発揮することだけを説くようになった。いま、良知さえ明白ならば、きみが静処にいって悟りを実感しようと、具体的な事例に即して研鑽しようと、どちらも結構なことだ。良知の本体には、動もなく静もないんだから。そしてここそが学問の急所に他ならないのだ。

わたしのこの話は、滁州のときから今に至るまで、幾度となく討論を重ねてきたものだが、良知を発揮するということの一句には、全く欠陥がない。医者は何度も肘《ひじ》を折るような経験(『春秋左伝』定公十三年)をへて、はじめて人の病症も察することができるようになる(というが、わたしの場合もこれに類するものだ)」

〈滁州にいた頃〉滁州は安徽省にある。正徳八年(一五一三)から翌九年にかけて、彼は一時この地に赴任していた。その三、四年前の竜場の謫居生活を経て、いよいよ彼本来の学を講じはじめた四十二、三歳の頃のことである。

二六三　或る友人が問う、「功夫によって、この(良)知を不断に持続させたいと思うのですが、あらゆる事例について、それをゆきとどかせるというわけにいきません。といって、もしある事柄に深くかかわったりすると、今度は、(良知が)消えてしまったように感じます。どうすればいいのでしょうか」

先生がいう、「これは、まだ良知について、その真髄をつかんでおらず、(心の)内と外とを分けてしまっているからだ。わたしどものところ(第一一五条注参照)の功夫は、急いでするものではない。良知の急所のところを正しくつかみ、誠実に功夫をかさねていけば、どうすべきかはおのずと自己に明白になるだろう。そこまでくれば、内外の分別もなくなり、まして心と事とが合一しないなどということはなくなる」

二六四　またいう、「功夫にあって、もしこの(良知の)真機に透徹しなかったら、何でそれを『充実して光輝ある』(『孟子』尽心下)ものにすることができよう。そして、もしよく透徹できたとしたら、しかし、それはきみの聡明な知的理解力によってもたらされたものではない。心中の塵芥《ごみ》を浄化し、微塵の汚染もなくすことによって、はじめてそうなることなのだ」

六五　先生がいう、「(『中庸』に)『天の命(として賦与されたもの)を性という』とあるように、命はそのまま性である。『性に率《したが》うのを道という』とあるように、性はそのまま道である。『道を修めるのを教えという』とあるように、道はそのまま教えである」

問う、「どうして、道がそのまま教えなのですか」

いう、「道とは、とりもなおさず良知である。良知は、本来、完全で欠けるところがない。(良知のはたらきとして)是《ぜ》なるものにはそのまま是を還《かえ》し*、非なるものにはそのまま非を還し、是は是、非は非としてそれぞれに依拠していくだけであって、そこには何の混乱もない。この良知は、何といったって、きみの最良の師だろう」

〈還し〉第三六条注にいう「還す」と同じで、あるべきところにあるべきものを還元するということ。この一節は、それが良知の本来自然のはたらきで、それこそが道だというのである。

六六　問う、「(『中庸』の『睹《み》えないところにも戒め慎み、聞えないところにも恐れ懼《つつし》む』において)『睹えない聞こえないところ』とは、本体を指していい、『戒慎・恐懼する』というのは、それについての功夫をいうのでしょうか」

先生がいう、「本体はもともと『睹えない聞こえない』ものであるとともに、『戒慎・恐懼』そのものでもある。ということが、まず確信できなければなるまい。

つまり戒慎し恐懼するといっても、それは『睹えない聞こえない』ところに何かを加えるということではない。

ここの真髄が理解できたら、たとえば、戒慎・恐懼するものが本体で、『睹ない聞かない』そのこと自体が功夫だといっても、構わない」

六七　問う、「『(易は)昼夜の道に通じて知る』(『易経』繋辞上伝)についてお教え下さい」
先生がいう、「良知は本来、昼も知り夜も知るものである」

また問う、「人が熟睡しているときには、良知だって何も知覚しなくなるのではないですか」

いう、「知覚しなかったら、どうして、一声《ひとこえ》叫べばそれに応ずるということがあるのか」

いう、「良知が常にその知をはたらかせているとしたら、どうして熟睡することがあるのですか」

いう、「『晦《くら》くなって休息する』(『易経』随卦、大象伝)のは、天地自然の真理であろう。夜になれば、天地は混沌と暗くなり、形や色が見えなくなり、視野もきかず物音も聞こえなくなり、器官の出入口(耳穴・眼孔・鼻穴など)もみな閉じる。これは、良知が収斂《しゅうれん》し一つに凝結したときでもある。(朝になって)天地が開かれ、もろもろのものがみずみずしく姿をあらわし、視界がひらけ物音も聞こえはじめ、器官の出入口もみな開かれる。これは、良知の霊妙なはたらきが発揮されはじめた時でもある。

どうだろう、人の心と天地とはこのように一体《ひとつながり》のものなのだ。だから『上は天、下は地と、その徳化の及ぶところを同じくする』（『孟子』尽心上）という」

先生がいう、「昼にはたらく良知、それがそのまま夜にはたらいているのだ。ただ、日中には、良知は、事柄に応じて不断に発揮されるのに対し、夜の場合は、それが収斂して一つに凝結するだけだ。もし、夢などみるとしたら、それは何かの前兆なのだ」

六八 またいう、「良知は、（『孟子』告子上にいう）『夜気』（夜あけの清明な気。上巻第四八条参照）が発する、まさにその時に、その本体をあらわにする。『物欲』が、その時にはまったく雑入していないからである。学ぶものは、物事が紛糾している時にも、常にこの『夜気』のうちにあるようにしなければならない。そうしてこそ『昼夜の道に通じて知る』といえる」

六九 「道家はいきつくところ虚を説くにいたるが、（もしそれが真に虚ならば）聖人も、その虚の上にはいささかの実《じつ》であれ、つけ加えることなどできはしない。仏氏は無を説くにいたるが、聖人も、その無の上には、いささかの有であれつけ加えることはできない。

だが実際は、道家が虚を説くのは、養生して不老不死をえようとすることからきており、仏氏が無を説くのも、生死を苦海とみなしてそこから出離《しゅつり》しようとする目的によるのであって、それらはむしろ、(心の)本体の上になんらかの作意を加えたものなのである。だからそれは、かの虚なり無なりの本来性からはほど遠く、それこそ本体に障礙《さえぎ》るものがあるのだ。

聖人だけが、その良知の本来性にたちかえり、いささかの作意もそこに染着していない。良知の虚は、そのまま『天の太虚』であり、良知の無は、そのまま『太虚の無形』*でもある。日月風雷、山川民物、あらゆる形体・相貌、あらゆる現象は、すべて『太虚の無形』のうちに発現し流動しているものであり、しかもそれが(その形体などによって)天の障礙《しょうがい》となったことは、ただの一度としてない。

聖人は、ただその良知の発現のままにしたがうだけ、そしてそれが全てだ。天地万物(の発現流動)も、自己の良知の発現流動(と同じサイクル)のうちにあるのだ。ただの一物にせよ、この良知の外に超然と存在し、(その発現流動の)障礙となるようなことは、およそありえないことだ」

〈「太虚の無形」〉これは、すぐ前の「天の太虚」とともに、張載の『正蒙』太和篇にみえる。すなわち、「太虚には形が無く、気の本体である」「太虚によって天の名あり、気化によって道の名あり……」という。張載によれば宇宙は「虚」なるものであるが、これは虚無の空間ということではなく、或る特定の「形のない」、つまり或る一つの固定物として特定されえないそのありようをいう。そのありようは同時に気のありようで、万物自然は、気の流動変化のそれぞれのアスペクトだというのである。例えば、水は凝結して氷になり、蒸発してかげろうになる。しかしかげろうは凝結すれば氷となり、氷も融解すれば水となるように、自然は全て気の自己運動ととらえられる。その自己運動が「無形」の実態に他ならない。この宇宙観を陽明はそのまま良知論の中にもりこんでいるわけである。ただここで、一言コメントさせてもらうと、天地万物が良知の発現流動のうちにあるというこのあとの議論は、あたかも太虚すなわち宇宙を心の中に観念化するように思われるが、これは陽明の「心」を余りに狭義にとらえることからくる一つの偏見である。禅にもそういう傾向があるが陽明の「心」は単なるmindではなく、時に全身心を意味する。いわば自己の生命現象の全てでもある。この生命現象は中国ではヨーロッパのように分析的に追求されず、むしろ、それがいかにあるのが最も本来的なあり方であるのか、という面から追求され、しかもそれが、いわば中国哲学の本領でもある。だから、良知のうちに天地万物があるというのは、一面心的作用を前面に出しつつ、他の一面では、その心的作用に投影する生命現象を実体的にとらえるもので、ここをその一面から端的にいえば、人間の生命現象は、天地万物の自然現象ときりはなしがたくあり、本来あるべきあり方（良知）は、万物万象におけるそれと同サイクルのものだというのである。「心」のこのような側面は、例えば明末のいわゆる陽明学左派の李卓吾がその『童心説』において、「童心」というこの素朴で粗野な、人間の本能むきだしの自然心（日本の童心概念とは異なることに注意）を前面におしだすことによって、既成観念を打破し、人間の形而下的実存を哲理的に肯定したことなどにより、いっそうあらわにされるのである。

七〇　或る人が問う、「仏家もまた、心を養うことにつとめますが、しかし、結局のところ、天下の治政に関与できないのは、どうしてですか」

先生がいう、「われわれ儒者が心を養う場合には、決して具体的な事物から遊離することがなく、ただ天則の自然に順《したが》うことにつとめる、そしてそれがとりもなおさず功夫でもある。一方、釈氏は、逆にあらゆる事物を絶ちきり、*心を幻相とみなし、やがて寂滅に陥《お》ちこんで、世間といささかの関係もないようにふるまう。だから、天下の治政に関与できないのだ」

〈心を幻相とみなし〉たとえば『頓悟要門』下に「心は幻で、いっさいが幻である。……心は万法の洪源《おおもと》であり……百千万の名は全て心の異名である。……幻に定まった相《すがた》はない云々」とあるように心は或る一つに特定されない融通無礙のものだというのが真意で、前条の「太虚無形」のありように似るのだが、それを実有の理のありようとする儒家に対して、実有を撥無したところに法を見ようとする仏家の違いが、この「幻」に集約的にあらわれている。

七一　或るものが*異端について問う。

先生がいう、「愚夫愚婦と(本性を)同じくすることを『*徳を同じくする』といい、愚夫愚婦と異なることを、異端という」

〈異端〉もとは『論語』為政篇にある語。前出の王畿（竜渓）は次のような記録を残している。「先師がいわれた。心の良知を聖という。これを同じくすることを『徳を同じくする』といい、これと異なることを異端という」（『王竜渓全集』巻八）と。また羅洪先《こうせん》（念庵《ねんあん》）が陽明の祠碑に記して「いわゆる良知とは、幼童に固有のものにもとづくもので、後天の学問や思弁によるものではない。匹夫匹婦の愚といえども、本来聖人と異なるものはない」（『王文成公全書』巻三五）と述べている。良知を原点にして聖人と愚夫愚婦が同一座標にあり、それと異なるものが異端とされていることがわかろう。さらに、後出の王艮《おうごん》（心斎）は「聖人の道は、百姓《ひとびと》が日々に用《おこ》なっているものと同じだ。およそこれに異なるものはすべてこれを異端という」（『王心斎全集』巻三）と述べ、民衆の日常性の中に蔵されたいわば人間の実存態を第一義とし、それに異なるものを異端とみなすようにさえなる。

〈「徳を同じくする」〉『書経』泰誓篇などにも見えるが、ここは『荘子』馬蹄《ばてい》篇の「人民には常性がある。布を織って着物を着、耕作して食べる。これを徳を同じくするという」との関連で見るのが妥当だろう。

七三　先生がいう、「孟子の不動心（『孟子』公孫丑上）と告子のそれとの違いは、微妙なところにある。告子は、ただ心を動揺させないということを功夫の主眼とした。孟子の場合は、心は本来動揺するものではないという、そこのところに着目し、そこから、心の本体は本来動かぬもので、ただ行ないが義に合わないときに、それが動揺する、ということを明らかにした。孟子は心が動いているにせよいないにせよ、要はあくまで『義を集積する』（『孟子』公孫丑上）ことにあり、その行ないがすべて義にかなっているかぎり、心も自然動くことがない、とした。それに対して告子は、ただ心を動かさぬことを目的として、心を検束してしまい、その生生躍動してやむことのない根源のところを、阻礙《そがい》し抑圧する結果になった。これは単に益がないどころか、むしろ害を与えるものである。

孟子の、『義を集積する』（同上）功夫にあっては、（人は）自然にその内面が充実して、決して『餒《な》えたり、あきたらなかったり』（同上）することなく、みずから縦横自在、活潑潑地《いきいき》としてくる、これがとりもなおさず『浩然の気』（同上）なのである」

七三　またいう、「告子の病弊の根源は、性は善でもなく不善でもないという立場に立つことにある。性が善でもなく不善でもないというのは、そのことにかぎっていえば、別にとりたてて問題にすることもない。ただ、告子はここに視点を固定させてしまったため、善でも不善でもない性というものが、内に措定されることになった。そして、善悪があるのは、人が物事に対応する、その対応の結果としてであるとみなされることになった。ここから物事は外に規定されることになり、この結果、（性と物は内と外との）二つに分裂させられ、ここに誤りが生じた。

善でもなく不善でもない、実際は、性とは元来そういうものなのである。悟ってしまえば、ただこの一句ですべては尽くされるのであり、この上に内外の別など決してありはしない。それを告子は、一方で内に性を見、一方で外に物を見たわけだが、これは彼が性について、まだ透徹しえていないことを示すものだ」

二七四 朱本思《しゆほんし》が問う、「人には虚霊（上巻第三三条参照）なところがあるから良知もあるのでしょうが、草木瓦石の類にも良知はあるのでしょうか」

先生がいう、「人の良知は、すなわち草木瓦石の良知に他ならない。もし草木瓦石に人の良知がなかったら、草木瓦石たりえない。これはいったい、草木瓦石だけのことだろうか。いや、天地ですら人の良知がなかったら、天地たることができない。

思うに、天地万物は、人と本来一体のものであり、これを感覚するその最も精微なところが、つまり人の心の霊明なのだ。風雨露雷《ふううろらい》、日月星辰《にちげつせいしん》、禽獣草木、山川土石のすべてが、人と本来一体なのである。だから、五穀禽獣の類《たぐい》は、みな人の生を養うことができ、薬石の類は、病気を癒やすことができる。ただこの一つの気を同じくしている、そのことのゆえに、通じあっているのだ」

〈朱本思〉朱得之《しゆとくし》、字は本思、号は近斎、江蘇省靖江《せいこう》の人、或いは浙江省烏程《うてい》の人ともいわれる。生没不明。

二七五 先生が南鎮《なんちん》（浙江省会稽山）に行遊の折、或る友人が、岩の間の花を指さし、問うていう、

「先生は、『天下に、心の外に物はない』といわれましたが、この花などは、深山でひとり咲きひとり散るわけで、とすれば、いったいわたくしの心と、何の関係があるのでしょうか」

先生がいう、「きみがこの花をみないうちは、この花はきみの心と同じく*静寂に帰《き》していた。が、きみがここでこの花をみたその瞬間に、この花の色彩は(きみの心に)あざやかにされた。つまり、この花がきみの心の外にあるのでないことがわかろう」

〈静寂に帰して〉「帰」は原文のまま。心を明鏡にたとえる例をかりれば、眼前に物が出現しない前の状態が、立ちかえられるべき原点として想定されているのだろうか。つまり、人と花とが対応しあう前のそれぞれのありようをそれぞれの良知の静寂ととらえたのだろうか。いずれにしても、自己を自然現象の外において、事物がどのようにあるのかを分析する立場ではなく、自己を自然と渾一の立場に置いて、その脈絡のうちに存在原理を探ろうとする中国哲学の一つの限界が、ここに露呈している。

七六　問う、「(先生はその『大学問』の中で)『*大いなる人は万物と体を同じくする』といわれていますが、ではどうして、『大学』では『*厚くするところ』と『薄くするところ』とを区別しているのでしょうか」

先生がいう、「道理というものにはおのずから厚薄(軽重)がある。たとえば、身体《からだ》は一体のものだが、手足をつかって頭や目を防衛するのは、これは手足を特に軽視しようとするからではなく、自然の道理としてそれはそうあるべきものなのだ。

また、禽獣も草木もひとしく愛すべきものだが、草木をとって禽獣を養うことに抵抗は感じない。人も禽獣もひとしく愛すべきものだが、禽獣を殺して親を養い祭祀に供し賓客をもてなしても、やはり心に抵抗はない。近親も路傍の人もひとしく愛すべきものだが、いま『せめて一碗の飯や一皿の吸い物でも、これを口に入れれば生き、さもなければ死ぬ』（『孟子』告子上）という場合で、しかも両者の口に入れるというわけにいかぬときにはどうするか。こんな場合には、人はむしろ近親を救って、路傍の人を救わなかったとしても、やはり心でやむをえないと思うだろう。これは自然の道理としてそうあるべきものなのだ。ただ、自己の身と近親の身にまで及んで、はじめて厚薄を区別することができなくなるのである。

思うに、『民に仁にし物を愛する』（『孟子』尽心上）など、すべてがここ（の道理）から出るものであるから、以上のことを（やむをえずにせよ抵抗なしにせよ）心に受容することができるのであり、それはあらゆる場合にあてはまるのである。

『大学』にいうところの厚薄は、良知における自然の条理である。いま、それを勝手に紊《みだ》してはならぬとする、それを義といい、この条理に順《したが》うことを礼といい、この条理を知ることを智といい、この条理に終始することを信というのである」

〈「大いなる…同じくする」〉陽明は『大学問』の中で、万物一体の仁を説き、幼児が井戸に落ちるのをみて惻隠の心を抱くのは、仁が幼児と一体であるからで、同じく、鳥獣の哀鳴を聞き、草木の枯れるのを見、果ては瓦石の壊れるのをみても必ず痛む心が生ずる、それもすべて仁が、鳥獣・草木・瓦石と一体だからだ、という。このような所論は、中巻の「聶文蔚に答える」（その二）でもすでに見たとおりである。さきに一九六ページの注で王心斎の万物一体観を紹介したが、自己の内と外とを一体とするこの観方には、二つの局面があり、王心斎の例は、ヴェクトルを内に向けた局面、そしてこの陽明の例はヴェクトルが外に向かった局面と一応分けることができる。前者は、自己の本来的あり方を、全体の脈絡の中でいかに正しく発揮するかを、課題とするのに対し、後者は、全体の脈絡を、自己の本来的あり方の中でいかに正しく発揮するかを課題とするといえよう。

〈「厚くするところ」〉厚薄は『大学』では本末について述べたものだが、ここでは重視すべきことと、重視しなくともよいこと、の意味にとればよい。

七七　またいう、「目（のはたらき）そのものには（実）体がなく、万物万象の色《ありさま》が（目のはたらきにおける）体《じつたい》である。耳そのものには体《じつたい》がなく、万物万象の声音が体《じつたい》である。鼻そのものに体《じつたい》はなく、万物万象のにおいが体《じつたい》である。日そのものに体《じつたい》はなく、万物の味が体《じつたい》である。心そのものに体《じつたい》はなく、天地万物と感応して判断された是非が体《じつたい》である」

七八　問う、「『夭《わかじに》か寿《ながいき》か（の運命）によって（心を）弐《たが》えない』（『孟子』尽心上）について、お教え下さい」

先生がいう、「この学問の功夫において、かりにいっさいの名声・利益・酒色の念をことごとく払い落とすことができたとしても、もしまだ生死の念（生への執着、死への恐怖、およびそれを絶ちきろうとするなど、いっさいの生死にかかわる自己意識）が、少しでもひっかかっていたとしたら、その功夫は、まだその全体を発揮しているとはいえない。

人にとって生死の念は、もともと、この生身《なまみ》の命にア・プリオリに存するものであるから、これを消し去ろうとすることは無理だ。もしそこのところを看破し、そこに透徹できたら、心は全体くまなくそのはたらきを発揮して、自由無礙《むげ》となる。それでこそ『性を尽くし命に至る』（『易経』説卦伝）の学たりうる」

七九　或る友人が問う、「静坐の時に、名声を好み女色を好み財貨を好むなどの欲根を、逐一さがしあてててはきれいさっぱりと掃蕩《そうとう》しようと求めるのは、いわば、肉をえぐって傷をつくるようなことになりませんか」

先生、色を正して、いう、「わたしにとって、それこそが、人をなおす療法なのだ。これこそ真に人の病根を除去するもので、これ以外にどんな根本大事があるというのか。人がどれだけの年を経ようと、これは依然として功夫を要するところなのだ。きみがもしここに功夫を用いないというなら、よかろう、そのまま放っておきたまえ。ただ、わたしの療法をぶちこわさないでもらいたいものだ」

その友人は愧《は》じて謝った。

しばらくして（先生が）いう、「この質問は、きみのいまの力量からでるはずのないものだ。必ず、わが門下の、少しばかり考えのまわるものが、この説をなして、きみを誤らせたのにちがいない」

同席のものは、みな慄然《りつぜん》とし、おそれいった。

二〇　或る友人が問う、「功夫に、深くひたりきることができないのは、どうしてでしょうか」

先生がいう、「この学問の功夫については、すでにわたしは（致良知の）一句でいい尽くしている。いまさら、あれこれと論じたりすると、論ずれば論ずるほどにかけはなれて、根本から離脱するだけだ」

応酬していう、「良知を発揮することについて、教えはうけたまわったのですが、まだこれからそれを論究し明らかにせねばなりません」

先生がいう、「すでに良知を発揮することを知ったというのに、さらに何を論究し明らかにせねばならぬのか。良知はそれ自体明白なものであり、ただ着実に功夫につとめさえすればそれでよいのだ。功夫しようとせずに、ただ論ずるばかりでは、論ずれば論ずるほど荒唐なものになる」

いう、「まさに、（良知を）発揮するその功夫のあり方を論究し明らかにしようというのですが」

先生がいう、「これもやはりきみが自分自身で求めるべきことだ。わたしに特にいうべき方法などはない。

昔、或る禅師は、人がやってきて法を問うと、ただ払子《ほっす》を立ててつき出すだけであった。ある日、その弟子が払子をかくしてしまい、師がどういうふうにするかをためしてみた。禅師は払子をさがして見つからぬまま、今度はただ空拳をつきだした。わたしのこの良知も、仏法を示した払子と同じで、これ以外につき出して示すことのできるものは何もないのだ」

しばらくして、別の友人が、功夫の最も肝要なところを尋ねた。先生、まわりを見まわして、いう、「わたしの払子はどこにあるかな」

そのとき居あわせたものは、心に躍りあがるものを覚えた。

〈払子を立てる〉元来、払子を立てるのは、禅僧が来客を歓迎するときの挨拶の代りにすぎない。しかし、臨済は或る僧に仏法の大意を問われて、やにわに払子を立てた（『臨済録』示衆）。つまり仏法を最も身近な日常的行為によって顕現した。また、龐《ほう》居士は、或る時、石林和尚が、払子を立てて公案を問うたのに対し、和尚の払子を奪いとって、自分の拳をつき出して見せた（『伝灯録』巻八）。この禅師のことは、いま禅録には見当たらないが、要するに仏法を日常性において顕示し、しかもその顕示されたものが不定のものであることを示す点で、上述の故事と全く同軌の所作である。

八一　或るものが問う、「『至誠は(事の未来を)前知する云々』(『中庸』)についてお教え下さい」

先生がいう、「誠は実理*であり、他ならぬ良知である。実理が霊妙にはたらき流行する、それがすなわち『神』ということで、その動きがいまや萌《きざ》そうとする、そこがすなわち『幾*』である。『誠、神、幾であるのを聖人という』(周濂渓『通書』)とあるが、聖人は決して未来を前知することを貴ぶのではない。第一、禍福の到来は、いかに聖人といえども免れえないものがある。聖人は、ただ、『幾』を知っており、だから事変にあっても、それによって進退がきわまることはない。

良知には、前《さき》も後《あと》もない、ただ現在の『幾』を知りうるだけであり、これすなわち、一をさとれば百に通ずるものである。もし、前知ということに執着する心があれば、それは他ならぬ私心であり、利に趨《はし》り害を避けようとする作意でもある。邵康節《しょうこうせつ》が、必ず前知できるとしているのは、結局、利害の心がまだ除ききれていないからだ」

〈実理〉「聖人の説はすべて実理であり……釈氏は空理だ」(『朱子語類』巻六三)というように、仏教的空観に対し、仁義礼智の実をもつ儒学の天理を、実理と称す。既に二五〇ページの注でふれたが、『誠』

を天理具現の心のありようとするこの点に、日本的誠《まごころ》との違いを見てほしい。

〈「幾」〉幾は機と同じで、ことの機微なところをいう。「神」「誠」については、すでに二一四ページの注において記したとおりである。

八二　先生がいう、「知もなく、不知もない。本体は元来このようなものである。たとえば、太陽は、意識的にものを照らそうとするのではない。ただおのずからなるはたらきとして、照らさぬものがないのである。つまり、照(の意識)もなく、不照(の意識)もないというのが、元来、太陽の本来的なあり方なのである。
良知には、本来、知がない。であるのに知ろうと(作意)する。或いは、本来、不知がない。であるのに知らないことがあるのではないかと疑う。これらは、要するに、(良知を)信じきれていないのだ」

八三　先生がいう、「ただ天下の至誠こそが、よく聡明叡知《そうめいえいち》であることができる。以前は、何と玄妙なことかと思っていたが、いま思うと、もともとこれは万人すべてに固有のものである。
耳はもともと聡《さと》いものだし、目はもともと明らかなものであるし、心思はもともと叡《すぐ》れて知《さと》いものなのである。聖人は何よりもこれをひたすらにすることができる。そしてそれができるところが、まさしく良知なのだ。衆人にそれができないのは、あくまでも(良)知を発揮しないだけのことだ。何と簡単明瞭ではないか」

八四　問う、「孔子のいわゆる『遠くを慮《おもんぱか》る』(『論語』衛霊公篇)ことや、周公が『夜を日に継いで思いをめぐらせた』(『孟子』離婁下)ことなどは、必ずしも、『(外物にひかれて思いが)いったり来たりする』(程明道『定性書』)こととは違うと思うのですが、いかがでしょうか」

先生がいう、「『遠くを慮る』というのは、茫洋《ぼうよう》と思慮を拡散することではなく、要するにこの天理を保持しようと求めたものだ。

天理は人の心にあって、古今にわたり、始めも終りもなく永遠のものである。その天理はすなわち良知であるから、千思万慮に、ひたすら良知を発揮しようと求めたのである。良知は発揮されればされるほど精明になるのであり、もし(良知によって)精察することなく、漫然と事柄のなるがままに動いていたら、良知は、粗略なものになる。いま、この、ただ事物のなりゆきのままにぼんやりと思いがついていくことを、『遠い慮り』とするならば、毀誉・得失を打算する人欲が、そこに混入するのをまぬがれず、これこそ『(思いが)往来《いきき》する』というものであろう。

周公が終日終夜、思いをめぐらせたのは、何よりも『睹《み》えないところにも戒慎し、聞えないところにも恐懼する』(『中庸』)功夫としてであった。だから思案がまとまったときには、そのありようは、『（思いが）往来《いきき》する』ことと全く別なのである」

八五　問う、「（『論語』の）『一日、己れに克《か》ち、礼に復《かえ》れば、天下は仁に帰す』（顔淵篇）を、朱子は、（自己の修身の）効験が（天下に）及ぶこととしていますが、ここはどうでしょうか」

先生がいう、「聖賢（の学）は、何よりも己れ（の向上）のためにする学であるから、功夫を重んずるだけで、効験を重んじはしない。仁者は、万物を（自己の）体《からだ》とするものである。（万物と）一体になれないのは、ただ己私が忘れられないということによる。（万物と一体であるところの、この）仁の本来性が全うされれば、天下はすべて各人自身の仁に一つに帰することになる。これが他ならぬ、『八荒《せかい》はみなわが闥《しきい》のうちに在る』（呂与叔『克己銘』）ということであり、（朱子の）『天下がみな仁に与《くみ》する』（『四書集註』）というのも、またここをいうのである。たとえば、『邦《くに》においても怨《うら》むということがなく、家においても怨むということがない』（『論語』顔淵篇）というのは、まず何よりも、自己に怨みがないということだ。それはいわば『天を怨まず、人を尤《とが》めない』（『論語』憲問篇）ということであるが、しかしそこには、自分が家や邦のものから怨まれないということが、当然含まれるのである。ただ、重点はといえば、自己に怨みがないことの方にあるのだ」

八六　『孟子』の『智はたとえば技倆《ぎりよう》であり、聖はたとえば力量である』（万章下）という説に対し、朱子は、『（その説の例に挙げられた伯夷《はくい》・伊尹《いいん》・柳下恵《りゅうかけい》ら賢者）三人は、力量は余りあるほどあったが、技倆に足りないところがあった』（『四書集註』）と述べています。これはいかがでしょうか」

先生がいう、「この三人には、もちろん力量はあったが、同時に技倆もあった。力量と技倆は、実は二つのことではない。技倆といっても、それは力量が発揮されたものだし、もし力ばかりあっても技倆がともなわなければ、それは力の浪費でしかない。いま、三人を弓射にたとえるなら、一人は歩射にたけ、一人は馬射にたけ、一人は遠射にたけているようなものだ。彼らが矢を的《まと》まで放つのは、みなそれぞれの力によるが、それを的にあてるのは、それぞれの技倆によるといってよい。ただ、歩射の人は馬射ができず、馬射の人は遠射ができず、それぞれに長ずるところが異なる。それはつまり、才能力量の分限に違いがあるということだ。

孔子は、（柳下恵の）『和』と、伯夷の『清』と、伊尹の『任』の）三つに同時にたけていた（同上）わけだが、しかし、その孔子の和合ぶりも、柳下恵のそれを限度とし、清廉ぶりも伯夷のそれを限度とし、任としたことの重さも、伊尹のそれを上まわるものではなく、いささかもそれ以上をこえるところはない。もし、三人は力量に余りあるものがあり、ただ技倆に足りないところがあった、というならば、その力量たるや孔子をこえるものがあったということになる。*

力量と技倆は、(本体における)『聖』と『知』の局面を、内容的に明示しただけのもので、もし、聖知の本体が何ものであるかがわかれば、(力量と技倆のあり方は)直ちに了解されよう」

〈その力量たるや孔子をこえる〉ここは、前後からして、意味が不明確である。一つは、三人の力量が、孔子の限度としたところ以上になお余りあるとしたら、とくみとれる。また一つは、力量と技倆とを同一にみなす陽明の立場からすれば、孔子が限度とした三者の力量は同時に技倆でもあるから、それをまた力量だけがさらに上まわるとすれば、三者は結果的に力量の点で孔子をこえることになる、の意ともとれる。

八七　先生がいう、「『(聖人が)天に先だって行なっても、天のすることはこれと違《たが》わない』(『易経』乾卦、文言伝)という。天は他ならぬ良知だ。『天に後《おく》れて行なっても、(聖人は)天を奉じこれにしたがう』(同上)という。良知は他ならぬ天だ」

八八　「良知とは、ずばり、是非の心であり、是非は、ずばり、好悪《こうお》である。(是を好《この》み非を悪《にく》む)好悪の感情にまでいってこそ、是非はきわまる。その是非が発揮されてこそ、万事万変はきわめ尽くされる」

またいう、「是非の二字こそ、大いなる基準である。ただし、その運用の妙は、それを使いこなす人の側にある」

八九　「聖人の知は、いわば青天に輝く太陽であり、賢人(の知)は、浮雲ただよう空の太陽であり、愚人(の知)は、黄塵《こうじん》に暗く蔽《おお》われた太陽である。明るさは同じでないが、(その光によって)黒白が弁別できるという点では、同じである。暗闇の夜にあってすら、うすぼんやりではあるが黒白が見分けられるのは、太陽の余光がまだ残っているからに他ならない。『困苦して学ぶ』(『論語』季氏篇)べき(凡人の)功夫も、まずこのわずかな明るみから精察していくことだ」

九〇　問う、「知はたとえば太陽で、欲はたとえば雲とされますが、雲がたとえよく太陽を蔽ったとしても、その雲は、天の一気として本来あるべきものであるように、欲もまた人の心に本来あるべきものではないのでしょうか」

先生がいう、「喜・怒・哀・懼《く》・愛・悪《お》・欲、これを七情という。この七つは、どれも人の心に本来あるべきものである。

人はただ、良知を明白にみてとることこそが肝要だ。(良知は)たとえば日光のように、どこそこにあるとそのありかを特定することができない。細い隙間を通してくるどの明りも、すべて日光のありかであり、雲や霧に四方の空間を蔽われながら、その中で色や形が弁別できるのも、やはり日光が消滅していないからである。

雲が太陽を蔽うからといって、天に雲を生じさせないようにするわけにはいかない。同じように、七情も、その自然の流れにしたがっているかぎり、それはすべて良知のはたらきなのだから、善悪によって取捨するわけにはいかない。

ただし(自然の流れからはなれて)、七情そのものに執着する（めりこむ）ことがあってはならない。七情に執着する、これを欲というのであり、これが良知の蔽いなのだ。とはいえ、わずかでも執着するところがあれば、良知はもともとそれをみずから自覚できるものなのだ。そして(そのように良知によって)*自覚されたという、まさにそのときこそ、とりもなおさず蔽いが消え、本来的あり方にたちかえるのである。

ここのところが、よく看破できてこそ、はじめてその功夫は簡潔で透徹したものになる」


〈自覚されたという…とりもなおさず蔽いが消え〉第二七条注の、鄒守益の問答中「不善のところをさとる、それが堯・舜じゃないか」というのは、陽明のこの考え方を敷衍したものである。ここ（纔有著時、良知亦自会覚、覚即蔽去、復其体矣）は、従来、「良知も自然にさとることができ、さとれば、ただちに蔽いがとりはらわれる……」というふうに時間継起的に解されてきているので、特に注意を促しておきたい。

九一　問う、「聖人は『生れながらに知り、安んじて行なう』（『中庸』）もので、これは自然のうちにそうであるわけですが、であるのに、どうして何らかの功夫がなされるのでしょうか」

先生がいう、「その、知り、行なう、それがつまり功夫だ。ただし、浅深や難易の違いはある。良知は本来きわめて精明なものだ。たとえば、親に孝たらんとする場合についていえば、『生れながらに知り、安んじて行なう』の人は、ただその良知にしたがって着実に孝を尽くすのみである。また『学んで知り、利《つと》めて行なう』（同上）の人は、不断に自覚反省しつつ、良知にしたがって孝を尽くそうと努力するものである。『困《くるし》んで知り勉めて行なう』（同上）の人ともなると、（良知は）深々と蔽われ錮《とざ》されてしまっているから、かりに良知にしたがって孝につとめようと思っても、私欲に阻まれてしまって、結局それが果たせない。だから、『人が一たびすれば己れ百たびし、人が十たびすれば己れ千たびする』（同上）ほどの功夫をつみ重ねなければ、とてもその良知によって孝を尽くすことはできない。

聖人は、なるほど『生知安行』の人であるが、しかしその心において、みずから自分を正しいとしたりはせず、むしろ求めて『困知勉行』の功夫につとめるほどだ。であるのに、『困知勉行』のものが、『生知安行』の人にしかできないことをしようとしたって、どうして成就できるものか」

九二　問う、「（先生は）楽*とは心の本体だ（中巻「又（陸原静に答えるの書）」）といわれましたが、父母の喪にあって、哀哭をきわめているときにも、その楽はやはりあるのでしょうか」

先生がいう、「心ゆくまで哭《な》いてこそ楽《やすらぎ》もある。哭かなければ楽《やすらぎ》はない。哭いたとしても、（それがむしろ心にとって自然であるから）心にざわめきがない、それが楽《やすらぎ》なのだ。本体は決して動揺することがない」

〈楽〉中国語では発音は一つで、その一つの発音でいいかわされるのだが、楽という言葉の意味には、楽しむことからやわらぐこと、やすらぐことなど、心の一種のリラックス状態を示すさまざまのニュアンスがあり、いまは、一応、このようなニュアンスにとってみた。

九三　問う、「良知はただ一つのものです。であるのに、『易経』について、文王は卦《か》辞を作り、周公は爻《こう》辞を説き、孔子は（注釈をつくって）補完したといわれますが、どうして理をみるのにそれぞれに違いがあるのでしょうか」

先生がいう、「聖人が、なんで、空洞化した格律にとらわれたりすることがあろう。大要においてひとしく良知にでるものであるかぎり、各自に説を立てることに何の不都合もあるまい。たとえば竹園の竹は、その枝や節が同じく竹でさえあれば、それが大同というものだ。どの枝も節も、同じ高さ同じ大きさにそろえねばならぬと限定したりするのは、造化の妙手にそむくものだ。

きみたちは、ただ良知をこそ培養すべきであり、良知さえ同じならば、あとは各自がそれぞれの流儀でやっていけばよい。きみたちがもし、(その根本のところに)功夫を加えようとしなかったら、枝や節をとやかくいう以前に、まず筍《たけのこ》さえ生えてこないのである」

二四　郷人に、父子《おやこ》で訴訟を争い、先生に裁きを請うものがあった。側近の者がこれを拒もうとしたが、先生はその訴えを聴いてやった。その父子は、先生が何かを言いもおわらぬうちに、ともに抱きあい慟哭《どうこく》して立ち去った。柴鳴治《さいめいじ》(生没その他未詳)がそこへ入ってきて、問う、「先生は何をおっしゃって、あんなにも速く、彼らを悔悟させたのですか」

先生がいう、「わたしは、舜は世間に大不孝の子で、瞽瞍《こそう》(舜の父で、後妻の子の象《しょう》を溺愛して、舜を虐待した)こそ世間に大慈の父だ、といったのだ」

鳴治がびっくりして、そのわけを問う。

先生がいう、「舜は常に自分を大不孝のものと思っていたからこそ、よく孝を尽くせた。瞽瞍は自分が大慈の人であると常に思っていたからこそ、(舜を)慈しむことができなかった。瞽瞍は、自分が舜を赤ん坊の時に育てたことだけを覚えていて、舜が昔のように自分を愉《たの》しませないという不満を抱き、実は自分の心がすでに後妻の方に移ってしまっていたことに気づかなかった。にもかかわらず、自身では慈愛深いと思っていたから、結局、ますます慈しむことができなかった。一方、舜は、自分が赤ん坊の頃に父から愛されていた思い出だけを念頭にし、今日父が愛さないのは、自分が孝を尽くすことができないからだと考え、毎日、なぜ孝を尽くせないかと、そればかりを思い悩んでいたため、結局、ますます孝を尽くすことができた。そしてやがて、瞽瞍は喜びを抱くようになったのだが、実はこれは、彼の心にもともとあった慈の本体に彼がたちかえったのにすぎない。このことによって、後世に、舜は大孝の子とたたえられ、瞽瞍もまた慈父たりえたと称されることになったのだ」

九五　先生がいう、「孔子は無知な男がやってきて質問したときも、予定された知識によって応対するのではなく、ひたすら心をむなしくして相手に対し、相手が自覚している是非を、すみずみまで確かにしてやるだけであった（『論語』子罕篇参照）。そしてその是非が一たび彼において明確にされるや、無知な男も判然と悟りをえるのである。

その男が、彼みずから発揮したその是非こそ、彼に本来賦与された天則そのものの発現なのであり、たとえ聖人の聡明をもってしても、それに何ら手を加える余地はないのである。

ただ、彼は自分を信ずることができなかった。そこで孔子が彼の眼を開かせてやり、それによって、彼は余すところなくみずから（の良知）を発揮し尽くした、ということなのだ。

もし、孔子がその男と話をかわすにあたって、少しでも自分の知識をひけらかしたりしたら、相手の良知を十全に発揮させることなどできなかったし、*道の本来的あり方にたがうことになったろう」

〈道の本来的あり方に…なったろう〉原文は「道体即有二了」。この一句は、かりにこう訳しておいたが、意味不明である。出典があるのだろうか。

九六　先生がいう、「(『書経』堯典に、舜は、父母や弟の悪徳にもかかわらず、孝行第一に家庭の和合をはかり)『りっぱに家を乂《おさ》めて、姦悪なことを格《し》ない』とあるのを、(朱子の弟子の)蔡沈《さいちん》は『(舜の弟の)象《しょう》が、善にすすんで、ひどい姦悪をするに格《いた》らなかった』と注釈している。しかし、実際は、舜が(堯に)登用されたのちにも、象はなお、毎日、舜を殺そうとねらいつづけており、実にこれ以上の姦悪はないほどであった。だからここは、舜自身が乂《ぎ》(義)にすすみ、その乂《ぎ》によって象を感化しようとはしたが、しかし『象の姦悪を格《ただ》そうとはしなかった』と、読むべきであろう。

およそ、自分の過ちをごまかし、邪悪をかくそうとするのが、悪人の常である。そんな人間の是非を指摘してみたって、結果はかえって彼の悪性を激発するのがおちだ。

そもそも、象が舜を殺そうとするまでになったのは、その初め、象をよくしようとする舜の心が余りにせっかちだったからであり、これはいわば舜の過失に他ならない。そこで舜は、功夫はただ自己のみが実践すべきで、人に求めてはならないとさとり、その結果、よく家庭の和合を実現するにいたった。これこそ、『(天が大きな任務を与えようとして舜を)発憤させ、本性を忍耐づよいものにし、それまで不可能としてきたことを、能力を増大してなしとげることができるようにしてやる』(『孟子』告子下)というものである。

古人の言葉は、どれも自己の経験をふまえたものであり、だから、その説くところは聞くものに切実に迫り、後世にいたっても、つぶさに人の情理にかなうのである。それを、もし自分でも経験してみなかったら、(古人が)あれこれと心を労したところは、とてもわかりっこない」

九七　先生がいう、「古代の音楽が亡びてより久しいものがある。現在の戯曲は、それでも古《いにしえ》の音楽の面影をいくらかはとどめているが、しかし、まだまだほど遠いものがある」

そのわけを問うと、先生がいう、「古代の、舜のいわゆる九成の音楽は、舜を主人公とした一篇の戯曲であり、武王のいわゆる九変の音楽は、武王を主人公とした一篇の戯曲に他ならない。ここには、聖人の生涯をかけた事蹟が宣揚されており、だから、有徳の士はこれを聴くことによって、自分が善と美とをあわせ尽くしているか、美だけ尽くして善を尽くしていないのではないか、などを明らかにする。

ところが後世の音楽となると、これらはただ曲調のあやによるだけで、民の風俗教化には何らかかわるところがなく、とても民を教化善導するどころではない。いま、民の風俗を（古代の）淳樸《じゅんぼく》にかえそうと求めるなら、現在の戯曲を基礎に、ここから淫猥《いんわい》な曲調をとりのぞき、忠臣孝子の故事に重点をおき、愚俗の民衆の誰にでもわかるようにしてやれば、知らず知らずのうちに彼らの良知も触発され、結果的には、彼らの教化にも役立って、古楽も次第に復興されよう」

いう、「洪《わたくし》（銭徳洪）は、古代の元音である黄鐘《こうしょう》の音階を復元したいと念願しているのですが、どうしてもできません。恐らく古楽の復興もまずできないのではないでしょうか」

先生がいう、「きみは、その元音をどこに求めようというのかね」

答えていう、「古人が、竹管の長さを定め、そこからでる音を基準にして十二音階を定めたあのやり方が、元音をきめる方法ではないでしょうか」

先生がいう、「もし、そこにいう、竹管に葭《*よし》の灰を入れ、或いはそこに入った黍《*きび》の粒数で元音をきめたりする、あのやり方を形式的に踏襲するだけなら、それは水中に月をすくうのと同じことで、それではとても元首など求められるわけがない。きみは、何よりもそれをきみ自身の心の上に求めるほかないのだ」

いう、「心に、どのように求めるのですか」

先生がいう、「古人は政治を行なうにあたって、まず人心の和平を心がけ、その上で音楽を作った。たとえば、いまきみが詩を吟詠する場合、きみの心情が和やかであれば、聴くものも自然と愉快な気分になる、そのこと、それが他ならぬ元音の始まりなのだ。『書経』(舜典篇)に『詩は志を述べるもの』とあるが、この志《こころ》こそが音楽の基礎であり、また同じく『歌は言葉をながくひいて唱うもの』というその歌が音楽を作るときの基礎になるものである。また同じく、『そのながくひいて口に出された言葉に高低強弱の調子のついたのが音声であり、その音声に調和をもたらすのが音階である』というように、音階はただ音声を調和させようというものであり、この音声の調和こそが、音階をきめる場合の基礎に他ならない。とすれば、いったいその音が、どうして(心の)外に求められよう」

いう、「では、古人の、あの竹管の法は、どういうふうに考えたらいいのでしょうか」

先生がいう、「古人は、自己の『中・和』なる本体を全うすることによって音楽を作った。その『中・和』は本来、天地の気とあい応ずるものである。(古人が)天地の気を測り鳳凰《ほうおう》*の鳴き声に協和させたというのは、要するに、自分の気が果たして『和』たりえているかどうかを見るためにすぎなかった。これは、むしろ、音階が定められたあとのことであって、これによって音をきめたということではない。いま、(昔の例にならって、冬至の日の)竹管の灰の動き(から冬至の日)を測定するとすれば、(どの動きが冬至を示すかを知るために)まず冬至の日がはっきりしなければならないが、しかしその(当時の)冬至の日の子《ね》の刻(午前零時)など、今となっては求めようがあるまい。であるのに、いったい、その基準をどこからもってこようというのだろう」

〈葭の灰〉黄鐘の管に葭の灰をつめ、絹のふたをし、地中に埋め、その灰の動きで気節を測る。

〈黍の粒〉黍の粒を管に入れ、その管の大きさをきめる。黄鐘の管には千百粒入るなど。

〈鳳凰の鳴声〉『漢書』律歴志に「(黄帝が)竹管十二本を作って(音を出し)、鳳凰の鳴き声にあわせて、その六本を雄の鳴き声に、他の六本を雌の鳴き声に、それぞれ分類し、音階を定めた」とあるによる。この前の、天地の気云々も、同じく律歴志の記述にもとづき、これは、風の音の高低によって音階を定めたというものである。

九八　先生がいう、「学問にも、外からの教導が必要だが、しかし、みずからによって解悟したものは、一を悟って万事に通じるものであり、その点でまさるものがある。第一、みずから解悟するものがなければ、教導を十分に受け入れることができない」

九九　「孔子の気宇は、非常に大きなものがあった。彼が、(三王五帝などの)帝王の事業の一つ一つをちゃんと理解したのも、他ならぬ彼自身の心によるものであった。たとえば大樹を例にとってみよう。大樹がこんもりと枝葉を茂らせているのは、何よりも、その根もとの培養に力が用いられているから、自然そうなることであって、決して、枝葉を培養することによって根もとがつくられるのではない。

孔子を学ぶにしても、まず自己の心に功夫を加えることをしないで、せかせかとその気宇（の大きいところばかり）を見習おうとするのは、本末を顚倒《てんとう》させるものだ」

一〇〇 「人は過ちをおかすと、その過ちの上に功夫を加えようとするが、それは（あの割れた）*甑《こしき》を補修しようというのと同じで、いきつくところ、必ず過ちを修飾するにいたるだろう」

〈甑を補修する〉後漢の孟敏《もうびん》が、かついでいた甑を地面に落として割ってしまったが、割れたものを眺めてもしようがないと、そのまま後も振りむかないで立ち去った、という故事にもとづく（『後漢書』巻九八）。

一〇一 「今の人は、さしせまった仕事がなくても、食事のときですら、いつもあくせくと心をはたらかせて休むことがない。これは、その人の心が、気ぜわしいことに慣れてしまっているからで、だから、そのように拡散してしまうのだ」

一〇二 「琴や書物は、学ぶ者に欠かすことのできぬものだ。思うに、何か事にたずさわっているかぎり、心は放漫になることがない」

一〇三　先生、慨嘆していう、「世間の、学を身につけた人も、ただこの病気がうち破れないばかりに、『善を人と同じくする』（『孟子』公孫丑上）ことができない」

崇一がいう、「この病気とは、何よりも、人よりも高みにのぼることを好み、自己をむなしくすることができないということですね」

一〇四　問う、「良知は、本来、『中・和』（『中庸』）なものであるのに、どうして人には過ぎたり及ばなかったりすることがあるのでしょうか」

先生がいう、「『中・和』だから、過不及がわかる」

一〇五　先生がいう、「（『大学』に、『上の人を見ていて好ましくないと思ったことは、下のものに行なわない』とあるが）『上の人を見て好ましくないと思う』のは良知であり、『下のものに行なわない』のは、他ならぬその良知が発揮されたということだ」

一〇六　先生がいう、「（戦国時代の権謀家）蘇秦《そしん》・張儀《ちょうぎ》の智も、やはり聖人の資質である。後世、多くの豪傑や名家がさまざまの事蹟や文章を残しているが、それらは、要するに蘇秦や張儀の故智を学んだものである。この二人の学術は、よく人の情理をつきその機微にもふれ、いささかもつぼをはずしたところがないから、それでその所論も、なかなかきわめ尽くされることがない。つまり、蘇秦・張儀ともに、良知の霊妙なはたらきを、どうやら知っていたのだ。ただし、彼らは、それを不善の方に用いた、ということだ」

一〇七　或るものが問う、「未発・已発《いはつ》についてお教え下さい」

先生がいう、「後儒（孔子・孟子時代以後の儒者、言外に凡俗な儒者たちというニュアンスを含む）が未発と已発とを二分して説いてしまったために、わたしはやむなく、まず初めに未発も已発もないのだと説き、その人自身に考えてもらうことにしたのだ。

もし、已発と未発とがあると説くと、それを聴いた人は今までどおりに後儒の見解に落ちこむだけであろう。が、もし真に、未発も已発もないということが納得できれば、未発があり已発もあるといっても、いっこうさしつかえない。そして、実のところ、もともと未発も存在すれば已発も存在するのである」

問うていう、「未発だからといって『和』*でないことはないし、已発であっても『中』*でないことがありません。これを鐘の音にたとえますと、撞《つ》かないからといって、（その鐘に音が）ないとはいえないし、撞いたからといって（その音が固定したものとして）あるともいえません。あるのは畢竟《ひっきょう》、撞いたか撞かないかだけです。ここはいかがでしょう」

先生がいう、「撞かぬ前も、もともと、天地は躍動しており、撞いたときも、天地はただ寂莫《せきばく》としている」

〈「和」「中」〉いわゆる「未発の中」「已発の和」については、上巻第三一、四六条など参照。

一〇八　問う、「古人が性について論じているのを見ますと、それぞれにみな違っていますが、いったい、何を定論としたものでしょうか」

先生がいう、「性には定体がないのだから、論にも定体はない。本体の上から説いたものや、発用の上から説いたものや、本源のところを説いたものや、弊に流れたところを説いたものや、さまざまだが、総じていえば、要するに一つの性なのであって、ただ見るところに浅深の差があるだけだ。だから、もしある一つに固定的にとらわれると、誤ってしまう。

性の本体は本来、無善かつ無悪のものである。ただ、発用される場において、善になったり悪になったりするものであり、また、弊*に流れるに及んで、善か悪かに固定してしまうものなのである。

これを眼にたとえてみよう。いま、喜んだときの眼があれば、怒ったときの眼もあり、まっすぐに見るのがものを観察する眼ならば、うす眼で見るのはものをうかがう眼であり、さまざまだが、総じていえば、要するに一つの眼なのだ。

だから、もし、怒った時の眼だけを見て、喜びの眼は存在しないのだといい、観察する眼だけを見て、うかがう眼は存在しないのだと説いたりすれば、これは局面に固定的にとらわれるもので、明らかに正しくない。

孟子が説いた性は、ひたすら本源のところについて説いたものであり、いわば、その大要を説いたものである。一方、荀子の性悪説は、弊に流れたところを説いたものであるから、それを全面的に誤りとするわけにはいかない。それは、まだ精密に解析されていないというだけなのだから。

ただ、（性悪とされた）衆人の場合は、その心の本来的あり方を見失ったものである」

問う、「孟子が本源のところから性を説いたのは、人に、その本源のところに功夫をつませ、そこに徹するように求めたのでしょう。それに対して荀子は、弊に流れたところから説いたわけですが、この場合の功夫は、その末端のところを正すのみで、これは精力を消耗させるものではないですか」

先生がいう、「その通りだ」

〈弊に流れるに及んで〉原文は「其流弊」。佐藤一斎はここは「其源頭」の書き誤りでないかと疑い、「源頭において必ず善であるもの、弊に流れて必ず悪となるもの」というのが正しいのではないかと考えている。しかし、善なり悪なりに固定してしまうこと自体が、本体から遠ざかるものであるとすれば、広義にそれは流弊であるし、そこまで考えないとしても、ここの流弊は、端的に「流」の一字と考えて差しつかえない。「流」といえばそれにまつわる性論の既成観念から、すでに「弊」は予想されるが、同時にその「弊」すなわち泥砂の濁りは浄化を予定されたものでもある。だから、「流弊」は流れであったり、濁りであったり、清であったりしうる。こういう柔軟な用語法は特に珍しいことではなく、ここは、「或る時間的経緯ののちに」と訳して構わないところである。

一〇九　先生がいう、「功夫がすすんで、精妙なところまで深まると、ますます言語では表現できなくなり、理を説くこともいっそう難しくなる。もし、その精微なところを、固定的にとらえようとすると、その功夫の全体が、一転して泥に蔽《おお》われることになる」

一一〇　「楊慈湖*は、見識のない人ではないが、ただ(『中庸』に引用された)『声もなくにおいもない』(というあの形象のない微妙な)ところに、固定的にとらわれてしまっている」

〈楊慈湖〉楊簡《ようかん》（一一四一～一二二六）、慈湖は号。陸象山の弟子。明末の黄宗羲《こうそうぎ》が、この人の学を「意を起こさないことを宗旨とするもの」と要約している（『宋元学案』巻六七）が、それだけでなく、「意を無くそうとする意を起こす」ことをも否定するなど（『慈湖遺書』巻二）、黙照禅的な禅味が濃い。因《ちな》みに朱子も、「十分にちゃんとした人だが、ただ清浄という病にかかっている」と、その禅味を批判している（『朱子語類』巻一二四）。

二「人は一日の間に、古今の世界のすべてをひとわたり経験するのだが、ただ人はそれに気がつかない。『夜気《よあけまえ》』（『孟子』告子上）の清明なときには、人は、視ることなく、聴くことなく、思うことなく、為《す》ることなく、さわやかに平穏であるが、これは他ならぬ太古の伏羲《ふうぎ》三皇の世界である。『平旦《よあけ》』（同上）のときには、人は精神が清朗として、のびやかに落ちついているが、これは他ならぬ堯・舜の世界である。午前中は、おのおのに礼儀正しく、態度や気分もきちんと整っているが、これは他ならぬ夏・殷・周三代の世界である。午後にもなると、精神もだんだんに混濁し、人との往来も雑然として喧騒になるが、これは他ならぬ春秋戦国の世界である。やがて暗夜となって、万物は寝しずまり、万象も寂寥《せきりよう》としてくるが、これは他ならぬ人が消え物の尽き*た世界である。

学ぶ者が、良知にもたれかかることができ、感情にふりまわされることがなかったら、常に伏羲三皇以前の人でありうる」

〈人が消え物の尽きた〉原文は「人消物尽」。漢以後についていうのだろうが、何をいおうとしているのか。末世をいうとすれば、寝しずまる云々とイメージが合致しない。一応、人や物がその存在を存在として明示しなくなった、時空のない世界ととるが、或いは典故があるのだろうか。

二三　薛尚謙《せつしょうけん》・鄒謙之《すうけんし》・*馬子莘《ばししん》・*王汝止《おうじょし》らが先生のお側にひかえていた折、たまたま、談が先生が寧《ねい》王を征討（一五一九）されて以後のことに及び、天下に先生を誹謗する論議がますます多くなったことを慨嘆したのだが、そこでその理由について各自が思いあたるところを述べあってみた。

或る者は、先生の功績や勢位が日ましに盛んとなり、それにつれて天下にそれをそねむものも多くなったのだ、と述べた。或る者は、先生の学が日に明らかになるにつれて、宋儒を擁護して是非を争うものもますます多くなったのだと述べた。また或る者は、先生が南京に居住され（一五一四～一五）て以後、志を同じくして信奉するものが日ましにふえ、その結果、先生を排撃し阻止しようとするものが四方に勢いを強めてきたのだ、と述べた。

先生がいう、「諸君のいうことは、すべて当たっているが、ただわたしが自分で自覚していることが一つあり、まだそれに諸君は言及していない」

諸友がそれを問うと、先生がいう、「南京にくるまでのわたしには、まだ、いささか（世間に迎合的な、いわゆる）『*郷愿《きょうげん》』（『孟子』尽心下）の気味が残っていた。ところが、今、この良知を信ずるに及び、その真是真非のままにしたがってためらうところなく、ことを行ない、全くかざり立てかくし立てするところがない。つまり、今こそわたしは、（ゆきすぎを恐れぬ）『狂者』（同上）の心境にあるのだ。そこで天下の人はすべて、わたしを『言行不一致（の理想だおれ）』（同上）というのだが、いいたいものにはいわせておこうじゃないか」

尚謙がすすみ出ていう、「これ（良知）にもたれきれてこそ、はじめて正真正銘の聖人といえましょう」

〈馬子莘〉馬明衡《ばめいこう》、字は子莘、福建省莆田《ほでん》の人。生没不明。父の馬思聡《ばしそう》（一四六二〜一五一九）は江西に赴任していた折、寧王宸濠の反乱に逢ってとらえられたがそれに屈服せず、絶食すること六十日に及んで餓死した。その宸濠を討伐したのが陽明であるから、或いはそれが入門の機縁だろうか。因みに、当時、福建省には陽明の学を信奉する者は皆無で、この馬子莘をさきがけとし、この人の手で福建にも陽明の学が浸透するようになった。なお『明史』は字を士萃《しすい》とする。

〈王汝止〉王艮《おうごん》（一四八三〜一五四一）、字は汝止、号は心斎。江蘇省泰州の人。学の一端は、先に付した注において紹介した（一九六ページ）。この人は塩丁の伜《せがれ》であるが、こういういわば下層の庶民を弟子に含むところに陽明学の特徴がある。いわゆる泰州学派の第一人者で、かれはのちに明末の黄宗羲《こうそうぎ》から「陽明先生の学は泰州（王心斎）、竜渓（王竜渓）が出て天下を風靡《ふうび》したが、二人は師説に満足せず、かえって師の正伝を失った。泰州の後輩たちは、素手で毒蛇につかみかかろうという人物が多く、名教の規制を全く受けつけなかった」（『明儒学案』巻三二）と称されるように、急進的な思想家の一人である。陽明学の正伝が失われたとするのは、黄宗羲の主観によるもので、いまこれを歴史的にトレースすれば、陽明思想の革新性を正しく展開させ、明末清初の黄宗羲らの第二次思想変革へつなげていった人物というべきである。つまり彼もまたりっぱに「狂者」であった。

〈「郷愿」〉もとは『論語』陽貨篇にでる語だが、孟子はさらに具体的に、「非難しようにも、まるでしっぽのつかまえどころがなく、世俗に埋没したまま、態度はさも忠信らしく、行ないはさも清廉らしく、誰からも愛され、みずからも自分に満足し」いわゆる「狂者」に対しては「何だってあんなふうにでっかい志を吹聴するのだろう。行ないを考えずに言を吐き、言行不一致もいいところだ」と批判してやまない、そういう人物としてえがいている。

一一三　先生が人を陶冶《とうや》されるにあたっては、一言のもとによく人を深く感服させるところがあった。或る日、王汝止が出遊《しゅつゆう》して帰った折のこと。
先生がいう、「散遊の途次、何を見たかね」
答えていう、「行きかう人、すべてが聖人であるのを、見ました」
先生がいう、「きみは、行きかう人すべてが聖人であると見てとったが、行きかった人も、きみが聖人であるぐらいのことは見てとっていたよ」
また、或る日、*董蘿石《とうらせき》が出遊して帰り、先生にお会いして、いう、「今日は、一つめずらしいことにであいました」
先生がいう、「どんなめずらしいことですか」

答えていう、「行きかう人、すべてが聖人であるのを、見ました」

先生がいう、「そんなことはあたりまえのことだ。なんにもめずらしがることはない」

思うに、汝止はまだ圭角《けいかく》がとれておらぬのに対し、蘿石の方はおぼろげながら悟るところがあったから、同じ問いに対して答えも違ったのだろうが、しかし、われわれは、それぞれにその言を内省し、前へすすむところがあった。

洪《わたくし》が黄正之《こうせいし》・＊張叔謙《ちょうしゅくけん》・＊汝中《じょちゅう》らと、嘉靖五年（一五二六）の科挙の応試をすませて帰るその途次、先生に代って学を講じたところ、信ずるもの信じないもの、さまざまであった。

（このことを先生に報告すると）先生がいう、「きみたちは、聖人を看板にして人に学を講ずるため、人は聖人が来たと思って、みんなおそれをなして逃げてしまうのだ。それで、どうしてちゃんと学が講じられよう。愚夫愚婦の立場に立つことなしには、とても人に学は講じられないのだ」

洪《わたくし》はまたいう、「今日ほど、人品の高下が容易に見えたことはありません」

先生がいう、「どのようにして見るのかね」

答えていう、「先生は、たとえていえば泰山が前にあるようなものです。それを仰ぐことを知らぬとすれば、まず無目の人にちがいありません」

先生がいう、「泰山も、平原の広大さには及ばない。しかも平原には何も目につくものがない」

先生のこの一言は、自己に生きることを知らず、ただ高のぞみして一生を終えるものたちの病弊をすっぱりと一刀のもとに斬りすてるものである。座にあるもので、恐懼しないものはなかった。

〈董蘿石〉董澐《とううん》（一四五八～一五三四）、字は復宗、号は蘿石。浙江省海寧の人。世の儒者の偽善者ぶりに愛想をつかし、世に聖賢の学などあるものかと、朋友とともに詩のグループを作って、一生を山水に放浪して詩作にふけっていた。そしてもはや老境も深い六十八歳のとき、たまたま陽明の名を聞き、ぶらりと会稽山に陽明を訪ね、その学にふれ、深い眠りから覚めたような感激を覚え、「今までの自分は、世の利禄に走りまわるものと、ただ清濁の違いがあるだけ、徒労の一生である点では何ら違いがない」と翻然と悟り、そのまま良知の学についた。時に嘉靖三年（一五二四）、陽明五十三歳であった。そして七十歳をすぎてはじめて自己本来のあり方に従って生きることを知り、従吾（吾に従う）道人と号した。

〈張叔謙〉張元冲《げんちゅう》、字は叔謙、号は浮峯、浙江省山陰の人。生没不明。江西省に赴任の折、同地の広信に懐玉書院を建て、王竜渓（汝中）・銭徳洪を講師に招いた。第一一五条の有名な天泉橋の問答は、二人がそこに赴く途中のことである。なお、徳洪はその書院にそのまま滞留し、やがてそこで陽明年譜を編纂した。

〈汝中〉このあとの第一一五条注参照。

一一四　嘉靖二年（一五二三）の春、鄒謙之《すうけんし》が会稽（浙江省）にやって来て、先生に学を問うた。数日の滞在ののち、先生は彼を浮峯《ふほう》まで見送られ、蔡希淵《さいきえん》らの諸友と舟で延寿寺まで来て、一泊された。その夜燭を囲みながら、先生がいかにも淋しげに慨嘆して、いう、「波しぶく河にけぶる柳の間を、旧友はたちまち百里の外に去っていった」

或る友人が問う、「先生は、どうしてそうまで深く謙之を思われるのですか」

先生がいう、「曾子が（その友の顔回を評して）『才能があるのにないものにたずね、多識であるのに寡《すくな》い人にたずね、あってもないようにし、充実していてもからっぽのようにし、害をうけてもしかえしをしない』（『論語』泰伯篇）といっているが、謙之こそは、まことにこれに近い人だ」

二一五 嘉靖六年（一五二七）九月、先生は再び（江西省の）思恩・田州（の叛乱）を征討のため出動されることになった。その出発の命をいまにも下されようというとき、徳洪《わたくし》は汝中《じよちゆう》*と学を論じあっていた。汝中が先生の教言を挙げていう、「善なく悪もないのが心の本体、善あり悪もあるのが意の動、善を知り悪を知るのが良知、善をなし悪を去るのが格物（と先生はいわれた）」

徳洪《わたくし》がいう、「これはどういう意味だろうか」

汝中がいう、「これは多分、まだ究極のところを説くものではあるまい。もし、心の本体が無善無悪であると説くならば、意もまた無善無悪の意であるし、知は無善無悪の知であろうし、物もまた無善無悪の物であるだろう。いま、もし、意に善悪があるというならば、つまるところ、心の本体にも善悪があることになってしまう」

徳洪《わたくし》がいう、「なるほど、心の本体は、（天より賦与された）『天命の性』であり、これは本来、無善無悪のものにちがいない。しかし人には、（習弊になずんだ）習心というものがあり、それによって意念の上に善や悪が生じてくる。そこで、格物・致知・誠意・正心などが必要となるので、これらはまさにその性の本体にかえるための功夫に他ならない。もし、意念にもともと善悪がないといいきってしまうと、それらの功夫が宙に浮いてしまうことになる」

その（翌日の）夕、天泉橋のほとりに、先生のお側にお仕えした折、両者の見解を述べて、先生のご教示を請うた。

先生がいう、「わたしはいよいよ出発するわけだが、いまこの折にぜひ、きみたちにここの本旨はつかみきっておいてもらいたい。

両君の見解は、まさに両々あいまって一つとなるもので、どちらか一方に偏ってはならない。*わたしどものところで日頃接する人たちには、元来二つの種類がある。一つは利根の人だ。この人たちは、本源のところから、直ちに、人の心の本体はもともと明澄で何ら滞るものがなく、本来それは『未発の中』である、とまっすぐに悟入する。この利根の人にとっては、本体を領悟する、まさにそのことが功夫であり、人と自己、内と外との分別に執着することなく、一気にその全体に透徹するのです。

その下の人は、習心をふっきることができず、本体がこれに蔽われてしまっている。だから、まずは意念の上に着実に善を為《な》し悪を去るの功夫をつむように教えるのだが、その功夫が熟し、渣滓《かす》がすっかり除去されると、この人たちも、その本体は余すところなく明澄になる。

汝中の見は、わたしどものところで利根の人に対する場合のもので、徳洪の見は、その下の人のために法を講じてやるときのものである。だから両君がたがいに補完しあえば、常人以上の人も以下の人も、すべてこの道に導引できることになる。が、もし、どちらか一方に偏執して（説いたりして）しまうと、あたら眼の前でその人を誤らせ、この道の本来のところも尽くされないままに終わろう」

しばらくしてまたいう、「今後、朋友に学を講ずるにあたって、どうか決してわたしのこの本旨を誤らぬようにしてもらいたい。すなわち、善なく悪もないのが心本来のあり方、善あり悪あるのは意の動いたもの、善を知り悪を知るのが良知、善を為《な》し悪を去るのが物を格《ただ》すこと、というわたしの説をもとにして、相手に応じて指教していけば、おのずと問題もなくなろう。そして、これこそが形而上下を貫徹する功夫なのです。

利根の人は、世にめぐりあうことがまずない。本体そのものへの功夫において、一挙に悟り透徹しきるということは、顔回や程明道ですら、とてもみずからによううけあおうとしなかったことであり、まして軽々しく人に期待できるものではない。
人にはまずおしなべて習心がある。もし彼らに良知について、実地に、善を為し悪を去るの功夫をつませず、ただ中空に本体なるものを懸想《けそう》させてしまうと、いっさいの事為《じい》はすべて足元から浮遊し、結局、一つの虚寂を養成するにすぎなくなる。この病弊は決して小さなものではない。一刻も早く喝破してやらなくてはならない」

この日、徳洪・汝中ともに悟るところがあった。

〔正中書局本には、ここに「右、門人銭徳洪が記録した」とある〕

〈汝中〉王畿《おうき》（一四九八〜一五八三）、字は汝中、号は竜渓、浙江省山陰の人。嘉靖二年（一五二三）、陽明につき、以来六十年、ひたすら学を講じ、八十歳をすぎても、なお各地を歴訪しては各地の思想家と学をまじえ、人間のあるべき本然の姿を求めてやまなかった。ここの「無善無悪」の理解ぶりにも示されるように、彼の学の精髄は「無」にあったといってよい。ただしこの「無」は仏教的空観を志向するものではなく、既存の価値を徹底的に無《な》みして、そこにぎりぎり人間の自然に即した、新しい理観を創造しようと志向するもので、それが明末思想界に与えた有形無形の影響は、非常に大きい。陽明思想はさまざまに継承されているが、明代の歴史的推移を考えるとき、この王竜渓の継承ぶりは、継承というよりは創造的展開というべきで、それはあくまで時代の要求に正しく応える方向でなされたものであった、ということを改めてつけ加えておきたい。なお念のために、竜渓の記録によるここの問答の全文を左にかかげる。

「先生がいわれた。『両君にしてこそよくこの質問がある、いやなくてはならない（正要二子有此一問）。

わたしの教法には元来この二つがある。（汝中の）四無の説は、上根の人のために立てたもので、（徳洪の）四有の説は中根以下の人のために立てたものだ。上根の人は、無善無悪なる心の本体をつかみとっているから、或る特定の基礎をどこかに設定するということがない。意も知も物もすべてこの無（善無悪）より出来《しゅったい》し、一を悟って百に通ずる。他ならぬ本体がすなわち功夫であり、易簡直截《ちょくせつ》、余るところも欠けるところも全くない、頓悟の学である。中根以下の人は、まだ本体をつかみとれておらず、有善有悪の上に基礎を設定しないわけにいかない。そのため心も知も物もすべてこの有（善有悪）から出来《しゅったい》することになり、どうしても為善去悪の功夫を用いねばならなくなる。しかし、これらの人も、その事例に応じて指導し、だんだんと悟りに導き、有の立場から無の立場に帰らせ本体にたちかえらせたなら、成就された結果は一つとなる。世間に上根の人は得がたいから、中根以下の人のために教えを立て、それを通路とする他ない。汝中の見解は上根の人に対する場合の教法であり、徳洪の見解は中根以下の人に対する場合の教法である。汝中の見解は、わたしも永らく主張したいと思っていたことだが、人が中途半端に信じて、足元を見失っていたずらに飛躍にはしるのを恐れ、今まで胸に秘めてきた。が、これが伝心の秘要であり、顔回や明道すらよういい出せなかったことだ。今、ここにそれが喝破されたというのは、天機としていよいよもらすべき時がきたということだろう。もはやこれ以上秘めておくべきことではない。しかし、ここに、立場を固定すること、これもいけない。もし四無の立場に固執すると、衆人の理解はさっぱりえられず、上根の人に受け入れられるだけで、中根以下の人には受容の手がかりも与えられまい。一方、四有の立場に固執すれば、意は有善有悪のものだと断定されてしまい、中根以下の人にはともかく、上根の人にはとても受容されない。ただ、われわれ凡人の心は、いまだ不全であるから、かりに悟りを得たあとも、随時に漸修の功夫につとめることは一向にさしつかえない。さもなければ、凡を超えて聖に入るには至らない。いわゆる上乗が中下を兼修するというものである。以上であるが、汝中はこのところをしっかりと胸に叩きこみ、（四無説だけを）軽々しく人に示さないことだ。一律にそれを説いてしまうと、かえって遺漏が生じる。徳洪の方はむしろこの（本体の）ところに一段と進んでこそ玄通たりうる。徳洪の資性は沈毅、汝中の資性は明晰であるから、それぞれの違いから得るところも異なる。しかしもし両者がたがいに相手をとり入れあったら、わが教法は上下の別なく普及し、はじめて善学となりえよう』と。これ以後、海内《かいだい》に天泉証悟の論を伝えるものの、その道脈は、はじめて一に帰した」（『竜渓全集』巻一）

〈わたしどものところ〉原文は「我這裏」。ここと、第六三条、一一九条の例は、いずれも、禅録で例えば「諸方《よそ》では火葬だが、我這裏《うち》では活《い》き埋めだ」（『臨済録』行録）というのと同じ用例である。これは他者に対して自己を意識したいい方で、右の禅録の場合は、その禅師の自己の流儀なり宗風をいうが、ここの場合は、陽明集団を漠然と指すとみてよい。だから、ここでいう「接する人」というのは、世間一般の人ではなく、陽明門に集まってくる人、と限定して考える必要がある。してみると、以下に下される陽明の判定は、実は陽明の思想をそのままストレートに述べたものというよりは、現在および未来にわたって陽明の学に集う人々に、どのようにその学を浸透させていくべきかという、いわば教派的立場からなされたものとみなす方が、より自然ということになろう。従来ここは、「われわれが世間で接する人」とか「わたしがここで接する人」とかと訳され、以下の発言は陽明の世間一般向けの主張のように受けとられ、この徳洪の記録によるかぎり、陽明は徳洪の立場を思想的に支持していたかのように思われているが、こういう見方には修正が必要である。平心に読めば明らかなように、一方を「利根の人」とし、他方を「その下の人」としてはっきりと差をつけているのであり、その限りでは前掲の王竜渓サイドの記録と矛盾しない。ここはむしろ、思想内容的には竜渓の立場を支持しつつ、思想運動的には徳洪の立場を支持したものと、二別して考えるとわかりやすい。ただし、陽明には、思想を内容と運動の二面に分ける視点はなく、両者が統一されてこそ、つまり現実に人々に受け入れられてこそ思想の名に値するという、極めて現実的実践的な観点が柱としてあった。そして、まさにその現実的実践的な柱こそが、陽明思想を内容的に特徴づけるものであった、ということがここからも逆に推論できるのである。陽明学が、宋学に対する思想の革新運動として明代後半を風靡《ふうび》しえた理由の一つがここにあったといえよう。結果的には、竜渓は、陽明思想を哲理体系的にいっそう深め、そのことによって既述のように明末の思想潮流に内容的に大きな影響を与え、徳洪はもっぱら陽明の遺著の刊行と宣布に貢献することによって、陽明学を全中国的なものに発展させるという、両者のそれぞれの立場を、みごとに「補完」しあい、発揮しあった。その意味で、この天泉橋の問答は、陽明学の前途を指示する、いわば陽明の最後の遺託というべきものでもあった。事実、陽明はこのとき不本意な出陣をやむなくされたその出発の前夜であり、しかも、おそらく彼自身にもその危惧は自覚されていたであろう病状の悪化のゆえに、果たして翌年には陣中で病死しており、一方、竜渓・徳洪はこのまま、張元冲の開く懐王書院に、座主として講席に臨む旅立ちの途次、つまり陽明学宣布の途次のことであったのだから、陽明としてはこの機会に、すでに陽明門の助教でもあるこの二人の高弟に、後事を遺託しておきたい気持はあったろう。陽明年譜によれば、この夜、陽明は出陣を見送る客（おそらく地元の有力者や官僚たちであったろう）がやっと散じたあと、一息いれるべく部屋に戻りかけたとき、庭に竜渓と徳洪が侍立していると聞いて、そのまま再び外に出てき、二人をうながして、談合の席を天泉橋のほとりに移した、とある。ここからも察せられるように、むしろ陽明の方が二人に対して別れがたい気持を示しており、それだけに、二人からその折にきり出されたこの問答は、陽明自身のみならず陽明学そのものにとってとりわけ時宜にかなったものであった。

先生が初め会稽の地に帰られた当時（一五二一〜二三）は、訪ねてくる朋友の数もまだひどく淋しいものであった。が、その後、四方から訪遊してくるものは日ましに増えるばかりで、嘉靖二年（一五二三）以後ともなると、先生の周りに住むものが、いわば屋をつらねるありさまで、＊天妃《てんぴ》・＊光相《こうそう》の諸寺もかくやと思われるばかりであった。どの部屋も、常時数十人がたむろして、夜には寝る場所もなく、交替で臥席につき、起きているものの吟詠の声が夜を徹して絶えることがなかった。南鎮《なんちん》・禹穴《うけつ》・陽明洞《ようめいどう》などの諸山やあちこちの名刹《めいさつ》は、およそ足の及ぶかぎり、同志たちが仮寓しないところはなく、先生が講席にのぞまれるや、その前後左右をとりまいて坐るものが、数百人を下ることがなかった。

どの月も毎日のように、去る友を見送り、新たに来た友を出迎えない日がなく、お側につくこと一年以上になっても、同学の友の姓名を、覚えきることはとてもできなかった。

いざ別れとなると、先生はいつも嘆息して、「きみたちがいま別れていくといっても、天地の外に出てしまうわけではない。いやしくもこの志を同じくするかぎり、わたしもまた形骸を超え（て天地の間にたがいの心を交らせ）ることができるというものだ」といわれるのが常であった。

諸生は、聴講を終えて門を出るたびに、跳びあがって快哉を叫ばぬものがなかった。これらのありさまを聞いた同門の先輩が、かつて「先生が南京に在住される以前にも、先生のもとに遊学した朋友は少なくないが、この会稽ほどの盛況はまだ見たことがない」といったことがある。これは、先生の講学が月日をかさね、信奉するものも日に多くなったということもあるが、その根本はやはり、先生の学が日ましに進み、人に感じさせ悟らせるところが、相手や事例ごとに*自由自在で型にはまったところがないなど、以前と違ったところがでてきたからだろう。

このあと、黄以方の記録である。

〈天妃・光相〉「天妃」は、『明会要』巻十一に、成化十三年（一四七七）、広州に天妃廟が建立され、歳時に祭りを絶やさなかったと記されている、その天妃廟を指すか。天妃はもともと海神で、揚子江・淮河《わいが》に舟するものは殆どこれを祭ったと伝えられる。「光相」は、四川省峨眉《がび》県の大峨山の頂上にある光相寺を指すか。普賢菩薩がここに示現したといわれる名刹で、風勝の地でもある。

〈自由自在で…ところがない〉一般によく『伝習録』は下巻から読めといわれるが、読者もお感じになったように、上巻すなわち初期の問答は、既成の朱子学的体系の克服にいわば足をとられた形で、問答は非常に固い。それに対して、下巻すなわち後期のそれは、もはや完全に自己の哲学を構築しおわったあとだけに、言論は非常に自由自在である。

二一六　黄以方が問う、「（先生は）『博く文を学ぶ』（『論語』雍也篇）というのは、生起した事柄に即して天理を発現するように学ぶことだ（上巻第九条参照）とされましたが、とすれば、『行なってなお力に余りがあれば文を学ぶ』（『論語』学而篇）というのと抵触すると思われますが、いかがでしょうか」

先生がいう、「『詩経』『書経』など六経《りくけい》は、すべて天理が顕現したもので、前掲の『文』の字もすべてここに包含される。『詩・書など六経によって考察する』（『史記』伯夷列伝など）というのも、すべて、いかに天理を発現するかを学ぶためである。ただ事例の上に顕現したものだけを、『文』だというのではない。『力になお余りがあれば文を学ぶ』というのは、要するに『博く文を学ぶ』ことの中にすでに含まれているのだ」

或る者が問う、「（『論語』の）『学ぶだけで考えない（ものはものごとにくらく、考えるだけで学ばないものは誤りやすい）』（為政篇）の二句についてご教示下さい」

いう、「これも、相手を見て説かれた、いわば方便の語で、実際は、考えることはとりもなおさず学ぶことである。学んでいて疑問にぶつかれば、必ず考える。『考えるだけで学ばない』というのは、中空にいたずらに思惟をめぐらせ、そこに何か道理を懸想《けそう》しようとする人々のためにいわれたことだ。これらの人は、とても、自己の身心の上に、実地に功夫を加え、それによって天理を発現するように学ぶどころではなく、むしろ考えることと学ぶことを別々のことにしてしまっている。だから、『くらく』もなるし『誤り』も生ずるのだ。実際は、考えるといえば、あくまで学んだところを考えることで、元来これは別々のものではない」

二一七　先生がいう、「先儒（朱子）は、『格物』を解して、天下の物（の理）に格《いた》ることとしたが、いったい、あまねく天下の物にどうして格《いた》ることができよう。その上、一草一木すべてに理がある（『大学或問』）ともいうのだから、ますます格《いた》り尽くせるものではあるまい。たとえ草木に格《いた》りえたとしても、では、ひるがえって、自分の『意』はどのようにして『誠にする』ことができるのか。

わたしは、格の字は正すの意に解し、物の字は事の意に解した。いま『大学』にいわゆる（『身を修める』の）『身』とは、他ならぬ耳目口鼻四肢をいい、『身を修めんと欲す』とは、つまり、目は『礼にあらざれば視ず』、耳は『礼にあらざれば聴かず』、口は『礼にあらざれば言わず』、四肢は『礼にあらざれば動かさない』（『論語』顔淵篇）というふうにしようとすることだ。さて、では、もしこの身を修めたいと思ったら、この身についてどのような功夫を加えたらよいのか。

そもそも、心が、身を主宰するものである。目は視るが、それを視ようとするのは心であり、耳は聴くが、聴こうとするのは心により、口や四肢も言動はするが、言動しようとするのはやはり心である。

だから、身を修めたいと思ったならば、なにより、自己の心の本体を自己に体認し、それを常に『廓然《からり》と大いなる公』（既出）であるようにし、いささかの不正もないようにすべきである。この(心の)主宰ぶりさえ正しければ、それが目に発せられれば、おのずからに非礼の視はなく、耳に発せられれば、おのずからに非礼の聴もなく、口や四肢に発せられれば、おのずからに非礼の言動もなくなる。これがとりもなおさず、『身を修めるのは、その心を正すことにある』（『大学』）ということなのだ。

しかし、至善こそが心の本体である。心の本体のどこに不善がありえよう。だから、いま、心を正そうとするにしても、その本体のどこかに功夫を加えることなどできるわけがない。功夫を加えるとしたら、必ず、心が動きを発したそこのところ以外にはないのだ。ところが、心の動きを発したら、そこに不善がないというわけにはいかない。だから、どうしてもここに功夫を尽くすほかないのだが、これが他ならぬ『(心を正すのは)意を誠にすることにある』（同上）というものだ。

もし、一念でも善を好むものがあれば、着実に善を好む方向に定着させていき、一念でも悪を悪《にく》むものがあれば、それを着実に悪を悪《にく》む方向に定着させていく。このようであれば、意として発したものはすべて誠となり、本体のどこにも不正などありえなくなる。だから、『その心を正そうと欲すれば、意を誠にする』（同上）ということになるのだ。

このように、功夫が意を誠にすることに至って、はじめて実際の足がかりがえられるのだ。

しかし、意を誠にするその根本は、また、知を致すことにある。いわゆる『人は知らずとも、己れひとりは知るところ』(『大学』の「慎独」に対する朱註)というのは、まさにわが心の良知にしたがってそれを実行せず、不善と知りながら、しかもこの良知にしたがってそれを避けないとすれば、それは、良知が遮蔽《しゃへい》されてしまっているからで、これでは、その(良)知を発揮できるわけがない。

わが心の良知が、十全に拡充し尽くされなければ、善を好むことを知っていても、それを実際に好むことはできないし、悪についてそのにくむべきを知っていたとしても、それを実際ににくむことはできない。それでは、とても意が誠であるどころではあるまい。

だから、(良)知を発揮することは、まさに意を誠にすることの根柢をなすものなのだ。

とはいえ、これは中空に(良)知を発揮することであってはならず、(良)知を発揮するとは、実事についてそれを格《ただ》すことでなくてはならない。たとえば、意が善を為そうとする上にはたらけば、すぐさまその事柄についてそれを実行し、意が悪を去ろうとする方にはたらけば、すぐさまその事柄についてそれを実行するのでなければならない。

悪を去るというのは、もとより、不正を格《ただ》してそれを正に帰することであるが、善を為す場合も、不善は正されるのだから、これもやはり不正を格《ただ》してそれを正に帰することである。

このようにすれば、わが心の良知は私欲に蔽われることなく、極限まで発揮し尽くすことができ、また意の発するところも、善を好むにせよ悪を去るにせよ、すべてが誠であることになる。つまり、意を誠にする功夫の実際は、物を格すことにあるのだ。（『格物』が）このように、物事を格すことであるなら、これは誰にでもその日からできることである。『人は皆、堯・舜たることができる』（『孟子』告子下）というのは、まさしくここをいうのである」

一一八　先生がいう、「衆人は、しきりに、格物は晦翁《かいおう》（朱子）の説に依るべきだというが、ではいったい、その説をみずから実行したものがいるだろうか。このわたしは、以前それをまともに実行したのだ。

最初の頃のことだが、銭友と、聖賢となるには天下の物に格《いた》らねばならないが、いまはいったいどうしたらそんな大きな力量を獲得できるものか、などと論じあった末、庭前の竹を指さして、まずその理に格《いた》ってみろということになった。銭君は朝に晩に、竹の道理に格《いた》りそれを窮めるべく、その心思のかぎりを尽くして、三日目になると、精神がすっかり消耗して病気になってしまった。はじめわたしは、それは彼の精力が足りないせいだと考えていたので、今度はわたしが自分で、格《いた》り窮めることにした。が、朝に晩にその理がえられず、ついに七日ののちには、やはり思惟も尽きはて困憊《こんぱい》のあげく病気になってしまった。結局、二人は、ともどもに、聖賢などとてもなれるものではない、とても物（の理）に格《いた》りうるような大力量などあるものではないと、慨嘆にくれるしかなかった。

こうして、*貴州に在住すること三年のうちに、どうやら現在のような考えをつかみとることができ、かくて、天下の物はもともと格《いた》り尽くせるものではなく、その格物の功夫とは、何よりも自己の身心の上にこそなさるべきだ、とさとるに至った。

そして、もはや何の迷うところなく、はっきりと、人は誰しもが聖人たりうると決断し、みずから身をもってそれに当たることにしたのだ。

ここのところは、どうしても、諸君らに話し、わかってもらいたいところだ」


〈貴州に在住〉正徳元年から同三年（一五〇六～〇八）まで、正徳帝に宦官《かんがん》の劉瑾《りゅうきん》の専横を上諫して、かえって杖四十の罰をうけ、貴州の竜場に流謫された時のこと。竹のエピソードは竜場の大悟として名高い。文中の銭友（友人の銭君）は不詳。

二一九　門人に、*邵端峯《しょうたんぽう》の、「子供には格物はできない、ただ水まき・掃除・応対などの日常作法を教えればよい」という所論を、口にするものがあった。
先生がいう、「*水まき・掃除・応対の作法も、りっぱに一つの物《こと》だ。子供の良知がそこまでできていれば、掃除や応対を実行させるそのことが、とりもなおさず、その子供の良知を発揮させることでもあるのだ。

また、たとえば、子供が先生や長老を畏敬《いけい》することを知っているのでも、これもやはり彼の良知によるもので、だから、遊んでいるさなかにも、先生や長老を見つければ、すぐにやってきて、恭しく挨拶もする。これこそ、彼らがよく物を格《こと》すことによって、師長を敬うの良知を致す（発揮する）ことができたというものである。子供には子供の格物・致知があるのだ」

またいう、「わたしどものところ（第一一五条注参照）でいう格物とは、子供から聖人に至るまで、みな、このように功夫するものだ。ただ、聖人の格物は、人並みならず熟したものであるから、それほど力を労するにあたらないだけだ。

このような格物は、柴売りにもできることであるし、公卿大夫《こうけいたいふ》から天子に至るまで、みんなこうするのだ」

〈邵端峯〉邵鋭《しょうえい》、字は思抑《しよく》、号は端峯、浙江省仁和《にんわ》の人。生没不明。正徳三年（一五〇八）の進士だから、陽明と同世代の人である。著に『端峯存稿』がある。

〈水まき・掃除・応対の作法〉すべて『小学』（朱子グループが編纂した少年用修身課本）に教える礼儀作法。当時、『大学』は十五歳の成人以後に学ぶもので、それ以前は『小学』でもっぱら日常礼法を学ぶことが、朱子以来の通念となっていた。

三〇　或るものが、知行は合一でないのではないかと疑い、「知ることが難しいのではなく、行なうことが難しい」（『書経』説命篇《えつめい》）の二句を挙げて、問うた。

先生がいう、「良知はおのずから知るもので、それ自体はもともと容易なことだ。ただ、その良知を発揮することがなかなかできない。これがつまり、『知ることが難しいのではなく、行なうことが難しい』ということだ」

三　門人が問うていう、「知行はどうして合一たりうるのでしょうか。たとえば、『中庸』は、『博く学ぶ』という一方で、また『篤く行なう』ともいっています。これは明らかに知と行とが二つのものだからではないですか」
先生がいう、「『博く学ぶ』というのは、あくまで一事一事すべてについて天理を発揮することを学ぶものであり、『篤く行なう』というのは、ただ何よりも、うまずたゆまずそれを学んでいくということだ」

また問う、「『易経』には、『学んで聚《あつ》める』（乾卦、文言伝。ただし『易経』の本意は学問によって人材を集めるの意）とある一方、また『仁によって行なう』（同上）とありますが、これはいかがですか」

先生がいう、「これもやはり同じことだ。一つ一つの具体的事例について天理を発現することを学んでいけば、心が放逸に失することがない、だから『学んで聚める』という。しかしそれは常時不断に学ばれるべきもので、決して『私欲』(上巻第三条注参照)によって間断されることがあってはならない。これが他ならぬ、心が*(生生して)やむことがないということで、だから『仁によって行なう』というのである」

また問う、「孔子は、『知が十分でも、仁で(民を)守ることができなければ、云々』(『論語』衛霊公篇)といっていますが、知と行とは、やはり二つのものではないでしょうか」

先生がいう、「『十分だ』といっている以上、すでにそれは行なわれているのだ。ただ、それが常時不断に行なわれえなければ、それは私欲によって間断されているのだから、これが『仁によって守ることができない』ということなのだ」

また問う、「心はそのまま理である、ということですが、程子は『物にあるのが理だ』(『二程全書』巻四〇)といっています。どうして、心がそのまま理であるといえるのでしょうか」

先生がいう、「『物にあるのが理だ』の上に、『心の』の一字を加えるべきだろう。この心が物《こと》にある、それが理なのだ。たとえば、この心が、父に事《つか》えるということにはたらけば孝となり、君に事えるということにはたらけば忠となる、などの類である」

先生は、以上から、次のようにいう、「諸君は、わたしの立言の本旨をつかみとってほしい。わたしがいま、心がそのまま理だと説くのは、何故かということを。それはただ、世人が心と理とを二分して、多くの病弊が生じているからに他ならない。たとえば、春秋の五覇が、夷狄《いてき》を討って周の王室をあがめたのは、すべて私心によるもので、理からは外れたことである。であるのに、人々は彼らの所為が理にかなったもので、ただ心が完全に純粋でなかっただけのことだといい、いつもその所業を賛美し、みずからも外観上に見ばえのいいことをしたがり、その心のありようについては、とんと考慮しようとしない。つまり、心と理とは二つに分けられてしまっているのだが、結局、いきつくところ、覇道の『偽』（二五〇ページ注参照）におちて、しかもみずから気づかぬままである。

であるが故に、わたしは、心こそが即ち理であると説き、人々に心・理が一つのものであることを知らせ、それによって、かれらが自分の心に功夫を加えて、理を外に求めたりはしないようにしむけたい。そうであってこそ王道の真は実現されるのであり、ここに、わたしの立言の本旨もあるのだ」

また問う、「聖賢の言葉はあまたであるのに、それをどうして一つに集約しなければならぬのでしょうか」

いう、「わたしは一つに集約しようなどとしていない。むしろ、『そもそも道は、一つだ』（『孟子』滕文公上）とか、『それ（天地の道）はただ一つに不変にはたらくから、よく無限に物を生ずる』（『中庸』）とかいうように、天地や聖人の方が、元来一つであり、もとから二つにできっこないものなのだ」

〈心がやむことがない〉仁を「生意」とか「天地が物を生ずる心」とかととらえるのは、宋学以来の伝統で、陽明もすでに「仁は造化が生生してやむことのない理である」（上巻第九四条）と同じく述べているとおりである。その、生生してやまない心を、ここで仁におきかえるのである。

三二　「心は（心臓などの臓器としての）一塊の血肉ではない。知覚するすべてのことが、そのまま心に他ならない。耳目が視聴を知り、手足が痛癢《つうよう》を知る、この知覚が、そのまま心なのだ」

三三　黄以方が問う、「先生の格物の説によれば、『中庸』の『独りを慎む』ことから、（『孟子』公孫丑上の）『義を集積し』、（『論語』雍也篇の）『博く文を学び、礼によって約《ひきし》める』ことなど、すべて、物《こと》を格《ただ》すことに入るのでしょうか」

先生がいう、「そうではない。物を格すこと、それはそのまま（わが身）独りを慎むことであり、（『中庸』にいう視聴の及ばぬところに）戒慎・恐懼することでもある。『集義』や『博文・約礼』は、功夫においては同じだが、それらをすべて格物のこととするわけにはいかない」

三四　黄以方が問う、「『徳性を尊ぶ』（『中庸』）の一句について、お教え下さい」

先生がいう、「（その下の句の）『問学に道《よ》（って修め）る』のは、徳性を尊べばこそそのことである。晦翁（朱子）は『子静（陸象山）が、徳性を尊ぶことを教えとしているからには、わたしは、人に教えるに、学問によるべきことをいささか強調せずばなるまい』といっているが、これは、徳性を尊ぶことと、学問によって修めることとを、分けて二つとするものである。

いま、講学討論をかさね、多くの功夫をつむのは、何よりも、この心（の理）を保持し、その徳性を失わぬようにする、に尽きる。いったい、徳性を尊ぶといって、中空に尊ぶべき何かを懸想して、全く学問を顧みなかったり、あるいは、学問するといって、中空に何か学問を想定して、全く徳性をかえりみない、などということがあっていいことか。

もしこんなことなら、いま、講学討論するのは、いったいなにごとを学ぼうとしてのことか、わけがわからなくなる」

問う、「（右の下句である）『広大を致し（て、精微を尽くし、高明を極めて、中庸に道《よ》る）』の二句については、どうでしょうか」

いう、「なぜ『精微を尽くす』のかといえば、他ならぬ、『広大を致す（きわめる）』ためである。同じく、『中庸に道《よ》る』のは、『高明を極め』んがためである。

思うに、心の本来的あり方は、おのずからに広大なものであるが、人がその精微を尽くすことができなかったら、たちまち私欲に蔽《おお》われて、とことん小さなものになってしまう。だから、よく細微曲折のすみずみまでを（きわめ）尽くしてこそ、私意がそれを蔽うにも蔽いきれず、多くの障礙や遮蔽も、自然となくなるのだ。その広大さがきわめられないなどということは、ありえないことだ」

またいう、「この精微というのは、念慮における精微をいうのでしょうか、それとも事理における精微をいうのでしょうか」

いう、「念慮における精微が、とりもなおさず、事理における精微だ」

一三五　先生がいう、「今の性を論ずるものは、紛々として千差万別である。これらはみな、性を説くものであっても、*性を見てとるものではない。性（の本来）を見てとったら、論ずべき違いなどどこにもない」

〈性を見てとる〉原文は「見性」。禅の見性《けんしょう》成仏《じょうぶつ》が直ちに想起されよう。ただしここの性は禅のそれと同じではなく、あくまで儒学の性である。しかし見性の概念は同じで、要するに自己本来の性を自覚し悟ることである。

一三六　問う、「管弦や女色、財貨の欲など（『書経』仲虺《ちゅうき》之《の》誥《こう》）は、いくら良知でも、これがないということはありえないのではないですか」

先生がいう、「もちろんそのとおりだ。しかし、初学のものが功夫に入るときには、逆に、これを一点の残留もなく、きれいさっぱり洗い流してしまうことだ。そうしてこそ、かりにそれにぶつかっても、はじめてそれにかきまわされずにすみ、むしろ自然に順応していけるようになる。良知について、何よりもこれら管弦・女色・財貨の欲の現場に功夫がつまれ、その中で、良知が精明に発揮され、いささかも（私欲に）蔽われるところがなかったら、自己にかかわるところの管弦・女色・財貨などは、すべて天則の自然の流れのままのものとなろう」

三七　先生がいう、「わたしは諸君と致知・格物を講じあって、毎日毎日がこのとおりである。いや、十年二十年講じても、やはりこのようなことだろう。諸君が、わたしの言葉を聴き、実地に功夫をすすめたら、一回の講学ごとに、その一回についてものになったと自分でも思えようが、もし功夫を加えなかったら、要するにこれは一場のお話にすぎず、聴いたところで何の用もなさない」

三八　先生がいう、「人の本体は、常に『寂然として不動』（『易経』繫辞上伝）のものであり、（であることによって）常に『感応してすべてに通ずる』（同上）ものである。（その本体が外物に感応する以前と以後とを時間的先後に分け）『感応する以前を先とし、感応したあとを後とすることはできない』（『二程全書』巻一六）のである」

三三九　或る友人が問う、「或る和尚が、手の指をあらわに示して、衆僧に、これが見えるかね、と問うと、衆僧は、見えます、と答え、次にその指を袖の中に入れて、やはり見えるかね、と問うと、見えませんと答えた、といいます。そこでその和尚は、お前たちはまだ、性を見てとって(見性)いない、といったというのですが、これは何をいおうとしているのですか」

先生がいう、「指は、見えることもあり、見えないこともある。いま、きみが自己の性を見てとるというとき、それは、常に心のはたらくところにかぎられ、ただ、観《み》えたり聞こえたりするものの上をかけまわっていて、『観えない聞こえない』(『中庸』)ところにちゃんと功夫を加えようとしない。

思うに、しかし、この『観えない聞こえない』ものこそ良知の本体であり、そこに『戒慎し恐懼する』(同上)のが、良知を発揮するための功夫である。

学ぶ者は、時々刻々不断に、その(肉眼によっては)観えないところを見、その聞こえないところを聞いてこそ、はじめてその功夫は着実なものとなる。ながらくこうして、やがて熟しきったならば、とくに力を用いずとも、また守護しなくとも、真性はおのずからに間断なくあらわになる。もはや(自己の)外に、何を見ようが見まいが、そんなことは全く問題にならないのである」

一三〇　問う、「先儒（程明道）は、（『中庸』の）『鳶《とび》が飛び魚が躍る』と『必ずこととしてつとめる』（『孟子』公孫丑上）とを、同じく『活潑潑地《いきいき》』（既出）の境をいうものとしています（『二程全書』巻四）が、これはいかがでしょうか」

先生がいう、「天地間に『活潑潑地』に生命躍動するのは、すべて理（のすがた）であり、これは他ならぬ、良知がやむことなくはたらいている、ということでもある。この良知を発揮すること、これがとりもなおさず『こととしてつとめる』功夫である。この理は、単に離れてはならぬというだけでなく、実は、離れようにも離れられぬものなのだ。あらゆるところ道の顕現でないものはなく、あらゆるところ功夫でないものはないのである」

一三一　先生がいう、「諸君はここで、必ず聖人になるんだという心をうち立ててもらいたい。（その志が）どの一瞬にも不断に『一*杖打って一条の痕がのこり、一つのびんたをくらわせて掌《てのひら》ぶんのあざをつくる』ほどに、自己の身に切実であってこそ、はじめてよくわたしの話も耳にとどまり、一句一句を糧《かて》にすることができる。もし、ぼんやりだらりと日をすごすだけであれば、ちょうど、死肉がいくら打たれても痛癢を感じないのと同じで、結局、最後まで何も成就できない。そんなことで、家へ帰ったところで、ここで聞きかじったことを、ただ小手先で応用するだけに終わろう。何と、惜しいことではないか」

〈「一枚打って…あざをつくる」〉禅語で、真剣に修行につとめることをいう。いま、対句になった用例は禅録に見当たらないが、「一枚打って一条の痕」は『碧巌録』七八則に見える。「一摑《ひとうち》（一つのびんたをくらわす）して掌《てのひら》ぶんの血《あざ》」は、『従容《しょうよう》録』八六に、「棒棒に血を見る」とあるように、実際に血が出るほどに打つのかもしれない。

三二二　問う、「近来、妄念がほとんどなくなり、また或る想念にとらわれるということもなくなったように感じます。まだ何かの功夫がぜひにも必要なのでしょうか。それとも、現在のこれが功夫そのものなのでしょうか」

先生がいう、「きみがそのまま着実に功夫をつんでいけば、かりにそれによって想念にとらわれることが増えたとしても、一向にさしつかえない。久しくする間には、それらは自然とあるべきすがたに落ちつく。少しばかりの功夫を試み、それですぐさまその効験を口にしてみたって、そんなものはまるであてにならない」

三二三　或る友人がみずから慨嘆していう、「私意がきざすときには、はっきりと自分の心に自覚できるのですが、それをすぐに除去するということがどうしてもできません」

先生がいう、「きざしたときに、そうと自覚するもの、それこそがきみの*命根《いのちのもと》だ。きざしたものを直下に抹消すること、それが他ならぬ『命を立てる』（『孟子』尽心上）ための功夫なのだ」

〈命根〉草木の根など、生命の根元になるものをいい、これはそのままの意味で仏教語（命根《みょうこん》）にもなっているが、ここはあとの「命」にもひっかけて、自己を存立させている天命の生機といったニュアンスをもつ。つまり、これによって、人はその生の本来的あり方をみずみずしく発揮できるという。「命を立てる」も、『孟子』の意味と違って、その命根をもとに、自己の本来的生をのばしていくこと。

一三四 「孔子が『性は、あい近し』（『論語』陽貨篇）といったのは、孟子のいう『性は善なり』（『孟子』滕文公上）の意味であり、これを（朱子のように）専《もっぱ》ら気質の上から問題にする（『朱子語類』巻四七）のはよくない。もし、気質についていったとすれば、たとえば（気質における）剛と柔とは対立しあうものなんだから、どうして近いなどといえよう。ただ、性が善であればこそ、共通たりうるのである。人が生れた最初は、善である点でひとしく同じである。ただ、剛のものが善になずめば剛善となり、悪になずめば剛悪となり、柔のものが善になずめば柔善となり、悪になずめば柔悪になる。その故に（その下の句に『習《なず》めばあい遠し』というように）日に日に遠ざかってしまうのだ」

一三五 先生がかつて学ぶ者に話していう、「心の本体には、一念たりとも（我執の）滞りをとどめておけない。ちょうどそれは、眼にはどんなちっぽけな塵埃《じんあい》もとどめておけないのと同じだ。そんなちっぽけなものに何ができるかと思うが、眼はそれによってたちまちまっくらにさせられる」

またいう、「その一念は、単に私念のみにとどまらない。善念ですら、いささかもとどめておけない。眼の中に*金や玉《ぎょく》のほんのわずかな細片を入れたとしよう、眼はやはりあけておれなくなるだろう」

〈眼の中に…細片を入れる〉『臨済録』勘弁に「金の細片がいかに貴くとも、眼に入れれば、ものが見えなくなる」とある。意味するところは、既出の「理障」と同じである。

三三六　問う、「(先生は)人の心は、万物と同体《ひとつ》だといわれます。なるほど、自分の身体についてみれば、血気がくまなく流通して、たしかに同体《ひとつ》のものといえます。しかし、他人となると、これは全く異体であり、禽獣草木ともなれば、ますますかけはなれます。どうしてこれを同体といわれるのでしょうか」

先生がいう、「きみが、(天地万物の)感応の機微にさえ眼をむければ、禽獣草木どころか、天地さえ自分と同体であり、鬼神もまた同体であると、さとるだろう」

そのわけを問うに、先生がいう、「では聞くが、この天地の間にあって、何が天地の心なんだろうか」

答えていう、『人が天地の心』(『礼記』礼運篇)だと聞いています」

いう、「では、人はなにを心としているのだろう」

答えていう、「他ならぬその(心の)霊明をです」

「そうだろう。この充ちみちた天地の間に、その霊明こそがあるのだ。人はただ形体によって自己を隔てあっているにすぎない。が、人の霊明こそは、他ならぬ天地鬼神を主宰するものなのだ。天は、人の霊明がなかったら、誰がその高みを景仰し、地は、人の霊明がなかったら、誰がその深みにひれ伏すことがあろう。鬼神も、人の霊明がなかったら、誰がその吉凶災祥を判断しよう。

天地鬼神万物は、人のこの霊明を離れては、天地鬼神万物たるの存在理由を失う。そして人の霊明も、天地鬼神万物を離れては、霊明たるの機能を失う。これらは、実に一気が流通しあっているからに他ならない。その間を隔てることが、どうしてできよう」

また問う、「天地鬼神万物は、(人がまだ存在しない)千古より存在するものです。であるのに、どうして、人の霊明がなくなると、たちまちすべてが無に帰してしまうのですか」

いう、「いま、死んだ人をみてみよう。彼の精霊が散逸してしまったら、彼の(霊明によって知覚された)天地万物は、なおどこに在るというのか」

一三七　先生が思恩・田州への征討に出発の折、*徳洪《わたくし》と汝中とが、厳灘《げんたん》までお見送りした。その途次、汝中が仏家の実相・*幻相の説をとりあげた。

先生がいう、「有心《うしん》も実であり、無心も幻である。無心も実であり、有心も幻である」

汝中がいう、「有心も実、無心も幻である、というのは、本体から功夫を説いたもので、無心も実、有心も幻である、というのは、功夫から本体を説いたものですね」

先生はそのとおりだといわれた。洪《わたくし》は、そのときそれが理解できなかったが、数年の功夫ののち、はじめて本体と功夫は合一のものだと確信するにいたった。ただ、先生がその時そのようにいわれたのは、たまたまその時の質問からでたことであるにすぎない。われわれ儒者が人に指教する場合に、何もこのような(仏家の)言を借りてくる必要はない。

〈徳洪〉この条と次の第一三八条、および第一四二条は銭徳洪の記録によるものであろう。

〈実相・幻相の説〉幻相はこの現象界全般、実相はその中にある法則。実相・幻相の両語をともに含む仏典は『円覚経』や『楞伽経《りょうがきょう》』などであるが、このいずれも当時、先進的な儒者の間でよく読まれていた経典なので、その影響のもとにこの語をとりあげ、現象と法則の関係として問題にしたのであろう。

一三八　かつて先生が、二、三の故老を、城外に見送られたあと、窓際に坐って、ふさぎこんでおられるような面もちであった。徳洪《わたくし》がお側まですすみ出て、わけをお尋ねした。

先生がいう、「この頃、諸老と論談して、この（良知の）学に論が及ぶと、まことに、円い穴に四角のほぞを入れる（もと『楚辞』に出る古い成語）ようなもどかしさを覚える。この道はあたりまえの道路のように平坦なのに、世間の儒者は、何かというと自分からそれを掘り返して通行不能にしてしまい、終身その身をいばらの中に追いやってはばからない。わたしはいったい、どう話したらいいのだろう」

徳洪は退いて、朋友にいう、「先生は人を教えるのに、老衰の人まで相手にされる。（先生のいわゆる）仁人が物を憫《あわ》れむ心（『大学問』）とはこれだ」

二三九　先生がいう、「人と生れて何よりの病弊は、『傲』の一字に尽きる。子として傲《おごり》があれば必ず不孝となり、臣として傲があれば必ず不忠となり、父として傲があれば必ず不慈となり、友として傲があれば必ず不信となる。（舜の弟の）象《しょう》や（堯の子の）丹朱がともに不肖であったのも、この『傲』の一字が原因となって、彼らの人生にその結果がもたらされたものに他ならない。

諸君は、人の心は本来天然の理そのもので、精精明明、微塵の付着もない、ただ一つの『無我』である、ということを不断に体察していてほしい。胸中に絶対に（『我』が）あってはならない。それがあると、それが傲なのだ。古《いにしえ》の先聖には多くのすぐれたものがあるが、つきつめれば、『我』がないということに尽きる。『無我』*であってこそはじめて謙たりうる。この謙こそがもろもろの善のもとであり、傲こそがもろもろの悪のはじまりなのである」

〈「無我」〉我意《がい》がないこと。我意とは、天理の自然に対して、後天の作意を自己に固執することである。

一九五ページ注参照。

一四〇　「この道は、極めて簡単でわかり易いものであると同時に、また極めて精緻《せいち》で微妙なものでもある。孔子が『掌の上において見るようにありありとわかる』（『中庸』）といっているが、そもそも、人はその掌を見ない日とてないのに、いざ、その掌中にどれだけの筋目があるかと聞かれると、何とそれを知らないのである。

この良知の二字も同じことで、ひとたび講ずればたちまち明らかとなり、これがわからぬものはないのに、もし的確にその良知を見てとろうとすると、誰にもそれができない」

問うていう、「多分それにはきまったありかや形というものがないから、それでどうしても捕捉できないのではないでしょうか」

先生がいう、「良知は、つまり易《えき》（の道）である。『その道はくるくると遷《うつ》り、変動して一つ所に止《とど》まることがない。天地の間をへめぐって、いつ上ったか下ったかもわからない。剛であるかと思えば柔となり、一定した法則として固定できない。ただその変化のままに従っていくだけだ』（『易経』繋辞下伝）。これが良知であるとすれば、どうしてこれを捕捉することができよう。これがはっきりと見てとれたら、それこそ聖人だ」

【四一】 問う、「孔子は『顔回はわたしを（啓発して）助《ひきあ》げてくれる人ではない』（『論語』先進篇）といっていますが、いったい聖人が、門弟に助けてもらおうなどと望むものでしょうか」

先生がいう、「これはやはり、実際にあった話だ。この道は、本来窮め尽くせないものだ。ただ、質問や反論がくりかえされれば、それによってその精微なところがますますあきらかになってくる。聖人の言はもともとあまねく普遍である。しかし、質問し反論する人たちが、その胸にわだかまっているものを、聖人にぶっつけて問いただすと、（聖人の精微なところは）いよいよ精彩をはなって発揮されるのである。

ところが顔回は、いわれるとおり、一を聞いて十を知る（『論語』公冶長篇）人で、胸中に何の疑問もないため、どうしたって質問や反論などありえない。だから聖人としても、『寂然として不動』（『易経』繋辞上伝）のまま、（その精微なところを）何ら発揮しようもないわけで、それで『助《ひきだ》してくれない』といったのだ」

【四二】 鄒謙之が、かつて徳洪《わたくし》にいう、「舒国裳《じょこくしょう》が以前、一枚の紙をもってきて、先生に、（『孟子』の）『大きな桐や梓《あずさ》（でも、人はみなその育成の方法を知っている）云々』（告子上）の一節の揮毫をお願いした時、先生は筆を揮《ふる》いながら、（それにつづく後句の）『自分の身となるとそれを育成することを知らない』まで書きすすんだところで、まわりを顧みて、笑いながらこういわれた。『国裳はよく書を読み、（科挙第一位の合格者である）状元にも及第したほどのものだから、自分の身をどう育成すべきか、それを知らぬわけがない。にもかかわらず、この句を口誦して自己へのいましめとしようとしているのだね』。その時、お側にいた諸友は、大いに畏《おそ》れをいだいたものだ」

〔正中書局本には、ここに「右、門人黄以方が記録した」とある〕

嘉靖七年*（一五二八）冬、徳洪《わたくし》は王汝中（王竜渓）と先生の喪列に馳せ参ずるべく、（江西省の）広信まで行き（そこで喪車をお迎えし喪礼を行ならかたわら）、同門の諸君にも先生の訃報《ふほう》を告知し、あわせて、三年以内に先生の遺《のこ》された言葉を輯録《しゅうろく》しようと約束した。

その後、同門の諸君が各自に記録していたものを送ってくれたが、洪《わたくし》はその中から、問答の内容が核心をついているものを択《えら》び、それにわたくしが個人的に記録していたものを合わせて、それらを或る程度の条数にまとめることができた。そこで、蘇州に居る折に、それを文録とともに一冊にまとめて出版しようとしたが、あいにく親の喪にあってその地を離れねばならなかったので、果たせなかった。

その一方、その当時には、四方に（良知の）学を講ずるものが日ましに多くなっており、師門の学の真髄もはや明らかにされていたから、その上に余分な出版をすることもないように思われ、わたくしもそのことを余り心にかけなくなった。

ところが、昨年、同門の曾才漢《そうさいかん》君が洪《わたくし》の筆録したものを手に入れ、さらにそのほかに採輯したものも加えて、『遺言《いげん》』と名づけて出版し、それが湖北一帯に流布するようになった。洪《わたくし》はそれを読んでみたが、当時のわたくしの筆録は、先生の学を伝える上で精細を欠いているように思われた。そこで、その中の重複する分を削除し、粗雑なものを省いて、もとの三分の一にまとめなおし、これを『伝習続録』（現在の下巻のうち第一一五条まで）と名づけ、（安《あん》徽《き》省の）寧国《ねいこく》府の水西精舎《しようじや》で再刊した。

今年の夏、洪《わたくし》が（湖北の）蘄《き》州にやってくると、*沈思畏《しんしい》君がこういった。「師門の教えは、久しく四方にひろがっているのに、この蘄州にかぎってはそれが及んできません。そこで蘄州の人士は、せめて『遺言』を読むことによって、親しく先生に接して、良知を手ずから教示されたように思い、日月の光を一どきに仰いだように喜び、ただその教言がもっと多いことを念願するばかりです。まして、重複がうっとうしいなどとは思いもよらぬことです。どうか、ぜひここに洩れたものを集録して、増刻していただきたい。いかがですか」と。

そこで洪《わたくし》はこう答えた。

「よくわかりました。師門の致知・格物の本旨は、これから学ぶ者に、かれみずからが身をもって修め、心のうちに悟り、知識によって理解せず、何よりも実地に体得するようにと、開示しています。だから、わが師は、終日この学を語ってなおいとわれることなく、学ぶ者も終日この学を聴いてなおあくことがありませんでした。思うに先生のご教示は、その指すところが端的に一つにきまるものであったから、体悟するところも日ましに精深となり、言葉が発せられる前にも、またその言外にも、機微があい通じ、実に感応の誠のふれあうものがありました。いま、わが師が亡くなられてまだ三十年にもならぬのに、先生の至言微旨が次第に失われていく感があるのは、これは、われら門下が実践をおろそかにし、むしろ多言によって教えを晦《くら》くしてしまっているからに他なりません。これでは学ぶ者の志向するところもばらばらとなり、師門の教えも宣揚されずに終ってしまいましょう」と。

そこで、再び逸稿をとり出し、教えに背反する恐れのないものにかぎり、その語を採録して、新たに一巻をうることができた。それ以外の、末節にわたって本旨にかかわらぬものや、すでに文録に掲載されたものは、すべて除き、さらに、中巻(の書翰)を問答風の体裁にした上で、(湖北省)黄梅県の長官である張君に委嘱して、ここに増刻の運びとなった。

ねがわくば、読者諸士は、これを知識によって理解されることなく、あくまで実地に体得されるよう、そうすれば、本録も正しく読みとられることになろう。

嘉靖三五年（一五五六）夏四月、門人銭徳洪、蘄州の崇正書院にて、謹んでしるす。

〈嘉靖七年冬〉この年十一月二十九日、王陽明は逝去した。徳洪・汝中はその死を知らず、翌十二月、陽明の帰還を出迎えようと厳灘まで来たところで訃報を聞き、その足で葬列を追って広信に駆けつけた。なお『伝習録』の成立、流布については、山下竜二氏『陽明学の研究』展開篇（現代情報社）に詳しいので、関心のあるむきはこれを参照されたい。

〈沈思畏〉沈寵《ちょう》、字は思畏、号は古林、安徽省宣城の人。銭徳洪、王竜渓に従遊していた。なお、曾才漢、黄梅の張君は、未詳。

年譜

一四七二年（成化八年）　一歳
九月三十日、余姚（浙江）に王華（字は徳輝、海日翁または竜山公と称さる）の長男として生まれる。母は鄭氏。祖父天叙（竹軒と号す）、祖母岑も健在であった。
一四八一年（成化十七年）　十歳
父王華、進士に合格。
一四八二年（成化十八年）　十一歳
父にともなわれて京師（北京）に寓す。性格は豪邁不羈であったという。
一四八四年（成化二十年）　十三歳
母鄭氏卒す。
一四八八年（弘治元年）　十七歳
七月、夫人諸氏を洪都（南昌）に迎える。
一四八九年（弘治二年）　十八歳
洪都より余姚に帰る途中、広信上饒で婁一斎に会い、宋学について教えを受ける。これより心機一転して聖学への意を固める。
一四九二年（弘治五年）　二十一歳

浙江郷試にあげられる。ただこの頃、朱子の遺書を読み、格物に精進するが、見るべき成果がなく、ついに病にかかる。

一四九三年（弘治六年）　二十二歳
科挙の試験に落第する。

一四九六年（弘治九年）　二十五歳
再び科挙の試験に落第する。

一四九七年（弘治十年）　二十六歳
京師にあり、国境地帯の軍事情勢急を告げると聞き、兵法に興味を抱き、兵書を読みふける。

一四九八年（弘治十一年）　二十七歳
京師にあり、朱子の書を読み、改めて格物に専念するが、物の理とわが心とが一致しないことに苦しみ、旧疾が再発し、聖人たらんことをあきらめて、道教の養生説に心を傾ける。

一四九九年（弘治十二年）　二十八歳
進士出身に挙げられる。「辺務八事」をたてまつる。

一五〇一年（弘治十四年）　三十歳
命を奉じて江北地方の司法行政を視察し、いくたの冤囚をすくう。九華山に遊ぶ。

一五〇二年（弘治十五年）　三十一歳
病のため越に帰り、室を陽明洞中に築き、道教の養生法を行なったり、仏僧と対談したりするが、漸く道教と仏教のまちがいに気づいて来る。

一五〇四年（弘治十七年）　三十三歳

山東監察御史陸偁の招きにより、山東郷試の主考となる。九月、兵部武選清吏司主事に任命される。

一五〇五年（弘治十八年）　三十四歳

京師にあり。翰林院庶吉士の任にあった湛甘泉と一見して知己となり、ともに聖学を明らかにすることを誓い合う。この頃から陽明の切実な学風をしたって、入門するものがあらわれ始める。五月孝宗没し、武宗即位す。武宗は、明代における最も暗愚な天子といわれる。

一五〇六年（正徳元年）　三十五歳

武宗の初政にあたり、宦官劉瑾の専横を憂えた戴銑・薄彦徽等は相ついで武宗を諫めるが、かえって投獄される。陽明も、その不当を抗弁する疏をたてまつったために投獄され、廷杖四十を加えられ、貴州竜場駅に流されることとなる。

一五〇七年（正徳二年）　三十六歳

夏、配所におもむかんとして銭塘に至る。妹婿徐愛入門す。

一五〇八年（正徳三年）　三十七歳

春、竜場に着く。文化果つる山中で、言葉も通じない素樸な土民の生活になじみつつ、従来の人生観や価値観を根本から問い直す。得失栄辱は超脱し得たが、生死の一念が心頭から去らぬため、石墎の中に端坐し、精神の統一をはかる。こうして、「聖人の道はわが本性に充足しているのだ。従来、理を事物に求めたのは、まちがいであった」と気づき、朱子学的格物論を超克する方向を見出す。その考えを五経に照応してまちがいなしとし、『五経臆説』をあらわす（序文とごく一部分のみ現存）。なま木を組み合わせて、粗末ながらも竜岡書院その他の施設を作り、教育の場とする。

一五〇九年（正徳四年）　三十八歳

提学副使席書、陽明を招聘して貴陽書院をつかさどらせる。この年、初めて知行合一を論じ、陽明学の基礎が固まって来たことを示す。十一月末、廬陵県知県に任命するとの知らせが届く。

一五一〇年（正徳五年）　三十九歳

三月、廬陵県に着任。この頃、主として静坐による心の収斂を説いているが、それは仏教の坐禅入定と同一ではないとことわっている。十一月、入覲、三年ぶりに湛甘泉に会い、旧交を温める。十二月、南京刑部四川清吏司主事に任ぜられる。劉瑾誅せらる。

一五一一年（正徳六年）　四十歳

正月、吏部験封清吏司主事に改任される。門人の間に、朱子と陸象山の優劣が問題となるにつき、「朱子と象山とは、その学び方にちがいはあっても、要するに聖人の徒たるにかわりはない」との断案を下す。これは結果的には、象山をもち上げる効果をもたらし、朱子学者の非議を招くこととなる。湛甘泉の安南に使するを送り、「別湛甘泉序」を書き、独自の異端論を展開する。

一五一二年（正徳七年）　四十一歳

十二月、南京太僕寺少卿に昇任す。赴任の途中、一旦帰省するが、その道中、同舟の徐愛と『大学』の宗旨を論ずる。これが今日の『伝習録』の巻上に相当する。徐愛の序によれば、初めて陽明の説を聞いた時には、余りにも従来の学説と異なるので、驚いたというが、これは当時、陽明の教えに接したものの大半が抱いた偽らざる感懐であろう。

一五一三年（正徳八年）　四十二歳

門人、王純甫背き去る。ただしこの後にも書簡の往復あり、陽明はさしてとがめようとはしていない。十月、滁州（南京の北西）に到着、馬政を監督する。土地は辺鄙で公事も暇なので、景勝の地を選んでは門人と清遊する。従遊の士、ますます多くなる。

一五一四年（正徳九年）　四十三歳

四月、南京鴻臚寺卿に任ぜられる。この頃、陽明の静坐説を誤解して、いたずらに放言高論し、空虚に流入する門人の多いのを見て、教育法を改め、天理を存し人欲を去るを、省察克治の実功となすと示す。親戚の王守信の第五子正憲を嗣子とする。

一五一六年（正徳十一年）　四十五歳

九月、都察院左僉都御史に任ぜられ、南贛（江西南部）におもむき、汀漳各部の匪賊を討伐することとなる。

一五一七年（正徳十二年）　四十六歳

一月、贛に至り、十家牌法を行ない（十軒を一組とし、その家族名をかかげ、不審の者が出入りした時は直ちに役所に届けるよう共同で責任を負わせる）、スパイ行為を禁絶して、翌月、匪賊を平らげる。四月、軍隊をかえす。この陣中より、ある門人にあてた手簡の中に、「山中の賊を破るは易く、心中の賊を破るは難し」の語を述べる。十月、横水・桶岡の匪賊を平らげ、十二月、軍隊をかえす。

一五一八年（正徳十三年）　四十七歳

一月、三浰（広東東北）を征し、四月、軍隊をかえす。五月徐愛卒す（三十一歳）。七月、『朱子晩年定論』を出版し、また『古本大学』を刻す。八月、薛侃、虔州にて初めて『伝習録』を刻す（現行本の巻上にあたる）。十月、祖母岑卒す（九十九歳）。この頃、祖母と老父の安否を案じ、また自らも体調すぐれず、たびたび解任を乞うも許されず。

一五一九年（正徳十四年）　四十八歳

六月、勅命を奉じ、福建の叛軍を平らげようと豊城まで進んだ時、寧王宸濠謀反すと聞き、直ちに吉安に引き返し、義兵を起こす。それより十日足らずの間に、宸濠を生擒にし、江西を平らげる。八月、武宗の親征せんとするを聞き、「親征を諫むるの疏」をたてまつるが、結局、武宗は大兵を率いて南下する。九月、陽明は宸濠及び俘虜を政府軍に渡し、杭州に帰り浄慈寺で病を養う。十一月、江西巡撫に任ぜられ、江西にかえる。

一五二〇年（正徳十五年） 四十九歳

君側の姦臣張忠・許泰等、陽明に叛意ありと讒言したため、やむなく九華山に入り、毎日草庵に宴坐する。六月、贛におもむく途中、泰和にて朱子学系の学者羅整庵の問に答える。のち整庵への返事は、『伝習録』巻中におさめられる。九月、南昌に帰る。王心斎が入門する。「陸象山文集序」を書き、陸象山の学徳を顕彰する。

一五二一年（正徳十六年） 五十歳

この前後より「致良知」の教えをかかげる。竜場で知行合一を覚醒して以来、二十余年の苦辛の結晶が、この三字に凝縮されたわけである。三月、武宗卒し、世宗即位す。六月、南京兵部尚書に任ぜられ、十二月には、新建伯をおくられる。その間、一旦余姚に帰郷するが、銭緒山・王竜渓はじめ入門者相継ぐ。銭・王二氏は陽明門下の重鎮となる。

一五二二年（嘉靖元年） 五十一歳

一月、宸濠の平定に功労あった将卒の論功行賞不徹底なるをもって、封爵を辞退するが、許されず。二月十二日、父海日翁死す（七十歳）。この頃、良知を信ずることますます篤く、郷愿の気持を捨て去ったという。

一五二三年（嘉靖二年） 五十二歳

七月、再び封爵を辞するも許されず。異学を唱うるを以て、弾劾せらる。

この頃、肺患が再発したのか、しきりに痰咳に悩まされるが、陽明をしたう門人はますます多く、日ごと百余人がその居宅に会したという。

一五二四年（嘉靖三年）　五十三歳

一月、かつて陽明が会試の試験官をつとめた時、選抜した南大吉が入門する。稽山書院を設け、各地より集い来る三百人の門生を収容する。八月中秋の夜、自宅近くの碧霞池畔の天泉橋に、百余人の門人を集め、放歌高吟して楽しむ。十月、南大吉、『伝習録』を続刻す。陽明より十四歳年長の董蘿石（すなわち従吾道人）入門し、世人を驚かす。

一五二五年（嘉靖四年）　五十四歳

一月、妻に死別する。この年、「親民堂記」「稽山書院尊経閣記」「重修山陰県学記」など、陽明晩年の到達点を示す重要な文を撰す。特に「顧東橋に答えるの書」は、『伝習録』巻中におさめられ、いわゆる「抜本塞源論」と称されて多くの士人の心を激発した。十月、越城の西に陽明書院を建てる。この頃、董蘿石に伴われて、禅僧玉芝法聚が来学する。

一五二六年（嘉靖五年）　五十五歳

この頃、咳の発作をしきりに訴える反面、良知を信ずることいよいよ篤きを告白する。王竜渓と銭緒山、廷試を受けないで帰郷する。陽明笑ってこれを迎える。十一月十七日、継室に正億生まる。「老年にして子を得るは、実に望外に出《い》ず」と喜ぶ。

一五二七年（嘉靖六年）　五十六歳

四月、門人鄒東廓、『陽明文録』を広徳州で刻す。五月、都察院左都御史に任ぜられ、思恩・田州（広西）の匪賊平定を命ぜられる。気候風土悪く、体力も衰弱せるため辞退したが許されず。九月八日、出陣の時にあたり、銭緒山と王竜渓、良知の性格について陽明の判断を乞う。徳洪の四有説は中下根以下のためのもの、竜渓の四無説は上根のためのもの、両者相まって功夫の完璧が期せられると示す。ただ良知説のもつこの二重性格が、陽明没後、学派分裂の一大根因となったことは疑えない。陽明の留守中は、徳洪と竜渓が書院を経営する。南下の途中、陽明は同志に示していう、「良知の功夫は、いよいよ真切なればいよいよ簡易、いよいよ簡易なればいよいよ真切なり」と。

一五二八年（嘉靖七年）　五十七歳

二月、思恩・田州の賊を平らげ、学校を興し、帰順した人民を撫育する。咳と下痢とがはげしく、視力・聴力ともに衰え、帰心矢の如きものあるも、朝命下らず、やむなく舟によって北帰せんとする。十一月二十九日、南安の舟中にて没す。

一五二九年（嘉靖八年）

十一月、越城郊外洪渓に遺骸を葬る。

中公
クラシックス
E12

伝習録《でんしゅうろく》

王 陽 明

2005年9月10日初版
2020年12月25日8版

訳 者 溝 口 雄 三

発行者 松 田 陽 三

印 刷 凸版印刷
製 本 凸版印刷
D T P 平面惑星

発行所 中央公論新社
〒100-8152
東京都千代田区大手町 1-7-1
電話 販売 03-5299-1730
編集 03-5299-1740
URL http://www.chuko.co.jp/

訳者紹介

溝口雄三（みぞぐち・ゆうぞう）
1932年（昭和7年）名古屋市生まれ。東京大学文学部中国文学科卒。名古屋大学大学院修士課程修了。東京大学教授を退官後、大東文化大学教授を務めた。著書に、『方法としての中国』『中国の公と私』『中国という視座』『中国の衝撃』などがある。東京大学名誉教授、中国社会科学院名誉教授、ハーバード大学客員教授。2010年（平成22年）逝去。

©2005 Yuzo MIZOGUCHI
Published by CHUOKORON-SHINSHA, INC.
Printed in Japan ISBN978-4-12-160082-0 C1210

定価はカバーに表示してあります。
落丁本・乱丁本はお手数ですが小社販売部宛お送りください。
送料小社負担にてお取替えいたします。

●本書の無断複製（コピー）は著作権上での例外を除き禁じられています。また、代行業者等に依頼してスキャンやデジタル化を行うことは、たとえ個人や家庭内の利用を目的とする場合でも著作権法違反です。

■「終焉」からの始まり
――『中公クラシックス』刊行にあたって

二十一世紀は、いくつかのめざましい「終焉」とともに始まった。工業化が国家の最大の標語であった時代が終わり、イデオロギーの対立が人びとの考えかたを枠づけていた世紀が去った。歴史の「進歩」を謳歌し、「近代」を人類史のなかで特権的な地位に置いてきた思想風潮が、過去のものとなった。

人びとの思考は百年の呪縛から解放されたが、そのあとに得たものは必ずしも自由ではなかった。固定観念の崩壊のあとには価値観の動揺が広がり、ものごとの意味を考えようとする気力に衰えがめだつ。おりから社会は爆発的な情報の氾濫に洗われ、人びとは視野を拡散させ、その日暮らしの狂騒に追われている。株価から醜聞の報道まで、刺戟的だが移ろいやすい「情報」に埋没している。応接に疲れた現代人はそれらを脈絡づけ、体系化をめざす「知識」の作業を怠りがちになろうとしている。

だが皮肉なことに、ものごとの意味づけと新しい価値観の構築が、今ほど強く人類に迫られている時代も稀だといえる。自由と平等の関係、愛と家族の姿、教育や職業の理想、科学技術のひき起こす倫理の問題など、文明の森羅万象が歴史的な考えなおしを要求している。今をどう生きるかを知るために、あらためて問題を脈絡づけ、思考の透視図を手づくりにすることが焦眉の急なのである。

ふり返ればすべての古典は混迷の時代に、それぞれの時代の価値観の考えなおしとして創造された。それは現代人に思索の模範を授けるだけでなく、かつて同様の混迷に苦しみ、それに耐えた強靭な心の先例として勇気を与えるだろう。そして幸い進歩思想の傲慢さを捨てた現代人は、すべての古典に寛く開かれた感受性を用意しているはずなのである。

（二〇〇一年四月）